이토록 _____ 서울

이토록 ＿＿＿ 서울

공간·사람·정치로 빚어낸
김진애의 도시 이야기

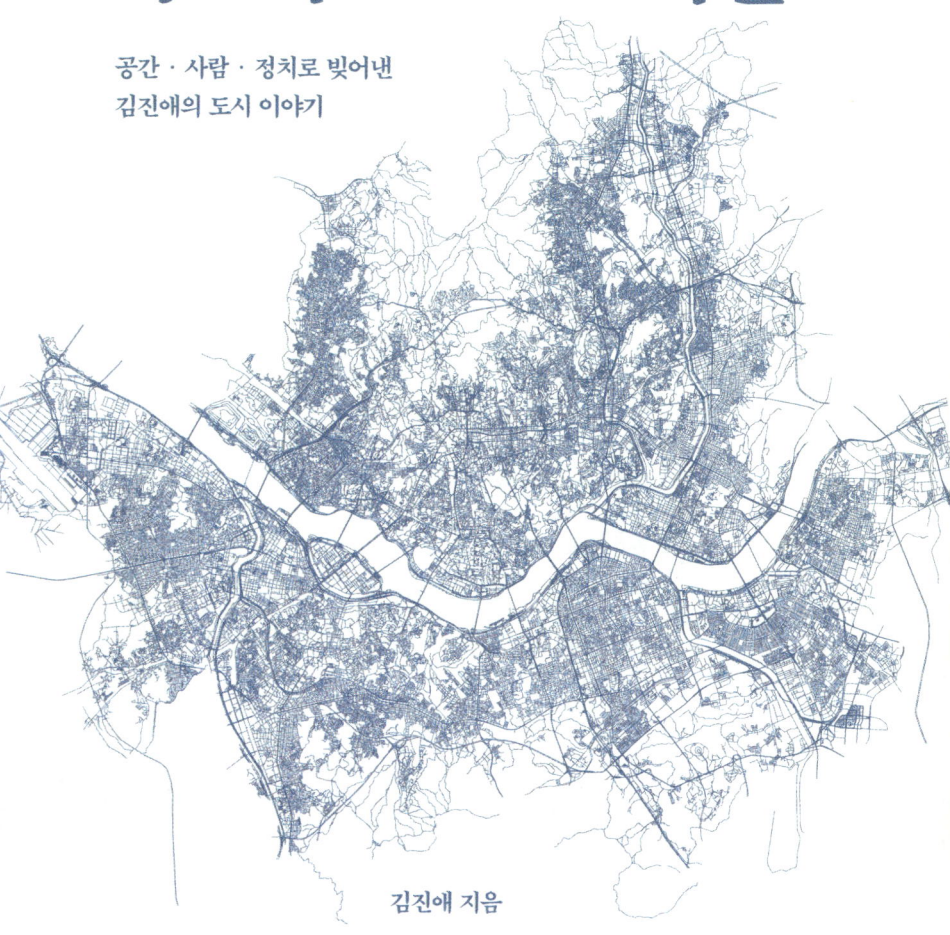

김진애 지음

창비
Changbi Publishers

서울과 나,
우리는 함께 성장했다.

공간과 사람과 정치가 빚어낸
유일무이한 도시

포에버 서울!

"서울에 와보니
김진애가 잘 보이더라!"

　외국 손님이 서울을 찾아오면 같이 이곳저곳을 다닌다. "은퇴하면 도시 관광 가이드를 해볼까?" 생각해봤을 정도다. 서울을 잘 알고 영어도 웬만큼 하니 안내하기에 좋지 않을까, 요즘 전문 통역 가이드도 성행하니 말이다. 여행객의 취향에 따라 루트를 다양하게 짜면서 겉핥기가 아니라 되도록 서울 삶을 맛보게 해주려 노력한다. 내가 다른 도시에 갈 때도 그런 여행을 원하니 말이다.

　서울에 처음 와본 한 외국 지인이 했던 말이 아주 인상적이었다. "서울에 와보니 김진애가 왜 김진애인지 알겠더라!" 영문을 몰라하니 설명을 덧붙인다. "저리 드높은 산이 가까이 있고 이리 드넓은 강이 도시 한가운데 흐르는 서울을 보니, 김진애가 왜 그리 터프한지 알겠더라!" MIT 유학 중 '도시건축 랩'에서 여러해 동안 같이 일하면서 이러저러한 프로젝트로 부대꼈던 디렉터가 하는 말인지라 웃음이 터졌다. 도시 보는 안목과 사람 보는 안목을 섞는 말솜씨에 유쾌해졌다. '서울을 보니까 내가 더 잘 보인다는 말이지. 그러니까 나는 아주 서울적인 사람이라는 뜻이렷다. 그렇고말고!'

두가지 점이 인상적이었다. 첫째, 서울의 대표적 특성이 드높은 산과 드넓은 한강이라는 사실을 콕 집어냈다는 점. 서울의 그릇은 아주 크다. 둘째, 서울의 캐릭터를 만드는 건 서울 사람이라는 걸 딱 짚었다는 점. 정작 서울 안에 살고 있는 우리는 자주 놓치는 점이다. 우리는 도시를 만들고 도시는 또 우리를 만든다. 서울과 서울 사람은 서로 닮아간다.

세살부터 서울에 살았다. 한국전쟁이 끝난 해에 태어나 세살에 상경해서 낙산 성곽 달동네로부터 시작된 서울살이이다. 달동네에서 내려와 '사대문 안'에서 살다가, 성 밖 '성저십리'城底十里, 한양 시절 일종의 수도권 역할을 했던 성 밖 10리 지역을 일컫던 말에 나와 살다가, 한강 건너 강남으로 넘어가 살았다. 서울의 팽창과 함께 나의 주소지도 점점 중심에서 멀어진 셈이다. 재미있는 건 내 고향이 군포시 산본이라는 거다. 산본은 1기 신도시 다섯 중 하나인데, 조상의 오래된 터전에 신도시를 설계하는 일에 참여했었다. 이제 내 고향까지 포함해서 수도권과 함께 '더 큰 서울'을 꿈꾸게 되었으니 흥미로운 행로다.

서울이라는 흥미로운 도시에서 살고 일하는 건 큰 행운이다. 특히 도시 전문가로서는 대단한 축복이다. 이렇게 사연 많고, 이렇게 복잡다단하고, 이렇게 변화무쌍하고, 이렇게 역동적이고, 이렇게 산과 강이 아름답고, 이렇게 문제 많고, 이렇게 이슈가 많고, 이렇게 잠재력이 큰 도시, 서울이라니! 그래서 더 애틋하고 두근두근한다. 600년 역사뿐 아니라 우리나라 근현대사를 온몸으로 안아온 서울이다. 앞으로도 더 큰 미래를 품기를 바라는 마음 가득하다.

서울은 살기에도 재미있고, 관찰하고 연구하기에도 재미있고, 새로운 프로젝트를 구상하기에도 재미있다. 내가 맛봐온 재미를 이 책에 풀어놓는다. 한 서울 사람의 눈으로, 한 도시 전문가의 눈으로, 한 시민의 눈으로 보아온 서울 이야기다. 살고 일해오면서 나에게 서울이 점점 더 잘 그려졌듯이, 이 책을 읽다 보면 자연스럽게 서울이 그려지기를 바라며 쓴다.

1부는 서울 사람 김진애로 체험하고 관찰해온 서울이라는 도시 이야기를 담는다. '사대문 안-성저십리-강남-수도권-제3의 공간의 재탄생'의 순서로 전개하면서 서울의 성장과 나의 성장을 포개본다. 누구에게나 도시란 부분 체험이 모여서 만들어진다. 코끼리 더듬는 식이다. 집 앞에서 골목으로, 동네로, 이웃 동네로, 학교로, 직장으로 넓어진다. 이사 잦고, 직장 변동 잦고, 맛집과 핫플 찾으러 다니면서 도시 체험은 더 넓어진다. 아이랑 함께 다니면 같은 도시도 또 다르게 다가온다. 공간을 찾아다니고 만드는 직업 속성상 나의 체험은 더 다양한 편일 것이다. 서울을 해외에 소개하고 매체에 연재하거나 책으로 쓴 활동 덕분에 나의 발걸음은 서울의 더 많은 구석구석에 닿았고, 공부도 꽤 하게 됐다. 다리와 코만 만지다가 코끼리 전체를 그리고 이젠 코끼리라는 생명체의 행태와 DNA까지 알게 됐다고 할까? 전체는 언제나 부분의 합보다 크다. 서울이라는 생명체에는 여러 동네가 합쳐진 이상의 그 무엇이 있다는 뜻이다. 이 서울이라는 생명체는 앞으로 어떤 모습으로 진화할까?

 2부는 서울 사람과 서울다움에 대한 해석을 담는다. '서울 사람의 성격은 어떤 것일까? 무엇을 서울다움이라고 일컬을 수 있을까? 서울 사람과 서울다움의 에센스를 보여주는 서울의 장면들은 어떤 것일까?' 서울의 특성을 담은 그 무엇을 만들고 서울의 본질을 포착하려 할 때 전문가로서 고민하게 되는 의문들이다. 그런데 고백하건대, 최근 이런 의문으로부터 나도 꽤 자유로워졌다. 강박에서 해방되었다고나 할까? 스스로 자유로워진 '서울러'와 새롭게 '진화하는 서울다움'의 등장 덕분이다. 도시 이미지란 일부러 만들려 한다고 만들어지는 게 아님을 새삼 깨닫고 있다. 내가 예전부터 정의했던 우리 도시의 '잡종, 변종, 혼종'이라는 특성이 이제 '유일한 종'의 수준에까지 이르고 있음에 뿌듯하다. 훨씬 더 자유로운 서울러들이 훨씬 더 다양하게 서울다움을 해석하고 훨씬 더 독특한 서울 장면을 만들어내리라는 기대가 높다.

3부는 시민 김진애의 시각으로 또한 이모저모 시정에 관여했던 전문가의 시각으로 서울시장을 논한다. 시장의 역할은 무척 중요하다. 각 시장은 한계와 제약 속에서도 시대상을 반영하고 시대의 바라는 바를 표상한다. 특히 지방자치가 시행된 후에 시장의 역할은 더 중요해졌다. 조선시대의 한성 판윤은 관리직이었고, 해방 후부터 1995년까지의 관선 시장은 주로 국가 주도의 도시개발 첨병 역할을 했지만, 민선 시장은 각기의 리더십 스타일을 보이며 서울시정의 방향을 정해왔기 때문이다. 뒤돌아보면, '그때 이렇게 했었더라면!' 하는 생각도 많이 든다. 역사에 가정은 없다지만, 미래를 상상하려면 지나간 시간을 돌아보는 것도 필요한 작업이다. 최악의 서울시장도 꼽아보고 최고의 서울시장도 꼽아보면서, 시대정신을 꿰뚫고 진화하는 서울다움을 껴안을 새로운 리더십을 기대해보자.

 독자는 독자 나름대로 서울을 직접 체험하며 서울이라는 그림을 그리고, 서울의 각종 문제에 투덜대며 해결을 기대하고, 서울이 겪어온 시장에 대해서도 다양하게 평가하고 있을 것이다. 독자의 생각과 저자의 생각이 맞닿는 부분이 많기를 바란다. 독자가 서울 체험에 새로운 자극을 받고 여기저기 구석구석 찾아보고 싶어지기를 바란다. 살거나 살았던 동네, 일하거나 일해봤던 동네, 어쩌다 가봤던 동네를 다시 찾고 싶어지기를 바란다. 한번도 가보지 않았던 동네를 찾아봐야지 하는 마음도 생기기를, 맛집 갔다가 주변 동네를 어슬렁거리며 서울 탐험을 하게 되기를 바란다.

 저자로서 이 책에 담을 공간과 동네를 고르느라 꽤 애를 먹었다. 서울에는 흥미로운 또 내가 사랑하는 공간과 동네가 워낙 많아서다. 이 책에 서울의 도시정책 이야기도 담고 싶었으나 도저히 한권에 다 담기 어려웠다. 다른 책 또는 매체를 통해 그 내용도 공유하겠다고 기약한다.

 서울은 대한민국의 수도首都, 즉 머리 도시 역할을 해왔다. 경제 중심이자 행정 중심이자 문화 중심이자 이제 세계도시로서의 위상까지 누리고 있다. 더 좋은 서울, 더 큰 서울을 꿈꿀 때다. 서울은 서울 사람에게뿐 아니라, 대한민국 국민에게도 또 세계 시민에게도 중요한 도시다. 그에 걸맞은 이해가 필요하고, 사려 깊은 액션이 필요하고, 진취적인 상상이 필요하다. 서울을 사랑하며 서울에 대해 아주 큰 꿈을 꾸기를 바란다. 큰 꿈이 있어야 서울 사람의 삶도 도시 서울의 미래도 같이 커진다. 서울, 포에버!

2025년 12월
김진애

차례

프롤로그 "서울에 와보니 김진애가 잘 보이더라!"   007

1부
서울이라는 도시 이야기
서울과 함께 성장하다

1 '사대문 안'의 도시 이미지는 강렬하다

낙산 성곽의 높다란 계단: 올려다보는 동네, 내려다보는 도시   023
종로의 2층 한옥과 혜화동로터리: 도시라는 존재를 발견하다   036
광장시장과 오장동 중부시장: 카이사르가 시장통에 살았다던데   045
반짝반짝 명동: 모던 보이와 모던 걸은 진화한다   062
정동의 시간: 「미스터 션샤인」의 '애신'처럼   076
사대문 안을 그린 '수선전도': 이토록 아름다운 지도라니   089

2 '성저십리'는 변화무쌍하다

마포의 변혁을 목격하다: 이름도 촌스러운 '귀빈길'이더니만   103
상계동과 동부권: 도시라는 연애 무대가 무르익어간다   112
용산 딜레마: 슬픈 땅, 되찾은 땅, 미래의 땅   123

3 '강남 스타일'은 갈 데까지 간 걸까?

'단지 공화국' 강남: 아파트 게임이 '똘똘한 한채' 재건축 게임으로? 139

진짜 강남의 삶: 논현동 다세대 주택에서 '강남 스타일' 154

여의도라는 희한한 섬: 월 스트리트와 맨해튼 사이에서 172

4 '수도권 서울'로 뜀박질하다

그린벨트를 넘어 신도시로 폴짝: 산본 내 고향이 신도시가 되다 187

이미 메가시티 서울: 메트로폴리탄 리더십의 미래 204

5 '제3의 공간'들이 새로 태어나다

광화문광장: 시민의 공간, 국가의 공간에서 모든 혁명을 꿈꾸다 219

인사동 프로젝트: 북촌과 서촌이 다시 태어나다 232

보랏빛 성수동: 공장지대에서 최고의 힙한 동네로 변신하다 252

한눈에 잡히는 서울: 드높은 산, 드넓은 한강이라는 대표 특성 263

낙산 성곽길에서: 「케데헌」의 루미와 진우가 만나다 274

2부
'서울러'와 '서울다움' 이야기
무엇이 서울을 만드는가?

1 서울러 Seouler, 서울 사람

서울 사람은 누구일까?	287
서울 사람은 '서울러'?	291
서울러의 등장이 시사하는 시대적 전환	297

2 서울다움 Seoulness

서울다움이란 대체 무엇인가?	302
서울다움을 해석하는 관점의 진화: 다양함, 일상, 세련, 스토리	306
반전 있는 서울	311
서울이라는 잡종, 혼종, 변종 그리고 유일한 종	316

3 '더 서울러'가 만드는 서울 장면 Seoul Scenes

'더 서울러'들이 쓰는 해방일지	324
이 시대 최고의 에토스: 걷고 싶은 서울러	329

쉬어가는 코너 서울을 그려보자, 그려보면 더 잘 보인다   340

3부

서울시장 이야기
시대정신을 담는 도시 리더십

1 서울과 서울시장

    관선 시장이라는 중앙 권력 대리인   365
    자치 시대의 민선 서울시장   367

2 민선 서울시장 다섯

    본격 민선 첫 시장, 조순   372
    시스템 시장, 고건   375
    불도저 사업 시장, 이명박   380
    겉멋 디자인 시장, 오세훈   388
    시민의 시장, 박원순   395
    컴백한 겉멋 시장, 오세훈   404

3 최악의 서울시장은?   412
4 최고의 서울시장은?   417
5 좋은 시장 역할 모델이 필요하다   421
6 이 시대 서울이 맞는 도전은 완전히 새롭다   425

에필로그 서울 포에버! 서울에 관한 개인적이고도 정책적인 이야기   428
부록 서울에 관한 책을 더 읽어보자!   434
주   438
사진 제공   441

이토록 _____ 서울

공간 · 사람 · 정치로 빚어낸 김진애의 도시 이야기

1부

서울이라는
도시 이야기

서울과 함께 성장하다

01
———————————

'사대문 안'의
도시 이미지는 강렬하다

요즘은 '사대문 안'이란 말을 대중적으로 쓰게 되어서 참 좋다. 도심이라거나 원도심이라거나 하는 기능적 용어로 칭하는 것보다 훨씬 정겹다. 마치 '읍내'라는 말을 듣는 것처럼 다정하게 들린다. 사람들이 사대문 안을 그만큼 더 사랑하게 되어서일까? 관광객이 부쩍 늘어서 더 자주 찾기 때문일까? 사대문 안이라면 사대문, 즉 동대문(흥인지문), 서대문(돈의문), 남대문(숭례문), 북대문(숙정문)을 따라 달걀 모양으로 만들어진 성곽 내 지역을 말한다. 북으로 북악산을 주산으로 하여 남으로 남산, 서로 인왕산, 동으로 낙산을 내사산內四山으로 하여 방어용 성곽을 쌓았고, 성내·외 출입을 보조하는 사소문(혜화문, 광희문, 창의문, 소의문)도 있었다. 짧은 쪽 동서 길이가 4킬로미터, 긴 쪽 남북 길이가 약 8킬로미터, 성곽 전체 길이가 18.2킬로미터의 크지 않은 사대문 안 공간, 그 안에 쌓인 이야기가 얼마나 많은지 모른다.

낙산 성곽의 높다란 계단

올려다보는 동네, 내려다보는 도시

낙산 성곽에서 시작된 서울살이

서울의 첫 기억은 하늘까지 오를 듯한 높다란 돌계단이다. 층층 계단을 가위바위보 하면서 오르던 기억, 해 저물 때 계단 돌 위에 하염없이 앉아서 누군가를 기다리며 노을을 봤던 기억도 난다. 이 기억이 진짜인지 꿈인지 잘 모르겠고 마치 영화 장면처럼 아른거리기만 해서, 자란 후에 그런 데 살았던 적이 있냐고 엄마에게 물어봤다. "네가 서너살 무렵인데 어떻게 기억하니?" 낙산 산꼭대기에 살았었고 집 앞에 가파른 층층 계단이 있었다고 한다.

아버지는 농사짓던 고향 산본_{현재 군포시}을 떠나서 수원, 인천 등을 전전하다가 한국전쟁이 끝나고 생업을 찾아 상경했다. 피난민이 아니어서 그나마 사정이 나은 편이었다. 판잣집이나마 기거할 집을 마련하고 종로5가 광장시장 앞에서 좌판 장사를 시작했다. 전후에 인구가 폭발하는 와중에 사기그릇이 불티나듯 팔려서 밤이면 밤마다 아버지는 그날 번 돈을 담은 자루를 들고 와서 엄마와 같이 돈을 셌는데, 그 재미가 쏠쏠했다고 한다. 도둑맞을까 봐 요강 속에다 돈을 넣어놓고 잤다는, 많이 듣던 이야기대로 우리 엄마 아버지도 똑같이 했다는 게 웃기기도, 짠하기도 했다.

낙산 성곽은 남북으로 꽤 길다. 사대문 안의 내사산 중에서 북쪽의 북악산, 서쪽의 인왕산, 남쪽의 남산은 뾰족한 산 모양인데, 낙산은 고도 125미터로 낮은 언덕이 이어지는 형상이다. 낙타가 엎드려 있는 것 같다며 낙타산이라는 이름을 붙였다는데, 그 옛날 조선시대에 낙타 그림이라도 봤던가? 성곽 안은 동숭동, 이화동, 충신동이고 성곽 밖 동네가 창신동이다. 성곽 안은 상대적으로 고급 동네인지라 심심찮게 고관대작의 집과 별장이 들어섰던 풍광 좋은 동네다. 일제강점기에 들어선 경성제국대학 건물은 서울대학교로 쓰였고, 이화장_{이승만 대통령이 해방 뒤 귀국한 후 기증받아 자택으로 사용하며 초대 내각을 조각한 공간}까지 있었다. 그러

낙산 성곽에 기대서 시작된 서울살이

니 판잣집들은 주로 산등성이에 빼곡하게 들어섰다.

피난민과 상경인들이 몰려 살기에 아주 맞춤인 동네였다. 종로부터 동대문까지는 와글와글한 시장통이다. 한양의 3대 시장 중 하나인 배오개시장이 있던 데다가 1905년에 일제의 경제 침탈에 대항하는 토종자본이 모여 '광장주식회사'를 만들어 자율 시장을 일궈온 곳이다. 이 시장통에 한국전쟁이 끝난 후에 온갖 구호물자와 생활물자들이 모이고, 제작되고, 거래되고, 팔렸다. 소매도 도매도 왕성했다. 입에 풀칠하려, 한몫 잡으려, 일자리 구하려, 가게 차리려, 사업장 설립하려 모여들기에 완벽한 기회의 장소였다.

한옥 골목 풍경

좌판 사기그릇 장사로 돈을 자루에 쓸어담던 아버지가 가게 한칸을 종로5가 네거리에 마련한 후에, 제대로 된 집을 처음으로 마련한 동네가 연건동이다. 산동네에서 평지로 내려와 살게 되어서 엄마는 그저 좋기만 했단다. 물동이를 이고 가파른 계단을 오르내리며 팍팍했던 달동네 시절을 끝내고 이제 살림이 핀다고 잔뜩 들뜬 엄마는 나를 유치원까지 보냈다. 오빠와 언니는 못 가본 유치원에 내가 처음으로 다니는 행운을 누렸다. '조양 유치원'. 아침 햇살이라는 뜻의 조양 朝陽, 신기하게도 유치원 원가가 아직도 귀에서 맴돈다.

골목 풍경을 마스터하는 게 어린 시절의 임무다. 낙산 위에서 성곽과 돌계단 사이에서 놀았다면, 연건동에서는 골목을 쏘다니며 놀았다. 아이들은 뭐가 그리도 재미있는지 익숙한 풍경에서 잘도 놀이를 찾아낸다. 머리를 맞댈 듯한 기와지붕, 도시형 한옥의 담벼락이 이어지는 비슷비슷한 골목들이지만 똑같은 골목은 하나도 없다. 짧은 골목, 긴 골목, 넓은 골목, 좁은 골목, 가게 있는 모퉁이, 전봇대, 앉을 데 있는 담장, 같이 놀 아이가 있는 집, 무서운 아저씨가 나오는 집, 컹컹 짖는 개가 있는 집 등, 아이는 골목의 공간 사회학을 알아간다. 어두컴컴한 구멍가게 앞 평상, 우뚝 솟은 검은 전봇대의 긴 그림자, 엄마가 마중 나와 있을 외가로등, 친구 만날 모퉁이, 뻥튀기와 달고나 뽑기 장수가 있는 학교 옹벽 등 놀이공간을 찾는 데 도가 튼다. 내게 떠오르는 대표 장면은 골목길 끝에 노릇하게 색을 먹인 반드르르한 대문이다. 막다른 골목 끝 집이라서 그렇다. 항상 열려 있는 대문, 문간방 공간과 마당과 골목을 부지런히 넘나들면서 삼총사 친구들과 갖은 소꿉놀이를 했다.

이 동네를 떠난 지 10년도 넘은 대학 시절에 부근을 지나가다가 낯익은 장면에 끌려서 옛집을 찾아 들어가봤었다. '그래, 여기를 꺾으면 이 장면이 나오고, 주욱 가면 초등학교(국민학교라 불리던 시절)가 나오고, 다시 돌면 그 골목이 나오고, 막걸리 만드는 양조장 냄새가 구수하게 피어오르고, 그러다 막다른 골목 끝에 우리 집이 있었지.' 기억을 꺼내며 옛집을 드디어 찾아냈다. 유학 시절에 작문 수업에서 이 체험을 주제로 글을 썼는데, 영어로 쓴 이야기 속에서도 몸의 기억만으로 옛집을 찾아낸 신통방통한 추억 여행의 감흥이 전해졌던지 교수에게 칭찬받았다.

저 골목 끝에
반드르르한 한옥 대문,
동네 골목 풍경의
어릴 적 기억에
가장 가까운 장면.

다시 10여년 후, 유학에서 돌아와 이 집을 찾아 나섰던 적이 있다. 두근두근하는 심정이었다. 그동안 얼마나 변했을까? 그대로일까? '아니, 이게 아닌데, 이 길로 가면 학교가 나왔는데, 여길 꺾으면 분명 그 골목이 나왔는데, 분명 이 장면이 나왔었는데, 왜 못 찾지?' 한참을 헤매다가 드디어 알아챘다. 옛집은 사라졌다. 초등학교마저 없어졌다. 유치원에 오가던 골목은 그대로인데, 대체 왜? 옛집이 있던 자리의 몇 필지를 통째 개발해버렸다. 우리 집이 있던 곳에는 '디자인포장센터'가 들어왔다가 이후에 홍익대학교 대학로 캠퍼스가 들어섰다. 내가 다녔던 창경초등학교는 도봉구로 이전했고, 그 자리엔 고층 건물이 들어섰다. 그날 밤 꿈자리가 사나웠다.

'대학로'와 '연건동'이라는 이름

이화동은 이름 자체도 분위기가 있거니와 이화장과 이화마을 등으로 유명하지만 연건동蓮建洞은 별로 알려진 이름이 아니다. 연건동의 70퍼센트 이상을 서울대학교 의과대학과 병원이 차지하고 있기 때문일 것이다. 누가 서울대학교병원의 동네 이름을 알려고 들겠는가? 이 일대가 요즘은 주로 대학로라는 이름으로 불리는 이유도 작용할 것이다.

'대학로'라는 이름은 '테헤란로'와 더불어 동명보다 도로명을 더 유명하게 만든 이름이다. 전통적인 종로, 을지로, 충무로 등만 유명하던 시절에 도로 이름을 알렸다. 2011년 이후 공공 행정에서 도로명을 본격 도입하면서 동명은 뒷전으로 밀리게 됐다. 도로명은 교통 관리, 우편 업무 편이 등의 효과 외에도 외국 관광객에게 길 찾기를 편하게 만드는 효과도 있다. 하지만 우리 마음속 동네 이름은 아주 중요한 문화적 기억이고 아주 중요한 공간문화 유산이다. 대학로에 엮인 동네만 해도 '동숭동, 이화동, 충신동, 효제동, 연건동, 연지동, 혜화동, 명륜동' 등 여덟 동네가 있는데, 대학로라고 뭉뚱그리면 좀 속상하다. 동네 이름이 사라지면 이윽고 유서 깊은 동네 이야기도 따라서 사라질지도 모른다는 안타까움이 있다.

대학로에 밀려서 연건동이란 이름이 자주 안 쓰여 아쉬워하고 있던 판에, 최근 연건동 이름을 발견하고 무척 기뻤다. 『작은 땅의 야수들』김주혜, 다산책방, 2023이라는 소설에서였다. 1918년부터 1964년 사이의 이야기가 펼쳐지는 대하소설 속에서 주인공 옥희가 양어머니 격인 기생 예단의 집에서 살며 기생으로 또 배우로 성장하며 일제강점기를 보내는데, 그 집이 연건동에 있었다. 왜 이름 없는 연건동이라는 동네를 골랐을까? 한국인이 모여 살던 정통 북촌도 아니고 일본인이 많이 살던 남촌도 아닌 어중간한 동네라서 그랬을까? 이유가 짐작이 갔다. 주인공이 길거리 친구에게 이끌려 가까운 창경궁 동물원에 가서 코끼리를 구경하는 장면이 나온 것이다.

일제는 조선의 공간을 갖은 방법으로 훼손하고 모욕했다. 상징공간일수록 더 노골적인 방식을 사용했다. 광화문을 동쪽 건춘문 쪽으로 옮기고 그 자리에 조선총독부를 짓지 않나, 남산 기슭에 '조선신궁'朝鮮神宮과 신사를 짓고 참배하게 하지 않나, 조선박람회세계박람회 성격의 행사를 한다며 경복궁 안에 희한한 서양식 전시관을 짓지 않나, 그중에서도 왕조의 마지막 거처였던 창경궁에는 동물원과 식물원을 설치하고 '창경원'이라는 이름을 붙이고 벚나무를 잔뜩 심어서 봄철에는 야간에도 개방했다. 조선의 왕궁을 놀이공원으로 전락시키면서 볼거리로 사람들의 눈을 휘둥그레 만들려는 불순한 동기였다.

'창경원'이라는 이름의 동물원이 과천 서울대공원으로 이관된 1984년까지 운영되었다는 건 놀라운 사실이다. 봄이면 밤 벚꽃놀이가 손꼽히는 구경거리로 오랫동안 서울 시민들을 유혹했었다는 사실 역시 놀랍다. 어린 나도 그 구경거리에 혹했었다. 창경원 동물원 관람을 신나는 하루로, 벚꽃 야경 놀이를 아름다운 밤으로 기억하게 됐으니 말이다. 커서 창경궁의 역사를 알고 나서는 서랍 속에 넣고 꺼내고 싶지 않은 기억이 되어 버렸다. 역사의 부끄러움이란 개인의 삶에도 얼룩처럼 남는 것이다. 역사를 제대로 안다는 것은 참 어렵고, 역사를 제대로 세 우는 것이란 더욱 어려운 일이다.

낙산 집은 어디였을까?

어린아이에게 인상적이었던 공간은 반짝이는 별처럼 그저 하나의 '점'點일 뿐이다. 좀체 서로 이어지지 않는다. 나는 낙산 성곽이 내가 살던 연건동에서 그렇게 가까운 데 있는지 전혀 몰랐고(직선거리로 500미터에 불과하다), 내가 다녔던 우리 동네 유치원 모퉁이만 돌아서면 바로 창경궁이 나오는지도 아주 몰랐다(불과 50미터다). 아직 점을 이을 줄도 모르고 별자리를 그릴 줄도 모르는 어린아이의 공간 인식이다.

나의 의식적 기억에는 전혀 남아 있지 않은 창신동 집은 어디였을까? 커서 열심히 찾아봤다. 낙산 성곽 외에는 단서 자체가 없다. 이곳저곳 무너진 성곽 바로 앞에까지 불법 판잣집이 들어섰던 때였다. 전후 혼란기의 불법 점거인지라 제대로 측량도 안 하고 지번도 없었을 때다. 엄마 말로는 아무래도 헐린 것 같단다. 1980년대 말에 대한주택공사 주택연구원에서 일하면서 저소득층 주거 실태를 조사하러 낙산 달동네 곳곳을 누빈 적이 있었는데, 내 머릿속에 아른거리던 두 장면인 파란 하늘로 올라갈 듯한 가파른 계단을 올려다보던 장면, 그리고 계단

낙산에서 도심을 바라보는 '책 읽는 고양이' 카페의 고양이. 아마 세살 적 나도 저 고양이처럼 저녁노을을 하염없이 바라보며 광장시장 앞에서 일하던 엄마가 돌아오기를 기다렸을 것 같다.

에 앉아서 하염없이 노을을 바라보며 도시를 내려다보던 장면을 겹쳐가며 여러 곳을 대조해봤다. 결국 못 찾았다.

미련이 남았는지 지금도 낙산 성곽에 오를 때면 여기였을까, 저기였을까 짐작해본다. 성 안쪽 동숭동 방향이었을까, 성 밖 쪽 창신동 방향이었을까? 낙산 성곽에는 작은 쪽문 비밀스럽게 숨겨둔 암문이 나 있어서 성내와 성외를 드나들며 순례할 수 있다. 이 문을 드나들며 궁리해봤는데, 종로5가 네거리 일터에 나가는 엄마 아버지의 모습을 쫓았을 테니 성곽 안쪽 방향이 아니었을까? 성내 풍경이 훨씬 더 흥미롭기도 하다. 성 밖 창신동 쪽은 집이 빼곡할 뿐이지만, 성내 쪽은 도심의 건물들과 저 멀리 창덕궁과 종묘까지 보이니 말이다.

지금도 대학로에 갈 때면 낙산 성곽 쪽을 올려다보며, '혹시 저기 아닐까? 유망해 보이는데? 한번 더 가봐야겠다!' 속절없이 기대를 품는다. 혹시 벽화마을로 유명해진 이화마을의 층층계단이었을까? 혹시 아직도 예전 영단주택 대한주택공사의 전신인 '대한주택영단'이 지은 최초의 국민주택의 흔적이 남아 있는 낮은 쪽 아니었을까? 어릴 적의 정체도 묘연한 무의식적 기억이 이렇게 계속 호기심을 자아낸다는 자체도 흥미롭다. 세살 적 버릇뿐 아니라 세살 적 기억도 평생 가는 모양이다. 사진 한장 없이 오직 아슴푸레 기억만이어서 오히려 더 신비롭게 상상력을 자극하는지도 모른다.

혹시 나만 아니라 많은 서울 사람이 하늘까지 올라가는 계단의 기억이 있는 건 아닐까? 서울의 자연 특성상 어디서든 항상 산의 존재를 느끼게 된다. 올려다보고, 멀리 바라보고, 내려다보는 광경이 아주 일상적인 도시가 서울이다. 도로 저편에도, 골목 사이에도, 건물 너머에도, 항상 산이 거기 있으니 말이다. 낙산 층층 계단은 그렇게 내 마음속 장면으로 남아 있다.

> 꿈결처럼 남아 있는 장면의 기억은 강렬하다.
> 낙산 성곽 돌계단에 앉아 하염없이 굽어보던 장면,
> 하늘까지 올라가는 돌계단을 올려다보던 장면,
> 세살 적 나는 서울의 특색을 벌써 알아챘다.

종로의 2층 한옥과 혜화동로터리

도시라는 존재를 발견하다

도시라는 신기한 세계

 골목 공간학을 마스터하고 동네 구석구석 탐험을 완료한 어린아이는 이윽고 큰길로 진출한다. 완전히 새로운 환경이다. 큰길은 크다. 낯선 풍경이 펼쳐진다. 아이에게는 두렵다. 그리고 신기하다. 그게 바로 '도시의 발견'이다.

 내가 도시라는 존재를 발견한 날을 특정할 수 있다. 유치원 졸업식 날이었다. 졸업식이 끝나고 엄마는 나를 종로5가 네거리에 있던 아버지 가게에 데려갔다. 축하 점심을 사주겠다며 아버지는 나와 엄마를 데리고 성큼성큼 가게를 나섰다. 그날 나는 처음으로 종로에 2층 한옥들이 즐비하게 선 모습을 봤다.

늠름했다. 눈이 펄펄 내리는 날이었다. 사람들이 엄청 많았고, 무지 빨리들 걸었고, 처음으로 본 전차에 우르르 사람이 몰려가는 모습이 신기했다. 앞서가는 아버지의 등짝이 어찌나 넓어 보이던지, 이 신기한 큰 세계를 무심하게 큰 걸음으로 걸어가는 거인처럼 보였다.

그날 나는 내 인생 처음으로 '난자완스'라는 걸 먹어봤다(이 이름은 커서야 알게 됐지만). 어느 뒷골목에 있는 중국집이었을까. 겉은 바삭하고 속은 촉촉하고 새콤달콤한 국물이 흐르는 난자완스 한조각에 나는 녹아내렸다. 펄펄 내리는 하얀 눈발 속에, 늠름한 2층 한옥이 즐비하고, 널따란 길에, 미끄러지듯 사르르 달려오는 전차에, 바삐 지나다니는 많은 행인에, 갑자기 거인이 된 아버지에, 천상의 맛을 내는 요리까지. 이 신기한 체험이 다 합쳐진 느낌이 나의 첫 도시 체험이었다. 도시는 신기하고, 크고, 새롭고, 맛있었다.

이후에 나는 야금야금 활동 반경을 큰길가로 넓혔다. 기껏해야 동네 안 유치원과 초등학교에 골목 친구 삼총사와 오가던 것과 달라진 것이다. 큰길에는 재미있는 게 훨씬 더 많은데? 볼 게 너무 많은데? 골목 너머 보이던 시계탑_{1907년 고종과 순종이 설립한 대한의원의 서구식 건물에 설치된 현존하는 가장 오래된 시계탑으로 서울대학교 의과대학의 상징} 건물의 정체가 뭔지 알고 싶은데? 친구들이 놀

1954년 서울, 오늘날 세종대로 사거리의 모습

러 가봤다는 개울가 나중에 복개된 대학천가 어떤 덴지 보고 싶은데? 횡단로 하나만 건너면 새로운 세계가 있었다. 집 앞의 대학로 네거리에서부터 종로5가 네거리까지 또 혜화동로터리까지 진출했다.

내 어린 머리에도 '도시 이미지'가 아로새겨진 것이다. 케빈 린치 Kevin Lynch, 도시계획가이자 MIT 교수가 도시 이미지를 구성하는 다섯 요소를 구체적으로 정의했다. '선 path-변 edge-영역 district-결절점 node-랜드마크 landmark'가 그것인데, 어린 나도 아주 자연스럽게 다섯 요소를 그려낸 것이다. 선은 대학로, 변은 복개되기 전의 대학천, 영역은 광장시장, 결절점은 혜화동로터리와 종로 5가 네거리, 랜드마크는 서울대학교 의과대학 시계탑이었고, 이 전체가 나의 도시였다.

도시 이미지란 게 뭐 특별한 게 아니다. 사람들이 집을 찾고 길을 찾을 때 쉽고도 자연스럽게 사용하는 지침이 분명할수록 도시 이미지가 선명해지고 이미지가 선명할수록 좋은 도시로 기억된다는 뜻이다. 화려한 게 아니라 성격이 확실한 게 중요하다. 성격이 분명할수록 머릿속에 방향감각이 명확해지고 자연스럽게 이미지가 떠오른다. 내가 아홉살까지 살았던 연건동 동네를 계속 기억해내고, 그 기억으로 다시 찾아내고, 지금도 기억한다는 자체가 이 대학로 일대가 도시 이미지를 형성하기에 아주 좋은 환경을 이루고 있다는 뜻이다.

혜화동로터리의 '동양서림'

물론 도시 이미지는 사람의 활동에 연관되어 더 뚜렷해진다. 자주 쓸수록, 많이 다닐수록, 흥미로운 일상적 사건과 어쩌다 인상에 남는 사건이 생길수록 더 선명해진다. 큰길로 나가 여기저기 탐험하던 아홉살 나에게 뚜렷한 기억 하나가 남아 있다. 어느 날 혜화동로터리에 있는 책방에 가서 내 용돈으로 책을 한권 산 것이다. 혼자서 멀리 나간 게 큰 모험이었고, 책을 산다는 고상한 행위를 한다는 사실에 설레었고, 그것도 내 용돈으로 산다는 게 너무 자랑스러웠던, 일대의 사건이었다. 그때 샀던 책까지 기억한다. 『괴도 루팽의 기암성』이다. 어쩌다 이 책을 골랐는지는 모르겠는데, 수십번 읽어서 달달 외웠고, 그 이후 추리소설에 대한 열정에 불을 댕겼던 책이다.

많은 책이 꽂혀 있는 책방 서가 사이에서 책을 고르던 두근두근한 순간, 책을 사서 고이 안고 혜화동로터리에서부터 집까지 걸어오는 대학로의 플라타너스 가로수 길이 너무 멋지게 느껴졌던 인상이 남아 있다. 그 순간이 스스로 괜히 멋지게 느끼는, 도시인으로서의 즐거운 삶의 시작이라는 걸 전혀 몰랐던 때이지만, 설렘과 두근두근함과 멋짐과 기대감이 버무려진 빛나는 순간이었다. 도시인으로 탄생한 순간이라고 할까?

더 멋진 일이 있다. 그 책방이 지금도 존재한다는 사실이다. '동양서림'이라는 이름의 서점이다. 이 책방을 열었던 주인은 고故 장욱진 화백의 아내, 이순경 여사다. 신기하게도 내가 태어난 해에 책방을 열었다. 한국전쟁 후에 희망찬 미래를 꿈꾸며 교육열이 불타오르고 전쟁 통에 못 채웠던 문화 욕구가 책이라는 대상으로 폭발했던 시절이다. 청계천에 중고 서점 붐이 일어났던 것도 이 시절이다. 화가의 팍팍한 삶을 덜고 생계 부양에 도움이 되려고 열었던 동양서림이 계속 존재할 수 있었던 것도 당시의 문화적 욕구를 반영할 것이다. 성균관대학교와 서울대학교가 근처에 있다는 것, 화가와 문인이 많이 모여 살던 혜화동과 명륜동의 성격이 큰 힘이 되었을 것이다. 책방이 동네 사랑방으로 요즘의 북 카페 같은 역할을 했나보다.

 인생에는 인연이라는 게 있는 걸까? 40여년이 지나서 나는 용인에 있는 고 장욱진 화백의 집 별채를 설계하게 되었는데, 건축주였던 장욱진 화백의 큰따님과 이야기를 나누다가 그 책방 주인이 그의 어머니였다는 것을 알게 됐다. 내 인생 첫 책방의 주인을 발견했다는 것이 너무 신기했다. 그때 스쳤을 수도 있겠구나! 혹시 장욱진 화백도 우연히 스치지 않았을까? 장욱진 화백은 '집'을 소재로 수많은 그림을 그린 화가다(그 그림들이 좋아서 내가 쓴 『이 집은 누구인가』샘터사, 2006의 삽화로 쓰게 된 인연도 있다). '동양서림'은 이제 3대째 주인을 바꿔가며 여전히 그 자리에 있고 2층에는 한 시인이 운영하는 '위트 앤 시니컬'이라는 시집 책방이 있어서 책 읽기 모임도 열린다. 주인이 바뀌면서도 책방의 전통을 지켜가고 거기에 새로움을 더하여 생명력을 유지하고 있는 모습을 보면 어쩐지 흐뭇하고 고맙다.

캄포 광장 같은 모습의 혜화동로터리

혜화동로터리가 아직도 로터리 모습을 간직하고 있는 것도 고맙다. '로터리'rotary라 불릴 만한 공간은 서울에서 유일하게 혜화동로터리만 남았다. 원형의 형태로 신호등 없이 차가 둥글게 돌아갈 수 있고 십자형 네거리와 달리 중앙에 광장이나 녹지가 있으니 웅장하게 보인다. 바로크식 도시계획이 유행하던 유럽 도시들에 로터리가 많은데, 교통량이 많지 않을 때 쓰기 좋은 교차로 기법이다. 최근 지방 국도에 회전교차로를 꽤 도입했고 서울에서도 종로소방서 앞 등 몇군데 도입했는데, 엄밀히 말하자면 로터리와 다르다. 일제강점기에 경성 신시가지에 바로크식 도시계획을 도입했는데, 당시에 만들어진 신촌로터리는 이름만 남고 둥근 로터리는 없어졌다. 혜화동로터리는 둥근 형상도 남았다.

로터리에서는 길이 둥그니 건물도 따라서 둥글게 들어선다. 이 광경이 어린 나에게 아주 인상적이었다. 옆 건물과 손잡고 둥근 모양으로 설 수도 있는 거구나! 마치 이탈리아 시에나의 캄포 광장에서 건물이 커브를 그리며 나란히 서 있는 걸 보며 감탄하는 것과 비슷하다. 그만큼 우리 도시에서는 희귀한 광경이다. 점포를 더 넣으려면 바로 붙여 짓는 게 훨씬 더 유리했고 이런 유럽식 합벽 건축이 세를 얻었던 1950~60년대의 건

사대문 안에 유일하게 남아 있는 혜화동로터리. 1953년 문을 연 책방인 동양서림이 여전히 있다는 건 기적에 가깝다.

축 방식이다. 이후에 건물 사이의 거리를 규정한 건축법이 나온 후에 이런 건축물은 불가능해졌다. 혜화동로터리의 합벽 건물은 최소 60년 이상 나이가 든 건물이다.

    내가 살아봤던 옛집은 거의 다 헐렸다. 주변과 함께 개발되어 흔적조차 사라진 곳도 많다. 그런데 내 인생 첫 책방은 여전히 그 자리에 그대로 있다는 건 기적이다. 허물고 더 높은 건물로 재건축하고, 주변 필지를 합해서 고층 건물로 재건축하는 게 너무 당연하게 된 시대에, 혜화동로터리의 로터리 형상과 옛날 책방은 이제 역사가 되고 있다. 시에나 캄포 광장처럼 건물을 리모델링하면서 수백년 쓰게 될까? 동양서림도 그렇게 오래갈 수 있을까? 서울 포에버처럼? 궁금해진다.

> 도시라는 존재는 커서 두렵고, 또 낯설어서 재미있다.
> 호기심으로 다가오면, 모험심으로 개척하고 싶어진다.
> 일생을 함께해야 할 호기심과 모험심,
> 지금 당장 도시로 나가 걸어보자.

광장시장과 오장동 중부시장

카이사르가 시장통에 살았다던데

사대문 안에서 사춘기를 보낸 행운

초등학교 3학년에 충무로5가 오장동으로 이사 갔다. 함흥냉면으로 유명한 그 오장동이다. 날림으로 지은 '집장사 집'이었지만 무려 이층집, 이른바 양옥이었다. 일본식이 섞인 '화양식' 영향이 남아 있는 스타일인데, 박공지붕에 타일을 외벽에 붙인 집이다. 한동안 유행했던 양식, 건축가들 사이에서는 '목욕탕 집'이라 불리기도 하는, 그래도 그 시대 최신 스타일이다. 집이라면 다 한옥인 줄로만 알았던 나는 종로통에 즐비했던 2층 한옥처럼 집이 2층이 될 수 있다는 게 너무 신기했다.

이층집에 살게 됐으니 '우리 집이 부자가 됐나보다'고 은근히 뿌듯해했지만, 여름에는 양철지붕 밑처럼 뜨겁고 겨울엔 걸레가 동태처럼 꽝꽝 얼어버릴 정도로 단열이라곤 전혀 안 된, 환경이 엉망인 집이었다. 방마다 연탄을 피우던 시절이다. 바로 위 언니가 자기 방이 생겼다고 좋아하며 부엌 골방에서 자다가 연탄가스 중독 사고로 세상을 떠난 슬픈 역사를 안게 된 집이기도 하다. 25평 남짓한 집에 엄마 아버지와 일곱 아이, 그리고 당시 '식모'라 불리던 가사도우미까지 무려 열명이 우글거리며 살던 집이었다. 하지만 내 인생에서 가장 풍성했던 추억이 담긴 집이다. 나의 사춘기가 온전히 담겼기 때문이다.

사춘기思春期란 무슨 뜻일까? 봄의 아지랑이처럼 온갖 생각이 모락모락 피어오르고, 몸은 무럭무럭 자라는 시간이다. 뇌의 시냅스가 폭발적으로 터지는 세살 무렵까지 온갖 다양한 자극을 받아야 하듯, 사춘기에는 모락모락 갖은 생각이 피어오를 수 있도록 온갖 자극을 받는 게 중요하다. 공부가 전부가 아니다. 친구와 쏘다니기, 영화 보기, 책 읽기, 형제자매와 옥신각신 싸움하기, 통학하기, 물건 사기, 여행하기 등 다양한 체험을 해봐야 생각의 깊은 더 모락모락 피어나고 마음 근육, 생각 근육, 활동 근육이 튼튼해진다.

이 점에서 나는 행운아다. 사춘기에 도심 가까운 데에 살고, 활력 넘치는 시장이 가까이 있고, 큰길 건너 학교 다니고, 버스를 타고 통학길에 올랐으니 말이다. 모험거리가 사방천지에 가득했고 개척할 것이 지천에 있었다. 지난날을 미화하려는 심사가 작동하는 건 확실하다. 하지만 초등학교 3학년부터 고등학교 2학년까지 황금기를 구가했다.

제일 신났던 건, 큰길을 건너 학교에 다닌 거다. 드디어 눈치 보지 않고 큰길을 혼자 건너도 되는 큰 아이로 인정받게 된 거다. 지금은 강남으로 이전한 '영희초등학교'지금의 덕수중학교 자리였는데, 학교 문만 나오면 바로 인현시장으로 이어졌고, 바로 세운상가로 이어지고, 바로 대한극장으로 이어진다. 인현시장의 한 뒷골목 집에서 나는 3년 동안 한 극성 엄마가 조직한 방과후 과외 그룹의 일원이 되었는데, 이 공부 그룹은 작당하고 동네를 누비며 놀았다. 마치 미국 드라마 「프렌즈」에서처럼 여자 셋, 남자 셋으로 구성된 우리가 공부 열심히 하는 척하면서 얼마나 동네를 활개 치며 온갖 장난을 치고 다녔는지, 엄마들은 몰랐겠지?

오장동에는 심지어 공원이 있었고 공원 안에 서울 최초의 야외수영장도 있었다. 이 동네는 일제강점기 시절의 남촌으로 반듯반듯하게 필지로 구획된 동네다. 그 한가운데 묵정공원(이름이 왜 묵정공원인지는 이상하다. 묵정동은 큰길 건너인데 말이다)을 만들었고, 공원 주변에는 2층 주택이 가지런히 들어서 있었다. 1960년에 서울시는 이 공원 안에 야외수영장을 만들었는데, 그야말로 아이들로 인산인해였고 걱정에 겨운 부모들은 주변에 뺑 돌아서 지켜보는 광경이 재미있었다. 소독약 냄새와 지린내 풀풀 나는 수영장이었지만 어찌나 좋던지, 여름에는 여기서 살면서 독학으로 수영을 배웠다. 친구들과 요령을 나누며 익힌 수영은 평생 믿을 만한 생존술이 되었다. 지금의 묵정공원에는 지하 주차장을 만들어 놔서 근처에 밀집한 인쇄소와 중부시장에 그나마 숨통을 틔워준다.

서울대학교가 있는 대학로에서 불과 2킬로미터 거리의 오장동에서 학생운동이 거셌던 1960년대를 보냈는데, 어린아이가 뭘 알겠는가. 그런데 뒤숭숭했던 동네 분위기는 기억난다. 통금이 되도록 돌아오지 않는 아이들을 기다리며 골목마다 부모들이 나와서 웅성거리는데, 우리 집에선 고등학생 오빠가 돌아오지 않아 발을 동동 굴렀다. 어른들 사이에서 귓등으로 훔쳐 듣는 뉴스에서 수상한 분위기를 감지하고 나는 전쟁이 일어났나보다 하고 두려워했었다.

중학생이 되어 버스를 타고 통학하게 됐을 때 날개를 단 듯한 느낌은 색달랐다. 버스 창밖을 유심히 관찰했고, 여기저기 흥미로운 냄새를 맡았다. 통학 노선이 아주 좋았다. 충무로5가에서 타서, 대한극장 앞으로, 명동 앞을 거쳐서, 남대문시장 앞,

서울역 앞으로, 시청 앞 분수대를 거쳐, 광화문 네거리로, 그리고 노란 은행나무가 줄지어 서 있던 광화문 앞까지 가서 유턴해서 다시 시청 앞으로 돌아와 덕수궁 앞에서 내렸다. 이 충무로 노선 외에도 을지로 노선 또는 종로 노선을 고를 수도 있었다. 사대문 안 명소란 명소는 다 거쳐 가는 노선 아닌가? 눈이 휘둥그레질 만한 명소들을 매일매일 거쳐 다녔으니 얼마나 대단한 복인가?

친구 집에 놀러 다니며 새로운 문이 열렸다. 기억나는 친구 집이 남산 필동 밑에, 장충단공원 옆 약수동에, 창덕궁 옆 원서동에, 경복궁 옆 팔판동에 있어서 새로운 동네를 개척할 수 있었다. 심심찮게 낯선 동네 이름도 들었다. 아현동, 보문동, 신촌, 왕십리 등. 여긴 또 어딘가? 나중에 알게 될, 당시엔 서울 외곽으로 불렸던 동네들이다.

서울 만원 시대

이때가 바로 서울이 폭발할 때였다.『서울은 만원이다』이호철, 1966라는 장편소설이 신문에 연재됐을 때다. 피난민 시대를 지나 무작정 상경 시대다. 혼자 상경, 가족 상경 가릴 것 없이, 실낱같은 연고 상경뿐 아니라 무연고 상경까지 폭발했다. 단골 뉴스 중 하나가 서울역 광장이나 용산역 앞에서 무작정 상경한 사람들이 두리번대는 광경이었다. 380만 인구에 '서울은 만 원이다'라고 아우성을 쳤으니 웃긴다 싶지만, 그게 아니다. 턱 없이 인프라가 부족했다. 주택, 상가, 사무실, 도로, 자동차, 모든 게 다 모자랐다. 대체 어디서부터 시작해야 하나?

1966년에 현대적 서울 도시계획이 드디어 등장했다. 물론 도시계획은 그전에도 있었다. 정도전이 그린 한양의 도시계획(1394년), 폭발 성장했던 조선 후기에 성곽 외곽의 성저십리 지역까지 관리했던 한성부 계획(18~19세기), 일제강점기의 경성 시가지계획(1936년), 한국전쟁 후 복구를 위한 서울시 도시계획(1952년) 등. 이전 도시계획들은 대개 당장 닥친 문제를 해결하려는 대응적 성격이 짙었다. 1966년 도시계획이 최초의 현대적 도시계획이라고 할 수 있는 이유는 선제적 도시계획으로 미래 인구 목표를 세우고 부문별 실천 계획을 상세하게 세웠다는 점이다. 이 계획은 강남으로의 확장을 포함했다.

하지만 1966년 도시계획의 내용은 주먹구구였다. 계획 연도로 1985년 500만 인구를 목표로 삼았는데, 1971년에 벌써 500만명을 넘겨 버리고 말았다. 그 이후로 국가의 경제개발 5개년계획처럼 5년에 한번씩 새 도시계획을 세우곤 했다. 하지만 현실은 항상 계획을 앞질러버리는 시대였다. 1985년의 서울 인구는 천만에 육박했다(963만명). 계획보다 두배로 앞질러버린 것이다.

있는 돈 없는 돈 할 것 없이 다 끌어서 쏟아부었을 때다. 인프라 개선을 위한 공공차관, 각종 시설개발을 위한 상업차관을 동원하며 제3공화국은 군부정권의 효능을 입증하기 위해서 경제 부흥에 매진했고 가시적 성과를 내는 데에 온 힘을 쏟았다. 도시개발은 경제개발의 도구가 되고, 경제개발이 정권 유지의 수단이 되는 시대의 서막이 오른 것이다.

이 시절에 나는 광화문 앞 정부종합청사가 마치 나무가 자라듯 기둥이 쑥쑥 올라오는 광경을 매일 아침 통학 길에 목격했다. 건축에 관한 관심을 불러일으키는 신기한 장면이었다. 동네 근처에서는 마치 공룡처럼 보이는 세운상가와 진양상가가 들어서는 것을 올려다봤다. '최초'라는 이름이 참 많이도 등장했다. 여의도에 최초의 국회의사당, 경복궁에 최초의 국립중앙박물관 현재 국립고궁박물관, 최초의 단지 아파트였던 마포 아파트, 홍릉에 들어선 최초의 한국과학기술연구원 등. 최초라는 이름을 통해 막강한 권력의 성과를 꽤 효과적으로 과시했던 시대다. 그나마 아직은 부동산이라는 말이 휩쓸지는 않았던 시대였다.

걸어야 제맛인 사대문 안

성장기에 사대문 안 곳곳을 탐험할 수 있었던 것은 돌아볼

수록 참으로 축복이다 싶다. 더 늦게 태어났으면 사대문 밖에서 살았을 확률이 높았을 테고, 더 일찍 태어났으면 아예 서울에 올라오지 않았을지도 모를 터이다. 당시의 중고교는 대부분 강북에 있었으니 중고생들에게 도심을 쏘다닐 기회가 많았고, 대학도 대부분 강북에 있었으니 도심에 대학생들이 넘쳐나기도 했다. 게다가 나는 머리 기르기를 허용하는 이화여중·고를 다녔으니, 방과 후와 주말이면 대학생 코스프레를 하고 마음껏 쏘다닐 수 있었다.

걸어서도 충분히 닿을 수 있는 거리 안에 가볼 데가 그렇게 많다는 게 얼마나 좋은가? 걸어도 걸어도 지치지 않는 젊음이 있으니 얼마나 좋은가? 사춘기의 왕성한 호기심이 얼마나 큰 축복인가? 나는 곧잘 학교에서부터 집까지 걸어오기도 했고, 일요일이면 영화 한편 보고 쏘다니는 걸 너무 좋아했다. 친구들과도 다녔지만, 탐험은 혼자 하는 게 맞춤이다.

걸어서 모험하기에 사대문 안은 최고다. 일단 손에 잡힐 듯 가깝다. 사대문 안 자체가 동서로 4킬로미터 남짓, 남북으로 8킬로미터 남짓한 계란형 모양이다. 북쪽의 북악산, 남쪽의 남산 기슭을 제하고 사람들이 주로 사는 동서남북 시가지는 4킬로미터, 즉 10리길 안에 있다. 걸어서 한시간 거리다. 일부러 이렇게 설계했던 걸까? 정식 기록에는 나와 있진 않지만 그러함 직하다. 동대문에서 서대문까지 운종가雲從街, 종로의 옛 이름를 따라 한시간이면 닿는다. 남대문부터 광화문까지 지금은 1킬로미터 남짓하지만, 한양 시절엔 종각까지 가서 운종가를 따라 서쪽으로 걷다가 세종대로옛 이름은 '육조거리'에서 광화문까지 2킬로미터 남짓하다. 왕복 거리로도 걷기에 부담 없을 정도다. 걷는 도시로 설계된 사대문 안이다.

아직 '비원'祕苑, 일제가 붙인 이름이라 불리던 시절의 창덕궁은 말 그대로 나의 시크릿 가든이었다. 이상하게 경복궁에는 정이 별로 안 붙고, 덕수궁은 학교 앞이라서 친해졌고, 창경궁은 여전히 동물원이었던지라 가게 되질 않았고, 경희궁에는 서울고등학교가 있던 시절이었다. 창덕궁의 주합루에 완전히 매혹되어서 꽃 피는 봄, 눈 쌓인 겨울, 특히 낙엽 가득한 늦가을에 나의 시크릿 가든에 자주 가서 호젓한 시간을 보내곤 했다.

영화가 없으면 도시가 도시다우랴? 마침 충무로 영화산업이 태동하는 때였고, 사대문 안에서만 영화를 볼 수 있던 시대였다. 걸어서 충무로 대한극장, 진고개 명보극장, 을지로 국도극장, 명동 스카라극장, 종로2가에 마주한 단성사와 피카디리 극장을 섭렵했는데, 정작 내 아지트는 대한극장 맞은편 골목 안에 있던 아테네극장이었다. 주머니 얇은 젊은이들을 위한 재개봉 극장, 미성년자인지 아닌지 적당히 눈감아주는 극장에서

19금이건 아니건 나는 거의 모든 영화를 섭렵했다. 그야말로 나만의 「시네마 천국」이었고 나의 충무로 영광이었다. 사춘기 나의 모든 결단은 여기서 이루어진 게 아닌가 싶다.

　대한극장마저 2024년에 문을 닫았으니 이제는 이름을 바꾼 피카디리극장만이 남는다. 낙원상가의 허리우드극장이 그나마 실버층을 위한 클래식 극장으로 변신했고, 예술영화와 독립영화 상영관이 생기기도 했지만, 극장의 소멸은 아쉬운 현상이다. 극장은 도시 최고의 문화다. 구경거리를 즐기는 인간의 욕구를 만족시킬 뿐 아니라 자신도 구경거리가 되고 드라마의 주인공이 되는 아주 독특한 체험을 제공한다. 극장 안에서뿐 아니라 극장의 전후 시간과 공간에서 벌어지는 장면이 훨씬 더 흥미롭다. 만나고, 먹고, 마시고, 소요하는 행위들, 그래서 극장 하나가 그 거리와 동네의 경제와 문화를 살리는 것이다.

　다만 극장의 개념은 꽤 달라져야 할 것이다. 극장을 대체했던 멀티플렉스 영화관도 요즘은 OTT 열풍에 밀린다. 대신에 또 다른 구경거리, 만남거리를 제공하는 공간이 등장한다. 라이브, 공연, 퍼포먼스, 연극, 강연 등. 구경거리, 만남거리를 제공하는 극장의 전통은 사대문 안에서 또 다른 형식으로 이어져야만 한다. 대학로에도, 인사동에도, 광화문에도, 종로에도, 충무로에도.

행랑과 '가가'가 만든 운종가

사대문 안의 영화관 전통은 '충무로'라는 이름으로만 이어지지만, 사대문 안의 시장 전통이 아직도 튼튼하다는 사실만큼은 정말 안심이 된다. 여러 공간의 기능이 바뀌고, 골목이 사라지고, 옛집이 없어지고, 재개발되고, 영화관은 없어지고, 백화점의 매출 순위도 바뀌는 가운데에서도 여전히 시장만큼은 건재하다.

한양의 3대 시장 덕분일까? 한양에 개설된 첫 시전市廛, 도시에 설치하는 시장을 부르던 이름은 육의전六矣廛, 명주, 종이, 어물, 모시, 비단, 무명을 취급했던 궁중 전용 상점이라는 이름으로 운종가에 설치된 시장이었다. 구름처럼 사람들이 몰려든다는 뜻의 운종가라는 이름처럼 종로는 사대문 안의 동서 척추와 같다. 두번째 시장은 17세기에 만들어진 동대문 근처의 배오개시장 이현시장으로 지금의 동대문시장, 광장시장, 청계천시장, 방산시장, 인현시장 등으로 이어졌다. 세번째 시장은 칠패七牌 시장인데, 서소문 밖에 형성된 어물 시장으로 18세기에 급성장하다가 지금의 남대문시장으로 그 기능이 흡수됐다. 수백년 전통의 시장이 이어진다는 게 신기하기조차 하다.

19세기 말에 찍은 옛 사진을 보면 종로 운종가에 행랑채식 상가가 질서정연하게 주욱 늘어선 게 아주 인상적이다. 앞을 활짝 열 수 있는 행랑채 건물은 상품을 진열하고 손님이 드나들기에 아주 적격인 공공건축이었다. 더 흥미로운 건, 이 행랑 앞에 수없이 '가가'假家, 가짜 집가 늘어섰다는 거다. 일종의 노점상이다. 상점만으로는 수요가 충족되지 않으니 들어선 건데, 이 가가라는 말이 우리가 흔히 쓰는 '가게'의 원조다. 가가라는 형식은 배오개시장이나 칠패시장이라는 '난전'무허가 노점으로 가득 찬 시장의 모델이 되었고 지금도 오일장, 풍물시장에서 즐겨 쓰이는 전통이 되었다.

서울은 예로부터 소비도시이자 유통도시다. 전국의 물자가 들어오고 이제는 전세계의 상품이 들어와 쓰이고 거래되는 공간이다. 사대문 안의 시장은 바로 서울이라는 도시의 본질을 증명하는 공간이다. 유통 구조가 달라지고 상품 세계가 달라지는 시대적 변화에 따라 시장도 변신한다. 이제는 사대문 안의 시장들은 서비스와 문화와 관광과 삶의 윤기를 소비하고 유통하는 공간으로 변신하는 중이다.

사대문 안 모든 시장에 내 발길이 닿았다. 나는 시장의 풍성함이 좋다. 이 세상이 풍요로울 수 있다고 꿈꾸게 만든다. 시장을 보면 사는 모습이 떠올라서 좋다. 해외여행에서도 꼭 시장을 들르는 이유다. 시장은 상상하게 만든다. 원재료를 보면서 떠오르는 상상력을 사랑한다. 그래, 저걸 사서 이걸 만들면 되게 멋있겠다. 만드는 과정 이상으로 상상하는 과정을 재미있어한다. 건축 모형 재료를 사러, 옷감을 사러, 가구 만들 목재를 사러, 인테리어를 위한 조명과 자재를 사러, 전시를 위한 제작을 주문하러 수없이 드나들었다.

물론 시장의 속사정은 꽤 달라졌다. 원자재를 주로 팔던 시장이 완성품을 파는 시장으로, 단순한 완성품이 아니라 패션 상품으로, 밀매품에서 수입품으로, 국내 상품에서 글로벌 상품으로, 상품에서 즐거움을 파는 곳으로, 물건만이 아니라 구경거리까지 살 수 있는 공간으로, 볼거리뿐 아니라 추억거리를 얻는 공간으로, 보는 공간에서 찍는 공간으로 등, 한마디로 시장은 끊임없이 즐거움의 공간으로 변신하는 데 탁월한 능력을 발휘했다. 요즘의 사대문 안 시장은 필수적인 관광 코스이자 전형적인 데이트 공간으로 바뀐 곳이 많다. 핫플 맛집과 카페가 있는 시장이다. 선거 시기 정치인의 어묵 먹는 장면만 있는 시장이 아니라 젊은이들도 찾아가는 시장이 되고 있다.

광장시장과 중부시장은 지금도 내 단골이다. 소울 빈티지, 소울 푸드가 있어서다. 광장시장은 십대에 '구제시장'_{구호물자 중 옷을 파는 시장}을 발견하고 나의 쇼핑 실력을 연마하던 곳이다. 그런데 지금도 성황을 이루는 빈티지 상가가 되어 눈 밝은 젊은이들이 찾아드는 게 흥미롭다. 사실 진짜 쇼핑 실력은 잘 진열

된 물건 중에서 고르는 게 아니라 산더미처럼 쌓인 물건 속에서 보물을 찾는 거다. 광장시장에서 소울 빈티지를 하나 고르고 순대와 김밥 하나 사 먹으면 세상을 다 얻은 것 같던 그 기분을 지금도 만끽하는 게 너무 신난다.

중부시장은 함흥냉면 덕분에 찾고 또 찾는 공간이 되었다. 십대에 한여름의 오장동 집 2층이 사막처럼 달궈져서 선풍기도 전혀 효과가 없을 때 냉면 먹으러 가던 게 최고의 시간이었다. 나와 같은 해에 태어난 노포, '흥남집'이다. 이 사실을 최근 알고 나니 더 맛있게 느껴진다. 가끔 호호 할아버지와 할머니가 오래 앉아서 냉면을 맛보는 장면을 보면서, 십대에 알게 된 냉면 맛을 나도 나중에 저렇게 찾게 되리라 싶다. 그렇다. 맛이란 가장 오래가는 미래 유산이다.

시장의 에너지

사대문 안의 시장이 살아남은 건 기적에 가깝다. 호시탐탐 온갖 땅을 먹어치우며 덩치를 키우는 탐욕스러운 개발의 손아귀를 이들 시장은 어떻게 피했을까? 큰길가에는 높은 건물이 들어서도 시장 본연의 공간을 이루는 작은 건물들은 고대로다. 고쳐서 쓴다. 왜? 그만큼 장사가 잘되기 때문이라는 것이 으뜸 이유다. 유통도시 서울의 파워로 전국 도매 유통망을 장악했고, 소비도시 서울 사람의 마음을 사로잡으며 소매 경쟁력을 유지했다. 유통 구조가 변화하면서 도매 점유가 줄어들자, 서비스 위주의 환경으로 탈바꿈한 것도 주효했고 늘어나는 관광객을 겨냥한 변신도 주효했다. 광장시장과 남대문시장은 진즉 아케이드를 덮어서 환경을 개선했고, 최근 중부시장도 산뜻하게 아케이드 지붕을 덮었다.

시장이라는 공간의 힘은 어디에서 나올까? 아케이드를 덮어도 옥외라는 데서 오는 자유로운 공간감은 최고다. 현대적 쇼핑몰의 원조라 불리는 19세기 밀라노의 비토리오 에마누엘레 2세 아케이드처럼 화려하지는 않더라도 사대문 안의 시장 아케이드에서 느끼는 자유로운 공간감만큼은 뒤지지 않는다. 시장은 일상의 공간보다 훨씬 더 크니 광장처럼 해방감도 최고다. 게다가 가게는 오밀조밀해서 친근하고 끝없이 이어지면서 수수께끼 미로 같은 느낌이 모험심을 자극한다. 자유로운 해방감과 수수께끼 미로 속의 모험심 사이에서 사람 냄새를 맡으며 데이트하고 싶은 젊은이와 한국 특유의 맛을 느끼러 관광객이 들르지 않을 수 없는 데가 시장이다. 백화점과 쇼핑몰은 세계 어디에도 있지만 시장은 서울 바로 거기에만 있는 유일무이한 공간인 것이다.

시장의 힘은 정말 세다. 사대문 안 시장의 힘은 더 세다. 시장의 에너지는 정치인들만 끌어들이는 게 아니다. 시장이 지닌 삶의 에너지, 시장이 끌어들이는 사람들의 에너지가 도시를 움직이는 에너지가 되고, 그것이 도시활력이 되고 매력이 된다. 카이사르가 시장통에서 자랐다던가? 로마의 첫 황제가 된 카이사르를 영웅화하기 위한 배경 설명이기도 하겠지만, 통념적인 귀족 출신 정치인과 달리 카이사르가 평민들이 사는 수부라 지역에서 성장했다는 사실은 삶의 현장에서 그를 단단하게 만들고, 소통 역량과 포부를 키우는 데에 꽤 영향을 주었을 것이다.

지금도 사대문 안 시장으로 발걸음하는 젊은이들에게도, 어쩌다 사진 찍으러 가는 정치인들에게도 시장의 활력은 분명 긍정적인 에너지를 전파할 것이다. 그렇게 믿고 싶다. 사대문 안 속 시장의 존재가 사람들의 튼튼한 다리, 강렬한 호기심, 날개를 펼 듯한 포부를 키워줄 것이라 믿는다.

┌ 　　　　　　　　　　　　　　　　　　　　　 ┐
　사대문 안 시장市場의 힘은 정말 세다.
　상품과 노동과 서비스와 사람이 교류하며
　생존경쟁 속에서 삶의 이야기를 키우면서
　현장 속에서 튼튼하게 자라게 한다.
└ 　　　　　　　　　　　　　　　　　　　　　 ┘

'사대문 안'의 도시 이미지는 강렬하다

반짝반짝 명동

모던 보이와 모던 걸은 진화한다

영화 「암살」과 명동

도시의 많은 공간 중에서도 빛나는 공간이 있다. 가보고 싶은 곳, 동경하는 곳, 이름만 들어도 들뜨는 곳, 그냥 걷기만 해도 마냥 신나는 곳, 연애하면 꼭 가보리라 하는 곳, 갔다 왔다고 자랑하고 싶은 곳, 가면 뭐 하나 꼭 사고 싶은 곳 등 가지가지로 유혹하는 공간이다. 지금 서울에는 그렇게 반짝반짝하는 공간들이 무척 많다. 맛집 찾으러 가고, 카페에 가고, 술 마시러 가고, 그냥 종알대러 가고, 길거리 행사 물건 하나 사도 괜히 들뜨고, 멋지게 차려입고 무대 위처럼 걸어보고 싶고, 또 그런 사람들을 구경하러 간다. 도시란 어떤 근사한 만남이 이루어질지

모를 무한정의 사교 무대다.

그런 무대를 제공하는 동네가 내 어릴 적에는 유일하게 명동이었다. 아직 강남이라는 공간이 태어나기 전, 백화점이 우후죽순으로 들어서기 전, 근사한 카페가 온 거리를 차지하기 전에 도시의 화려함을 온전하게 담은 동네가 명동이었다. 사춘기 시절에 통금이 없는 유일한 날이었던 성탄절에, 명동에 가서 휘황찬란한 밤을 보내고 새벽에 집에 돌아오면서 '이런 세상도 있구나!' 친구들이랑 종알댔던 기억이 생생하다. 대학생 오빠와 언니가 뭔가 이색적인 잡지와 화집과 레코드판을 들여오면, 어김없이 명동 뒷골목 가게로부터였다. 뭔가 모던하면서도 어딘지 빈티지스러운 감각이 물씬 풍기는 곳, 힙하면서도 어쩐지 클래식스러운 곳, 그게 명동이었다. 요즘으로 치면 성수동 분위기가 가장 가깝다고 할까.

영화 「암살」은 일제강점기 명동의 밝음과 어두움이 교차되는 분위기를 아주 그럴듯하게 그려냈다. 경성에서 제국주의의 화려한 영광을 과시했던 미츠코시백화점(현재 신세계백화점이 있는 바로 그 건물이다)에서 눈이 휘둥그레 구경하는 여자 주인공 안옥윤이 나온다. 총격전이 난무하는 피의 결혼식이 벌어지는 입체적인 공간도 이 백화점 안이다. 그보다 더 인상적인 공간은 독립군을 비밀리에 도와주는 마담이 운영하는 '카페

아네모오네'다. 커피도 팔고 술도 팔고 생음악도 있고 신식으로 차려입은 남녀가 '딴스'도 한판 댕기는 퇴폐와 향락의 공간이 독립군 비밀 연락소라는 게 너무 그럴듯하지 않은가? 이 카페 지하실의 비밀 벽을 뚫으면 청계천으로 통한다는 설정 또한 흥미롭다.

그런데 일제는 왜 하필 명동이라는 위치에 자리 잡았던 걸까? 외세 침탈과 확장의 과정을 보면 부동산 세력이 거점을 중심으로 영역을 넓히는 패턴과 유사하다. 대한제국 시절 일본 공사관이 있던 남산 기슭이 시발점이었는데, 이 공사관 자리도 강화도조약을 맺으면서 강제로 뺏다시피 확보했던 토지다(조선시대에는 사대문 안에 외국 공사관을 허용하지 않았다). 이후 주변에 일본인 거류지를 두며 영역을 점차 확장하는데, 그 과정에서 남산에서 토사가 밀려와서 질척거리던 진고개를 밀어버리고 하수관거를 심고 '본정'本町, 혼마치 거리를 조성했다. 현재의 충무로가 아니라 그 뒷길, 미츠코시백화점 바로 앞에 만든 거리다. 지금도 이 길은 당시 형상 그대로다.

일제가 만든 남촌의 구성을 보면 남산을 주산으로 삼고 주요 시설을 북향으로 배치한 형상이 마치 북촌과 대비되는 데 칼코마니 같다. 남산 위에 조선신궁을 만들고, 기슭에는 총독관저를 두고, 그 앞에 총독부와 경성부청, 동양척식주식회사,

우체국, 조선저축은행 등 관가를 조성한 후, 백화점과 상점가를 두며 북쪽으로 진격하듯 포석한 것이다. 대한제국 합병 후에 한양을 완전히 접수하자 덕수궁 코앞에 경성부청, 경복궁 앞에 총독부를 세우고, 사대문 안 성곽을 해체하고 성 밖 서울역과 용산 지역으로 진출하면서도 이 명동 지역의 경제 기능은 그대로 유지했는데, 토종 세력이 버티는 종로를 피해 신상권을 확대하려는 속셈이었다.

일제강점기를 초기의 무단통치, 1919년 삼일운동 이후의 다소 유화적인 문화통치, 태평양전쟁을 일으킨 말기의 민족말살 통치 세 단계로 나누는데, 명동본정과 명치정과 황금정으로 구성된 지역은 문화통치 시기의 상징과도 같은 지역이었다. 은방울꽃 모양의 화려한 가로등이 밤을 밝히고, 백화점과 양품점, 다방과 서구풍 식당, 양장점과 양복점 등 신식 공간에 온갖 신식 문물이 넘치며 사람들을 유혹했다. 그 유혹에 끌려 등장한 신세대의 이름이 '모던 보이, 모던 걸'이다.

1920년대에 태동해서 1930년대를 풍미했던 모던 보이, 모던 걸 신세대는 일제강점기의 모순과 갈등이라는 본질적 딜레마를 안고 있던 세대다. 나라 빼앗긴 설움과 식민지의 굴욕감, 신식 문물에 대한 선망과 전통적 가치와의 갈등, 자유연애와 신분 상승에 대한 환상, 신교육을 받았으나 불투명한 미래, 부귀

영화의 길과 배고픈 독립운동의 길, 새로 등장한 전문직과 자유업에 대한 동경, 일본 유학파와 러시아 유학파 등 나름 국제적인 분위기, 온갖 새로운 이념들 사이에서 새로운 질서를 세우려는 방황 등, 그 어느 쪽에도 속하지 못하고 시대의 좌절과 우울을 안은 채 향락과 퇴폐에 빠지기도 했던 모던 보이, 모던 걸 세대는 경성을 그린 문학에 자주 등장한다. 대표적인 모던 보이였던 시인 이상이 『날개』1936에서 쓴 마지막 말, "날개야 다시 돋아라. 날자. 날자. 한번만 더 날자꾸나."라고 내뱉었던 데가 미츠코시백화점 옥상이다. 날고 싶지만, 날개가 꺾인 세대, 그러나 날갯짓만은 그치지 않았던 세대가 모던 보이, 모던 걸 세대다.

변신하는 명동의 영광

명동은 100여년간 그 영화를 이어왔다. 일제가 물러가고도 이 일대의 경제 권력은 요지부동으로 한국은행이 이어받은 패권은 막강했다. 강남이 생기고 여의도 증권가로 돈의 중심이 분산된 이후에도 여전히 굳건하다. 상권도 마찬가지다. 수많은 백화점과 쇼핑몰이 강남에 생겼지만, 미츠코시 자리에 들어선 신세계백화점의 아성은 무너지지 않고 이후에 들어온 롯데, 밀리오레 등의 백화점이 쇼핑가의 명성을 강화했다. 경기 변동에 따라 부침이 있고, 주요 고객의 성향이 바뀌었지만, 쇼핑가 명동의 명성은 신기할 정도로 크게 무너진 적이 없다. 위치적인 강점을 최대한 활용하면서 유행에 따라 수없이 변신해온 덕분이다. 일제강점기에는 근대적 양품점과 신식 유흥가로, 한국전쟁이 끝난 후 1960~70년대에는 백화점과 양장·양복 맞춤점과 고급 식당가로, 1980~90년대에는 대중적 브랜드와 청년 문화 브랜드로, 21세기에 들어와서는 세계 관광객을 위한 K-글로벌 상가로 변신해온 것이다.

현재의 명동은 명실상부한 'K-뷰티의 메카'다. 가지각색의 화장품만이 아니라 패션, 캐릭터 상품, 잡화를 파는 쇼핑가로 관광객의 성지다. 명동의 특징 또는 K-뷰티의 특징이라면 상품만 파는 게 아니라 아름다워지는 과정 자체를 흥미로운 놀이처럼 만들었다는 거다. 간단한 테스트로 자신의 매력을 파악하고 잠깐의 메이크업으로 변신을 꾀하는 마술을 부려준다. 성형은 시간이 걸리지만 메이크업은 그야말로 즉각적인 뷰티 놀이라서 간단하고 훨씬 더 재미있다. K-스타처럼, K-셀럽처럼 변신할 수 있다는 드림 플레이스가 명동이다.

여자뿐 아니라 남자도 뷰티를 추구하는 게 이 시대의 유행이니 흥행은 더 잘된다. 월드 스타들도 거리낌 없이 명동에 들러 K-뷰티 상품을 보따리로 사면서 즐거워하니, 명동은 예나 지금이나 글로벌 내음이 진동한다. 진즉 이 트렌드를 읽고 명동에는 다양한 종류의 숙박 시설이 들어섰다. 전통적 호텔, 비즈니스 호텔, 중저가 숙소 건물들 곳곳에서 관광객이 쏟아져 나온다. 체류하면서 자고 먹고 쇼핑하고 사대문 안을 돌아다니고, 얼굴은 환하고 발걸음은 가볍고 배낭 차림으로 손에는 하나같이 쇼핑백과 함께 K-푸드 길거리 음식이 들려 있다.

덕분에 반짝반짝 명동은 지금은 더 휘황찬란하다. 여전히 땅값이 가장 높은 데가 명동이다. 땅값이란 기대 수익에 따라 정해지니, 명동의 수익성은 지금도 가장 높다고 인정받는 것이다. 명동의 희소가치 덕분이다. 사실 명동은 무척 작은 공간이다. 행정동으로는 청계천 연변까지 명동이지만, 우리가 명동으로 알고 있는 곳은 동서로 롯데호텔 앞에서 명동성당까지, 남북으로 충무로 명동역에서 을지로까지 불과 300~500미터 남짓한 곳에 들어찬 쇼핑가다. 전체를 합해서 하나의 쇼핑몰을 만들어도 될 정도로 크지 않은 공간이다. 엎드리면 코 닿을 듯한 공간에 오밀조밀, 올망졸망하게 특색 있는 가게들이 들어서니 알콩달콩한 맛이 최고다. 명동은 작아서 쇼핑 효과가 더 커진다는 역설을 증명한다.

물론 명동 쇼핑가는 사대문 안의 인근 명소들, 소공동의 고급 호텔과 백화점가, 충무로에 들어찬 제법 세련된 부티크가,

남대문시장의 대중적 맛과 바로 연결된다는 이점 때문에 더욱 효과가 커진다. 관광객치고 명동에 들르지 않을 사람이 없고, 들르면 쇼핑을 거르고 넘어갈 사람이 없고, 길거리 먹거리든 K-뷰티 패키지든 뭐 하나는 꼭 살 게다. 몇년 전 코로나 팬데믹으로 해외 관광객이 뚝 끊기자, 명동의 불이 거의 꺼지다시피 했던 적이 있어서 위기의식이 팽배했으나, 떨어졌던 만큼 다시 치고 올라오는 속도가 맹렬하다.

명동의 성과 속

이렇게 잘나가는 명동인데, 돌아보니 최근 나 자신은 좀체 명동에 나가는 일이 줄어들었다. 갈 데가 워낙 많아서 그렇기는 하지만, 한편 아쉽다. 아직 세군데는 가곤 한다. 명동예술극장, 난타 공연장, 그리고 명동성당.

명동예술극장과 앞의 작은 광장은 그대로다. 1970년대 엄혹했던 권위주의 시대에 데이트하다가 남자 친구는 장발이라며 머리를 싹둑 잘리고 나는 미니스커트를 체크 당하고 경찰이 쳐둔 금줄 안에 잡혀 있던 기억이 남아 있는 공간이다. 명동에서까지 그런 짓을 했던 건 젊은이들을 모욕하며 기를 꺾으려 들었던 게다. 명동예술극장이 살아남은 건 박수 받을 일이다. 1936년에 '명치좌'明治座라는 이름으로 개관했던 극장이 1970년대에 민간에 팔렸으나 2003년에 문화관광부가 다시 매입해서 국립극단으로 운영한 건 꽤 현명한 문화정책이었다. 역사적 건물이 글로벌 명동에 그윽한 기운을 드리우거니와 공연 관람 한번 없는 해외여행이란 뭔가 아쉬우니 문화관광의 맥을 이어가고 있어서 좋다.

이 점에서 난타 공연장이 명동에 자리한 건 신의 한 수다. 세계적 문화상품의 원조가 된 난타 공연은 약간씩 변화를 가미해서 볼 때마다 흥미롭고, 남녀노소 가리지 않고 즐기는 공연이다. 부엌의 온갖 요리 기기로 조화로운 소리를 내는 게 신기해서 집에 가면 한번 해봐야겠다 싶은 상상까지 불러일으킨다. 최근 명동에는 퍼포먼스 공간이 꽤 생기고 있는데, 관광객과 시민이 섞이는 이벤트로 글로벌 명동의 문화적 체험을 다양하게 만드는 효과가 있다.

명동성당이야말로 명동의 터줏대감이다. 1898년에 완공되었으니, 명동에서 가장 오래된 건축물이다. 빼어난 고딕 양식의 건축으로 언덕 위에 우뚝 선 존재만으로도 성스러운 기운을 드리우는 데다가, 많은 고난을 겪으면서도 종교적 성지로 시민들에게 정신적 버팀목이 되어주었다. 특히 1980년대에 민주화운동 활동가들에게 도피처를 마련해주면서 천주교는 민주주의 수호자라는 이미지가 확실해졌다. 명동성당은 21세기에 들어 대대적으로 리모델링하면서 지나치게 대형화·상업화 한다고 비판받기도 하지만, 도시 속의 대중적 종교공간으로서의 안식처 역할을 하고 있다는 반응도 있다. 여하튼 명동성당의 존재는 명동 쇼핑가와 옆에 같이 있어서 더 빛나는 공간이 되고 있다. 대표적인 성聖과 속俗이 바로 붙어 있는 병치의 패러독스가 흥미롭다.

명동의 주인공은 이제 누구?

사실 명동에 덜 가게 되는 이유는 딴 데 있다. 이제 명동의 주인공은 세계 관광객이라는 느낌이 들어서다. 부산을 찾은 관광객은 남포동을 즐겨 가지만, 정작 부산 사람들은 관광객이 너무 많다고 남포동에 덜 가게 되는 것과 비슷한 심리 아닐까? 쇼핑백과 길거리 음식을 손에 쥐고 거리 공연에 환호하는 관광객을 구경하는 자체가 관광이 되는 명동의 새로운 주인공들에게 공간을 내어주는 게 맞다는 생각도 든다. 이런 현상은 세계 도시의 운명일까? 관광객에게 공간을 흔쾌한 마음으로 빼앗기는 것도 글로벌 시민의 역할일지도 모르겠다. 런던도, 파리도, 뉴욕도, 베네치아도, 모든 세계도시가 겪는 체험을 서울도 겪는 중이다.

내어줬건 빼앗겼건, K-뷰티를 상징하듯 온통 파스텔 색깔로

물든 명동에서 즐겁게 '끼'를 발산하는 세계 관광객들을 보면서 문득 이런 생각이 든다. 이들 글로벌 세대는 100년 전 모던 보이와 모던 걸과 뭐 그리 다를까? 글로벌 세대가 공간을 넘나들고 문화를 넘나들면서 추구하는 황홀한 순간은 그들이 가진 고민과 갈등을 잠시 잊기 위한 것 아닐까? 모던 보이, 모던 걸이 명동에서 커피를 홀짝이고 위스키를 들이켜고, 유행하는 양복과 멋진 양장을 맞추고, 근사한 모자를 쓰고 하이힐을 신고 거리를 활보하며 세상의 시선을 즐기면서 마음 한편의 시름과 우울을 잠시 잊으려 하던 것과 뭐 그리 다를까?

    시대마다 겪는 딜레마는 형태를 달리할 뿐, 젊은 세대는 그 성장통을 겪으며 훌쩍 자란다. 좌절과 우울, 그를 잊기 위한 잠시의 이탈과 향락도 이를테면 거쳐야 할 성장의 묘약일지도 모른다. 모던 보이, 모던 걸은 시대에 따라 진화한다. 명동이 여전히 매력적으로 느껴지는 것은 100년 전 모던 보이, 모던 걸이 겪었던 깊은 딜레마를 시대의 아픔으로, 인생의 추억으로, 또 역사의 교훈으로 다시 소환해주어서다. 희귀한 해적판 레코드를 파는 가게도 없고 연초 연기 뿌연 다방도 없어졌으나, 여전히 명동은 모던하면서도 클래식하고, 힙하면서도 빈티지스럽다는 데에 안심하게 된다.

    포스트 모던 보이, 포스트 모던 걸? 글로벌 보이, 글로벌 걸?

밀레니엄 보이, 밀레니엄 걸? MZ 보이, MZ 걸? 어떤 어휘로 진화하든 도시 남녀는 언제든 모던 보이와 모던 걸의 시대를 소환할 수 있다. 명동이라는 공간은 그것을 허한다. 모던 보이와 모던 걸의 마음으로 돌아가 시대의 우울과 좌절을 잠시 날려 보내라.

> 명동에 부나비처럼 몰려들던
> 모던 보이, 모던 걸은
> 글로벌 보이, 글로벌 걸로 환생해서 다시 모여든다.
> 모던 보이, 모던 걸의 꿈을 소환하려면
> 다시 명동으로 향하라!

항상 반짝반짝 빛나는 명동,
언제나 축제 같은 분위기다.
그 밝고 환한 빛에 끌려서
서울 시민도, 글로벌 시민도 명동에 찾아든다.

정동의 시간

「미스터 션샤인」의 '애신'처럼

도시 속 생크추어리

번잡한 도시 속에도 시간이 멈춰 있는 듯한 곳, 시끌벅적한 세상으로부터 떨어져 있는 듯 고요한 곳, 엄청난 비밀이 숨어 있을 듯한 곳이 있다. 일종의 '생크추어리' sanctuary, 안식처 같은 공간이다. 고즈넉한 풍경 속에서 마음이 가라앉는다. 일상보다 더 큰 무엇을 찾을 수 있을 것 같은 그윽하고도 깊은 느낌이 든다. 보호받고 구원받을 수도 있는 듯한 느낌도 든다. 그런 분위기의 공간이 바로 정동이다.

복잡한 도심을 뚫고 시청 앞에서 내려 덕수궁 대한문 앞을 돌아 덕수궁 돌담길로 들어서자마자 분위기가 달라진다. 덕수궁 돌담과 길의 스케일scale 덕분이다. 이 길은 넓지 않고 높은 키의 돌담이 이어지니 아득하다는 느낌부터 든다. 돌담은 성곽 같이 철옹성 느낌이 아니거니와 기와가 얹어져 있어서 민가의 담장보다는 높아도 친근하게 다가온다. 휘어 있는 길의 하늘하

고즈넉한 덕수궁 돌담길. 그 그윽함에 끌린다.

늘한 나무 그늘에 눈이 시원해지고, 가로수들은 돌담 안 덕수궁의 높이 솟은 나무들과 가지를 맞대어 사시사철 그윽한 분위기를 드리운다.

이 길에는 놀랍도록 간판이 없다. 대부분 공공시설과 문화·교육 시설이라서 그렇다. 덕수궁 진입부에는 서울시의회 별관이 있고, 정동로터리에는 서울시립미술관, 정동제일교회, 국립정동극장, 중명전 등이 자리하고, 서소문 쪽으로 가는 정동길에는 이화여고, 신아기념관(옛 신아일보 별관), 예원학교, 창덕여중, 프란치스코 교육회관, 경향신문사가 이어지는데 연변의 가게들도 제법 분위기 있게 꾸며놨다. 내가 이렇게 하나하나 다 기억하는 것은, 내가 6년 동안 이화여중·고를 다녔기 때문이다.

비밀스러운 공간들

정동에는 이야기가 많다. 비밀스러운 이야기들이다. 이제는 대한제국과 일제강점기에 일어났던 비사祕史들이 제법 많이 알려졌지만, 내 학창 시절에는 사방에 뭔가 숨어 있는 듯했다. 덕수궁 돌담길을 걷다가 정동로터리에 다가가면 지금은 서울시립미술관이 된 당시 대법원 앞에서 분위기가 무거워졌는데, 이 건물이 일제강점기의 고등법원이었음을 알고 나서는 그동안 배웠던 일제의 온갖 악행들이 떠올라서 으스스해졌다. 가장 기이해 보였던 것은 교실에서 내다보면 바로 보이던 러시아공사관 탑이었다. 지금은 깨끗이 하얀색으로 단장했지만, 그때는 탑 꼭대기 아치 창문 주변에 화재 자국이 꺼뭇꺼뭇하게 남아있었다. 대체 무슨 일이 있었을까? 불이 났었나? 전쟁의 상흔이 그대로 남았나? 탑 혼자만 달랑 서 있어서 그런지 뭔가 불길한 느낌마저 들었다. 저기가 아관파천俄館播遷이 행해졌던 곳이란 말이지? 그런데 덕수궁에서 꽤 먼데 어떻게 고종이 걸어서 피했다는 거지?

알고 보니 원래의 덕수궁(당시에는 경운궁이라 불렸던 시절)은 지금보다 훨씬 더 컸고 당시 러시아공사관과 바로 붙어 있었다. 대한제국 시절에 궁 영역을 줄여가며 영국대사관, 미국대사관, 러시아공사관 등으로 땅을 쪼개 주었다. 제국 열강이 호시탐탐 조선을 넘보던 시대에 저물어가는 황실이 살아남으려 택한 방편이었을까, 아니면 외국 공관들을 가까이 둠으로써 외세를 관리하려는 전략이었을까? 나의 궁금증은 여러 갈래로 이어졌다.

내 학창 시절에는 정동로터리에서 광화문 쪽으로 가는 북측 길에 경기여고가 있었는데(지금은 이전하고 빈 땅인데 덕수궁 선원전이 복원될 예정이다), 이화여고와 미묘한 경쟁 관계에 있던 때문인지 이화 학생은 그쪽 길로 잘 가지 않았다. 정동로터리에서 군경이 막고 검색하니까 분위기가 삼엄했다. 우연히 그 길로 들어섰다가 유난히 담이 높아서 왜 그럴까 이상해했다. 덕수궁 돌담뿐 아니라 미국대사관저와 영국대사관, 경기여고의 담장까지 하나같이 높았다. 담장이란 한번 높아지기 시작하면 다 같이 높아지는 건가? 유독 보안에 신경 쓰는 건물들인가?

상대적으로 인기척이 드문 이 길에는 신기한 건물도 많았다. 그리스·로마 신전처럼 아름드리 기둥으로 만든 포치porch가 있는 구세군사관학교 1928년 완공, 현재 구세군역사박물관 건물이 눈길을 끌었고, 시청 쪽에서 더 잘 보이는 우아하게 아름다운 로마네스크 양식의 대한성공회 서울주교좌성당 건물 1926년 축성이 있었다. 외국에 공관이나 종교 시설을 수준 높은 건축물로 짓는 것은 제국주의 시대에 자국의 힘을 과시하려는 속셈 때문이지만, 후대에 문화적 가치를 높이는 역사로 남는다는 이점도 있다. 이 길엔 담장 높은 미국대사관저도 있었다. 시간이 한참 지난 후에 들어가볼 기회가 있었는데 너무도 품격 있는 한옥이라서 깜짝 놀랐다. 높은 담장 안에 이렇게 아름다운 건축물이 우리 건축가 고 조자용(해방 직후에 하버드 대학교에서 건축을 공부했고 한국 건축에 선구적인 자취를 남긴 건축가로 민화 전파에 큰 역할을 했다) 선생에 의해 설계되었고 그것을 미국 대사가 쓰고 있다는 사실이 양가적인 감정을 불러일으켰다.

정동 남측 길은 남고인 배재고등학교가 있어서 나의 발길이 잦지는 못했지만, 요즘은 정동의 동서남북 네 갈래 길 중에서도 가장 아기자기한 길이다. 학교는 강동구로 이전하고, 배재학당역사박물관이 남아 있을 뿐이지만 담장을 두르지 않은 작은 광장에 큰 나무와 함께 서 있는 고풍스러운 건물이 이 동네의 역사성을 드러내고 있다. 돈의문 터에 이르는 정동 서측 길 끝에는 강북삼성병원 앞 경교장해방 후 대한민국 임시정부의 활동공간이자 백범 김구 선생이 암살당한 현장과 박원순 시장 시절에 조성된 '돈의문박물관마을'이 정동의 역사성을 증폭시키는 역할을 하고 있다. 방과 후 열심히 쏘다녔던 길과 골목들이 여전히 활기차고 또 새롭게 태어나고 있는 장면을 보며 뿌듯하지만, 최근 오세훈 시장이 박물관마을을 철거할 계획을 내세워 안타깝다.

정동의 세가지 색깔

나에게 정동의 색깔은 세가지다. 벽돌색과 노란 은행잎 색, 그리고 화강암 회색. 정동만큼 다양한 벽돌이 등장하는 동네는 귀하다. 건물뿐 아니라 포장에도 벽돌이 쓰였다. 늦은 가을에 그 벽돌 길에 황금빛 은행잎이 떨어져 있는 장면이 무척 인상적이어서 지금도 가을이 되면 일부러 걸음을 할 정도다. 벽돌에는 한가지 색깔만 있는 게 아니다. 빨간 벽돌이 가장 많지만 따뜻한 주황색 벽돌, 황토색이 강한 벽돌 타일, 전돌 느낌의 기와색 전벽돌도 있다. 벽돌을 쌓아 올릴 때 자연스럽게 생기는 줄눈은 사람의 손이 많이 갔음을 은연중 보여준다. 그 손길의 흔적 덕분에 쌓인 시간을 절절하게 느끼게 해준다. 벽돌이라는 소재가 자아내는 시간의 힘이다.

벽돌이라는 소재가 우리에게 주로 근대기의 시간을 연상시킨다면, 화강암이라는 소재는 그 이전의 역사를 연상시키게 마련이다. 성벽을 쌓아 올린 돌, 담장 돌, 주춧돌, 포장 등에 주로 사용되어서이리라. 대표적으로 덕수궁 돌담은 이 길이 아주 오래된 길임을 금방 알아채게 만든다. 덕수궁을 대한제국의 정궁으로 삼았을 때, 설마 이 돌담길이 연인들의 길이 될 것이라 여겼던 사람은 아마 없었을 것이다.

화강암이 나에게 특별한 인상으로 남아 있는 것은 이화여중·고의 야외 원형극장 때문이다. 처음 봤을 때 원형극장은 순수한 기하학적 영감으로 다가왔다. 어떻게 그리 완벽한 원형일 수 있을까. 돌 하나하나는 회색인데 햇빛이 반사되면서 만드는 찬란한 백색이 눈부셨다. 원형극장 가운데 푸른 잔디가 깔린 것은 생전 처음 보는 장면이었다. 오월 라일락 향기 아래 5천여 학생들이 꽉 찬 가운데 무대가 세워지고 학생들의 합창 경연이 펼쳐지는 밤이면, 그리스 야외극장의 분위기가 바로 이러했으리라 싶었다.

방과 후에 친구들과 이야기꽃을 피우고 인생에 대한 걱정과 미래에 대한 불안을 나누고 세상의 이상함을 토론했던 공간도 주로 이 원형극장이었다. 여기저기 살피다가 색깔이 완연히 다른 고색창연한 돌들을 발견해서 신기하게 여겼는데, 나중에 서울의 역사를 공부하다가 알고 보니 여기가 바로 옛 한양성곽이 있던 곳이었다. 성곽을 허물고 남은 돌들을 가져다가 원형극장을 쌓았던 것을 알게 되니 기분이 묘해졌다. 그러고 보니 원형극장에서 바라보이던 배재고등학교_{배재학당}의 운동장에서 이화여고 쪽으로 고함을 지르던 남학생들의 선배들은 예전엔 이 성곽 자리를 호기롭게 오가며 독립의 꿈을 꾸었을지도 모를 일이다.

"나는 불꽃이요!" 애신처럼

정동의 역사는 낱낱이 연구되어왔고, 여러 공간이 복원되었고 또 복원될 예정이기도 하다. 나라의 힘이 약했던 시대의 역사가 아프지만, 자주독립을 꿈꾸던 대한제국과 식민 통치를 노리던 열강들이 힘을 겨루며 팽팽한 긴장감을 이뤘던 시대의 역동감이 가득하다. 이렇게 했더라면, 저렇게 했더라면… 안타깝고 분통 터지고 비애 가득한 시간 속에서 권력 실세뿐 아니라 얼마나 많은 사람의 이야기가 흥미롭게 전개되었겠는가.

그 흥미진진함을 아주 근사하게 포착한 드라마가 「미스터 션샤인」이다. 대한제국이 세워진 1894년부터 스러진 1909년까지의 정동 풍경이 곳곳에서 나온다. 대한문이 대안문大安門이던 시절에 고종을 알현한 뒤 덕수궁을 걸어나오는 유진 초이 대위, 한양 사람들의 호기심 대상이었던 미국공사관의 으리으리한 한옥, 고애신이 영어를 배우러 찾아갔던 초기 이화학당, 한양 최초의 근대적 호텔인 손탁호텔을 모델로 한 호텔 '글로리'도 나온다. 신기한 신문물과 이국적인 복장을 한 낯선 이방인들이 얽히고설키는 모습이 당시 정동의 국제적 성격을 고대로 보여준다.

이 드라마를 보면서 나는 여고 시절에 상상만 했던 근대기의 시간을 다시 보는 듯했다. 손탁호텔이 있던 자리에 프라이홀이 들어섰고 중학생인 나는 그 건물에서 공부했었다. 프라이홀도 화재로 사라지고 지금은 그곳에 '이화여고 백주년기념관'이 서 있다. 일제강점기를 고스란히 버텨온 프라이홀 교실에서 방과 후 학교가 고요한 가운데 마루가 찌걱찌걱 소리를 낼 때, 벽돌 벽을 가득 채운 담쟁이 잎들이 일제히 바람에 흔들리며 마치 건물을 흔드는 것처럼 느낄 때 나는 지나간 시간들, 스쳐

간 사람들의 마음을 상상하곤 했다. 그러면서 '힘을 키우리라, 나를 세우리라, 지지 않으리라' 같은 의지를 키우기도 했다. "나는 불꽃이요."라 말하던 애신의 마음을 나도 품었던 것이다.

놓쳤던 역사의 장면을 「미스터 션샤인」 덕분에 하나 알게 됐다. 애신과 유진 초이가 첫 만남을 하던 홍예교의 존재다. 한양에 전차가 지나갈 정도로 저런 높은 다리가 있었다고? 드라마에서 수없는 만남이 일어나던 이 홍예교가 나는 드라마적 장치인 줄 알았더니, 실재했던 다리였다. 덕수궁과 경희궁을 연결했던 운교(또는 홍교)라 불렸던 다리다. 고종이 행차하던 다리라던데, 1890년대에 나타났다가 1910년경에는 기록에서 홀연히 사라졌다. 고증을 거쳐 만든 드라마에서 역사의 한 장면을 새삼 발견했던 것이 신기했다. 정동에는 이런 흔적이 한두군데가 아니다. 여전히 비밀은 곳곳에 숨겨져 있다.

시간의 깊이로 그윽해지다

고요하고 평온한 생크추어리 같은 정동에서 사춘기를 보냈으니 나도 좀 그윽해지지 않았을까? 역사의 깊이가 나를 깊이 있게 만들지 않았을까? 그렇게 여기고 싶다. 사실 모든 학교에는 그 자체로 생크추어리 분위기가 있다. 사람들이 교회를 찾고 사찰을 찾으며 세속을 떠나 마음의 위안을 찾는 느낌과도

이화여고의 돌담장과 오래된 한옥 대문, 그리고 근대 건축물인 심슨기념관

비슷하다. 세속에서도 생크추어리 분위기가 스며들어 있는 공간이 박물관, 미술관, 도서관 그리고 학교 같은 공간이다. 어지러운 세상과 달리 원칙이 살아 있고 높은 이상과 정신적인 고

양을 찾을 수 있을 듯한 공간이다. 정동에는 그러한 공간들이 많이 모여 있어서 생크추어리 분위기를 더해준다.

하지만 극과 극으로, 정동은 궁과 열강의 공사관들과 사교장이 모여 있으면서 끊임없는 권력 쟁투뿐 아니라 피비린내 나는 살육까지 일어났던 권력공간이다. 권력공간이란 겉으로는 우아함과 품격을 표방하면서도 그 속에 잔인함과 살벌함을 감추고 있는 공간이기도 한 것이다. 평화로 위장한 전쟁터라고나 할까? 1895년 을미사변으로 명성황후를 잃은 고종은 1896년 러시아공사관으로 피신하고 1897년 대한제국으로 국호를 바꾸었다. 나라를 지키려는 몸부림 속에서도 러일전쟁에서 러시아가 패하자, 결국 1905년 경운궁 중명전 황실의 도서관에서 을사늑약을 맺으며 점차 일제에 나라를 빼앗기게 된다. 1907년에는 순종이 경운궁의 이름을 덕수궁으로 바꾼다. 내가 학교를 떠나고 근대 역사를 배우고 사회를 알아가고 국제적인 외교 전쟁의 실상을 알아갈수록 더욱더 정동 공간 속에 숨은 이야기들에 놀라기도 하고 매력을 느끼기도 한다.

시간을 품은 공간에는 이야기가 많다. 이야기를 많이 품은 공간일수록 매력적이다. 비극적이지만 역동적이고, 폭력적이지만 문화적이고, 한국적이면서 또 세계적이었던 대한제국 시대의 이야기를 담은 정동은 그중에서도 단연 매력적이다. 정동은 항상 새로운 이야깃거리를 던져주는 공간으로 남을 것이다. 아직도 다 못 담은 이야기가 얼마나 많겠는가? 그 이야기는 이야기되고 또 이야기되어야 마땅하다. 그 배경에 정동이라는 각별한 역사 공간이 무대로 등장할 것이다. 공간에 녹아 있는 시간의 힘을 정동에서 헤아려보자.

> 시간의 힘이란 그 무엇으로도 살 수 없다.
> 오랜 시간이 스며든 공간이 주는 그윽함과 깊이는
> 나의 필멸을 이겨낼 그 어떤 불멸을 느끼게 해준다.
> 정동에 쌓인 시간은 이 시간을 살아갈 힘을 키운다.
> 역사에서 배우는 힘이다.

사대문 안을 그린 '수선전도'

이토록 아름다운 지도라니

도시, 인간문화의 총체

　수선전도首善全圖라는 지도가 있다. 대동여지도 제작으로 유명한 고산자 김정호가 19세기 초의 한양을 그린 목판 지도다. '수선'首善이란 서울을 지칭하는 말이다. '으뜸이 되는 선함을 이끄는 도시의 건설은 여기에서 시작'한다는 뜻의 『사기』 유림전의 '建首善自京師始'건수선자경사시의 문장에서 따왔다는데, 도시에 대한 자긍심을 표현하는 말이 아닐 수 없다. 서구문화에서 그리스의 아테네, 로마제국의 로마에 대해서 수많은 예찬이 있던 것과 같이, 도시 예찬은 동아시아 문화에서도 면면히 내려오는 전통이다. 도시문화는 인간문화의 총체다.

수선전도라는 이름도 뜻깊고 무엇보다도 지도 자체가 아름답다. 이 지도가 유명한 것은 제작자의 명성 때문이기도 하고, 1820년대의 사회문화를 알려주는 지도라는 사료적 의미도 있고, 원형이 되는 목판이 남아 있다는 이유 때문도 있으나, 지도 자체의 우아하면서도 힘찬 아름다움 때문이 아닌가 싶다. 보자마자 눈을 사로잡고, 그 의미를 알면 더 사로잡힌다. 나는 그 과정을 각별하게 거치는 행운을 맞은 적이 있다.

'알면 사랑한다'

유학에서 돌아오자마자 서울을 깊이 들여다볼 기회가 생겼다. 일하게 된 대한주택공사 주택연구소에서 마침 밀라노 트리엔날레 전시회에 출품하는 서울시 프로젝트를 진행하고 있었는데 거기에 투입된 것이다.

돌아보면 천운이다. 서울에 대한 깊은 사랑을 확인하고 오래가는 사랑의 인연을 맺게 된 일종의 가약이었다. '알면 사랑한다'는 동물행동학자 최재천의 멋진 말은 도시에도 고대로 적용된다. 오래 보면 더 잘 보이고, 잘 볼수록 더 알게 되고, 더 알게 될수록 더 사랑하게 된다.

올림픽 개최를 기회로 국제도시전시회에 출품하겠다는 서울시의 속셈이야 짐작할 만했다. '한강의 기적을 이룬 도시, 거대도시로 성장한 저력, 미래 세계도시로의 도약' 등 상투적인 메시지만으로 전시할 수는 없는지라 고민이 깊었다. 서울의 역사 자료나 통계 자료, 학술 자료가 그리 쌓여 있지 않은 시절이어서 수많은 날 것의 자료를 밤낮으로 끼고 수개월 동안 들여다봤다. 서울이라는 도시의 문화적 특징을 잘 보여주고 싶은 마음이 굴뚝같은지라 역사 자료를 사방에 붙여두고 살았다. 그때 벽 하나를 온전히 차지했던 지도가 바로 수선전도였다. 그 아름다움에 반해서, 잘 안 풀리거나 심란해질 때면 수선전도 앞에 서곤 했다.

폭풍우가 치던 어느 날 밤, 수선전도 앞에 섰는데 갑자기 번득 번개가 치듯 아이디어가 솟아올랐다. 그래 이거구나! 무척 복잡하게 보이는 수선전도가 오직 여섯가지의 요소로 그려져 있구나! 바로 끼고 다니던 작은 수선전도를 꺼내 하나하나 그리기 시작했다. 이번엔 산, 이번엔 물, 이번엔 성곽, 이번엔 궁궐(명당), 이번엔 길, 이번엔 동네, 그렇게 수선전도를 분해해서 그리니 사대문 안의 구조가 낱낱이 보였다. 나는 전율을 느꼈다.

한양의 사대문 안이 어떤 원리에 따라 만들어졌는지 어떻게 설명할까 궁리하던 고민을 단번에 풀어낸 것이다. 왜 그전에는 보이지 않았을까? 그림 암호를 풀 듯 갑자기 각 요소가 떠오른

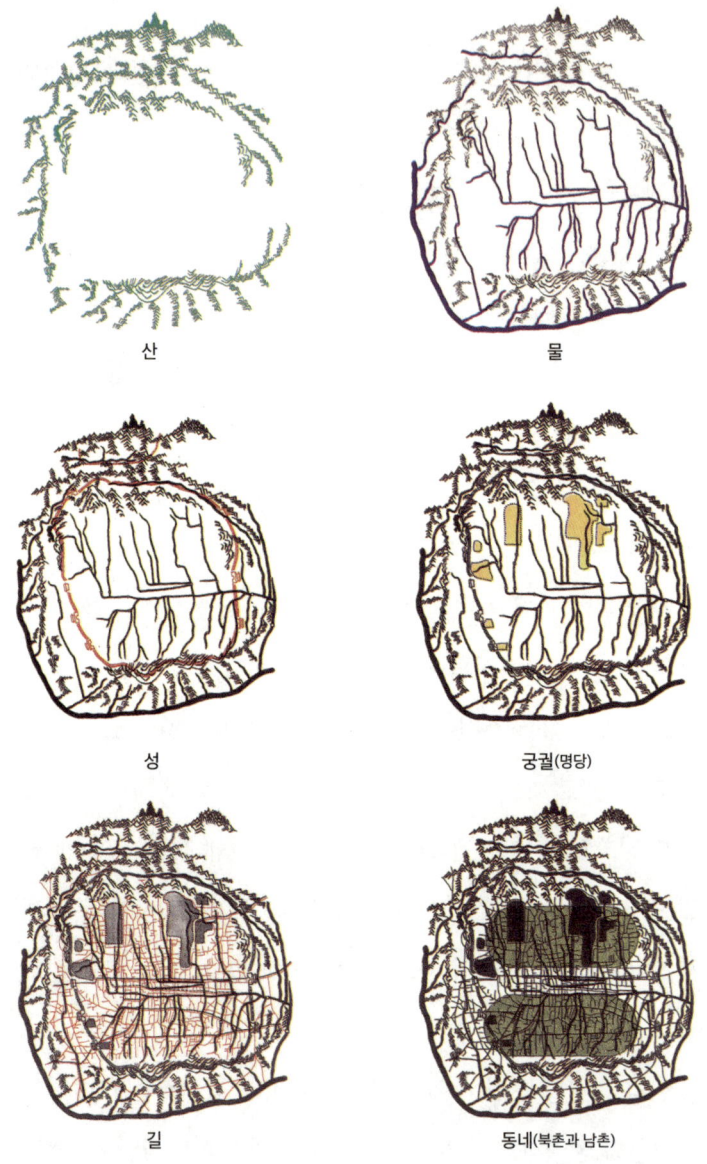

고산자 김정호의 수선전도에서 찾은 도시를 만드는 여섯가지 요소

이토록 서울

것이다. 마치 영화 「스타게이트」에서 외계인이 만든 암호를 풀어낸 듯 나는 뛰어오를 듯 기뻤다. 아, 이것이다! 이것이 수선전도를 구성하는 요소들이자 도시를 구성하는 기본 요소, 단 여섯개인 것이다.

'산'山은 우리 땅 고유의 특징을 만든다. 산에 기대지 않고 사는 삶이란 상상조차 못할 정도로 우리의 산은 탁월하고 산이 이루는 맥은 강력한 얼개다. 수선전도의 산은 북쪽의 세개의 봉으로 시작한다. 북한산을 그린 거지만 나는 백두산을 그린 걸로 여기는 마음이다. 서울은 북악산-남산-낙산-인왕산의 내사산, 북한산-관악산-용마산-덕양산의 외사산으로 둘러싸인 형국이다. 방어에 유리하고 풍부한 수량을 만들고 아늑한 도시 터전을 제공한다.

'물'水은 생명줄이다. 물이 있는 곳에 도시가 생긴다. 한양은 한강을 외수外水로 두고 청계천을 내수內水로 품었다. 성 밖 한강의 지천이 풍요로운 평야를 제공하고, 지천의 지류가 마치 실핏줄처럼 산의 맥과 얽히며 생명줄을 만든다. 산수는 풍수를 다스리는 기본이다.

'성'城은 방어의 표현이자 영역의 표시다. 그 영역의 마당 안에 도성都城이 구성되고 영역이 보호되며 사대문과 사소문의 성문을 통해 성 밖과 소통하고 교류한다. 문은 주요한 결절점이다. 특히 남대문, 동대문에는 큰 시장이 열렸고, 조선 후기에는 서소문 근처에 새로운 시장이 등장했다.

'명당'明堂을 찾아서 행정 도시의 핵심인 궁궐을 배치한다. 길을 만들기 전에 명당부터 찾는 것은 풍수지리에 밝은 우리 공간문화의 특성이다. 양지바르고 물 잘 빠지고 산의 정기를 받고 바람이 잘 통하는 곳이 명당이다. 명당을 찾아서 집을 지으려는 성향은 옛집들도 마찬가지였다. 집이 들어서고 길을 낸다. 우리 공간문화 특유의 우선순위다.

'길'은 도시사회의 체계를 세우는 기본이다. 경복궁 앞에 펼쳐지는 남북 육조거리현재의 세종대로와 서대문과 동대문을 잇는 동서 방향 운종가종로, 그리고 보신각종각에서 남대문을 잇는 길이 중심축을 형성한다. 육조거리를 남대문까지 직선으로 연결하지 않았다는 점은 상당히 특이하다. 관악산의 화기를 막기 위해서였다는 설, 방어의 겹을 만들었다는 설, 관가와 상가 사이에 완충을 두었다는 설 등이 있다. 운종가는 육의전 등 국가 허가 상점을 허용해서 명실공히 한양의 가장 번성한 거리가 되었으니, 운종가 중심인 보신각과 성내·외 왕래가 가장 잦은 남대문을 직통으로 연결한 것이 합리적인 도시계획이었다는 생각도 든다. 한양의 나머지 길들은 각 동네 안에서 마치 나뭇가지 뻗듯 필요에 따라 자연 발생적으로 생겨난 유기

체 모양으로 만들어졌다. 최고의 명당인 궁궐만큼은 아니라도 각 집도 나름 명당 장소를 찾아서 지었고, 이렇게 생긴 집을 연결하면서 길을 만드는 우리 문화 특유의 공간 만드는 방식이다.

'동네'. 동네 이름 짓기란 사회체계를 규정하는 행위다. '동'洞이 아니라 '방'坊으로 불렸던 조선시대에 52개 동네 이름을 지어주자, 한양은 비로소 그 사회체계가 구축되었다. 북촌은 당대 권문세가 위주로, 종각 남쪽의 남촌은 쇠락한 양반이나 중인들이 자리 잡았고, 청계천 변과 서촌은 중인들의 동네가 되었고, 육조거리는 관가로 운종가는 상가로 자리 잡으며 한양의 공간 구성이 완성되었다.

'수선전도'를 밟다, 사대문 안을 걷다

수선전도의 원리가 이렇게 단순하고 또 단아하다니! 마치 내가 사대문 안을 설계하기라도 한 듯, 수선전도를 제작하기라도 한 듯 뿌듯했다. 한걸음 더 나아가서, 나보다 훨씬 이전부터 수선전도에 미쳐 있던 도시사학자 최종현은 전시를 준비하던 나에게 환상적인 아이디어를 주었다. 수선전도를 발로 밟게 해보라는 제안이었다.

기꺼이 실천에 옮겼다. 사대문 안을 형상화한 전시 공간에서 수선전도를 직경 6미터 크기의 목판으로 만들어서 깔고 사람들이 그 위를 직접 발로 밟게 했더니 얼마나 뜻이 깊던지. 산-초록, 물-파랑, 성-적갈색, 궁궐-노랑, 길-빨강, 동네 이름-하얀색으로 칠해놓으니 얼마나 아름답던지. 내 머리에 강렬하게 남아 있던 한양의 이미지가 눈앞에 실현되었다.

관심이 있는 사람이라면 나처럼 수선전도를 직접 그려보기를 정말 권한다. 나무 판각에서 나온 선이 얼마나 힘찬지 알게 될 것이다. 건물이며 다리며 나무며 은근히 디테일이 살아 있다는 사실에 놀랄 것이다. 내가 밀라노 트리엔날레에서 전시했던 것처럼, 산, 물, 성, 궁, 길, 동네 이름을 색칠까지 하면 마치 전통 채색화처럼 아주 아름다운 그림이 될 테다. 요즘 전통 민화를 그리는 취미 생활이 활발한데, 그에 버금가는 재미를 느낄 수 있으리라.

특정 동네만 그려봐도 좋다. 아, 이 동네 이름이 옛날엔 이랬었구나! 그리고 그 방坊, 동네 이름을 검색해보라. 그 동네의 사연을 알게 되면서 아주 흥미로운 발견을 할 수 있다. '팔판'은 8명의 판서가 살던 동네라는데, 누구였지? 명동의 옛 이름이 명례방이었는데, 그 동네에 장악원이 있었다. 드라마 「동이」에서 동이가 켜는 해금 소리에 이끌린 숙종이 명동 동네를 어슬렁댔다는 상상이 너무 흥미롭지 않은가? 장악원이 있어 근처에

수선전도를 밟게 한 밀라노 트리엔날레 전시.
'서울 꽃'이 활짝 피어나는 듯한 형상이다.
내사산, 외사산으로 포근하게 둘러싸이고,
동서남북 사방의 대문으로 열리는 사대문 안.

살았던 예인들의 전통이 이어져오는 건가? 화랑과 전통 필방이 많은 인사동은 일제강점기에 관인방과 대사동이 합해져서 탄생한 동 이름인데, 이 동네에 도화서가 있었다. 궁중의 그림을 담당하던 도화서에서 일하던 화원들의 후예가 인사동의 문화 전통으로 이어진다는 게 참 흥미롭지 않은가? 도화서 화원이었던 김홍도와 신윤복이 이 근처 길을 오가며 그림의 소재를 찾았을지도 모른다. 최근에는 '도화서길'이라는 이름도 생겼다. 이름으로나마 전통을 잇고자 하는 움직임이다.

건축과 도시설계 작업 과정에서 옛 지도를 참고하면서 그 공간의 원형적 모습을 찾으려는 시도를 많이 한다. 그 공간의 역사적 맥락을 파악하고 그 공간에 쌓인 시간의 흔적을 찾아 무언가 설계의 단서를 찾으려고 하는 작업이다. 디자인에 시간의 깊이를 더해주는 작업이다. 과거와 현재와 미래를 잇는 의미를 부여하고 새로운 의미를 창조하고 또 증폭할 수 있는 시도다. 우리 문화의 깊이를 더하는 이런 작업이 더 많아지기를 기대하는 바다.

한글의 철학처럼 도시의 철학을!

사대문 안은 산, 물, 성, 궁(명당), 길, 동네 이름의 여섯가지 요소로 심플하게 구성되어 있지만 그의 조합으로 따라 만들어진 사대문 안의 이미지는 강렬하다. 우리는 사대문 안을 만든 도시 조영 원리를 모르면서도 사대문 안 이미지 맵을 무의식적으로 머리에 그리면서 살아간다. 동서남북 어느 방향을 봐도 눈에 걸리는 아름다운 산의 존재, 도시의 가슴에 품은 청계천과 동네 앞의 지천과 작은 개울의 물, 우리 활동 세계의 크기를 가늠하며 안정감을 느끼게 해주는 성곽, 여전히 찾고 또 찾으며 국가의 정통성과 문화적 자긍심을 떠올리게 하는 궁이라는 명당, 실핏줄처럼 뿌리처럼 집과 동네를 이어 붙여 세계를 만드는 길, 그리고 사대문 안의 풍부한 삶을 담는 수많은 동네 공간, 이들이 만들어내는 강렬한 사대문 안의 이미지 맵을 우리는 머릿속에 은연히 그리며 살고 있는 것이다.

   수선전도 분해 작업과 그를 통해 얻었던 한양의 도시원리를 이해하게 됐을 때 내가 느꼈던 감동을 비유하자면, 자유자재로 한글을 쓰게 된 한참 후에 훈민정음 창제의 논리를 배우고 '아!' 하던 것과 비슷하다. 우리는 아무렇지도 않게 말과 글을 쓰고 있는 것뿐인데, 한글 창제를 연구하면서 입과 혀와 목의 놀림을 따라 자음과 모음의 조합법을 만들었구나, 게다가 하늘과 땅과 사람(하늘 ·, 땅 ㅡ, 사람 ㅣ) 세가지 요소만 가지고 온갖 모음을 만들었구나, 그 원리를 깨닫고는 그 단순함에 숨어 있는 놀라운 철학에 감탄하게 되지 않는가? 우리의 사대문 안을 만든 도시 조영 원리에 대해서도 마찬가지다.

어찌 알수록 더 사랑하지 않을 수 있겠나? 알수록 더 보이고, 더 잘 보일수록 사랑하게 되고, 오래 보면 볼수록 더 사랑하게 된다.

> 사대문 안을 그린 수선전도는 그리 단순하고 우아한데,
> 그 속에 담기는 이야기는 그리도 다양하다.
> 아름다운 수선전도를 따라 그려보면서
> 사대문 안의 도시 이야기를 새록새록 캐내보자.

02

'성저십리'는
변화무쌍하다

'성저십리'城底+里라는 이름은 한양 시절에 사대문 밖 약 10리 거리의 지역을 일컫던 이름이다. 실제로 한성부라는 이름의 행정구역으로 관리되었다. 성저십리는 사대문 안을 위한 먹거리와 땔감을 생산하는 일종의 보전지역, 이를테면 조선시대의 그린벨트라 할 만하다. 상주인구가 그리 많지도 않았다. 물론 사대문 안의 인구가 폭증하고 새로운 개발 수요가 생기면 우물이 찰랑찰랑 넘치듯 성저십리 지역으로 넘어갔다. 영조·정조 시대의 이른바 조선의 후기 르네상스 시절에 근대적 유통산업의 등장과 함께 성저십리 지역은 크게 성장했고, 일제강점기 시절에는 기차역이 생기고 전차가 연결되면서 여러 갈래의 교외지역(신촌·마포 라인, 용산·노량진 라인, 동대문·청량리 라인이 대표적이다)으로 뻗어나갔고, 한국전쟁 후에는 폭발적인 성장을 하면서 현대 시설이 자리하고 토지구획정리를 통해 주거지로 성장했다. 대체로 성저십리 지역은 그 자체로 목적지라기보다는 경유지 성격이 강했다. 그러다가 서울의 기능이 재배치되고 도심 기능이 폭발하면서 다시 그 잠재력이 발견되며 새로운 성장을 기약하는 지역으로 다시 태어나고 있다. 그만큼 변화무쌍하다.

마포의 변혁을 목격하다

이름도 촌스러운 '귀빈길'이더니만

'새우젓 동네'가 변화하는 과정

 살아봤던 동네 중에서 가장 천지개벽한 동네가 마포다. 지금은 '마·용·성'^{마포-용산-성동}이라 불리며 완전히 뜬 동네가 되었다. 그야말로 변혁이라 불릴 만하다. 그 엄청난 잠재력을 아버지는 미리 알아봤던 걸까? 사대문 안을 나오면서 택한 지역이 왜 마포였을까? 일제강점기 시절부터 신흥 전차 교외지역으로서 번성하던 동쪽 동대문 밖 청량리 일대도 있고, 서쪽 신촌역으로 이어지는 신흥 번성지역도 있고, 남쪽 용산역과 노량진으로 이어지는 교통 요지도 있었는데, 왜 마포였을까? 짐작하기로는 일부러 어정쩡한 지역을 골랐지 싶다. 사대문 안에 가까우면서 광화문과 시청으로 쉽게 이어지니 아버지 일터인 종로 5가에 쉽게 닿고, 무엇보다 개발이 뒤졌으니 땅값이 싸다는 이유였을 것이다.

마포는 1970년대만 하더라도 '새우젓 동네'라 불렸다. 성저 십리 안의 서쪽 끝 마포나루는 한강의 나루 중에서도 아주 활발한 포구였다. 서해 쪽을 통해 온갖 곡물과 소금 등 물자를 실어 나르는 배가 연중 다녔고, 개중에도 서해에서 많이 잡히는 새우가 쏟아져들어와 새우젓을 만들어 한양에 공급하는 게 짭짤한 사업이었다. 마포는 새우젓 산업 거점이었다.

1970년에 마포로 이사 갔는데, 입시에 온 정신이 팔려 있던 시절이라 고등학교 통학 거리가 줄어든다는 점 외에는 별 감흥이 없었다. 한적한 교외로 이사 간 느낌이었다. 일제강점기에 지었던 마포형무소를 이전한 후에 땅을 나눠서 분양했는데, 그게 어쩌다 아버지 귀에 들어왔던 모양이다. 네모 모양으로 반듯하게 구획된 땅에 새집을 지어서 살고 싶었던 걸까? 힘들었던 시절을 잊을 수 있는 새 환경을 원했던 게 아닐까 싶기도 하다.

집 앞에 마포경찰서가 있어 이정표가 됐는데, 경찰서와 형무소가 있었던 걸 보면 관청이 들어서기에 적당하게 보였던가, 나중에 서울서부지방검찰청과 서울서부지방법원까지 근처에 들어온 이후로는 관청가 이미지가 강화됐다. 2024년 12월 비상계엄 후에 폭동이 일어났던 바로 그 서울서부지방법원이다. 그런데 새 동네의 겉모습은 꽤 번듯한데 장마철에는 침수가 잦았다. 마포는 곧잘 침수되던 저지대 동네로 1990년대까지도 장마철마다 침수를 겪곤 했다.

동네 이름이 공덕동孔德洞이라서 덕을 많이 쌓은 동네란 뜻인가, 공자 관련한 공간이 있나, 주변에 혹시 절이나 향교가 있나 싶었는데, 의외로 동네에서 눈에 띄는 건축물은 한국정교회의 성니콜라스 대성당이었다. 우리나라에서 희귀한 러시아 정교의 본당으로, 비잔티움 건축 양식으로 지어진 서울 유일의 정교회 성당이다. 낮은 언덕 위에 웅장한 돔이 얹어진 교회 모습이 이색적이어서 우리 집을 알려줄 때 최고의 랜드마크였는데, 요즘은 고층 건물과 아파트에 묻혀서 큰길에서 보이지도 않는다.

'귀빈로'가 등장한 사연

내가 사춘기 동안에 사대문 안을 온통 나의 도시로 알고 있던 사이에 서울은 성저십리 지역을 꽉 채울 정도로 팽창했다. 말 그대로 만원이 된 것이다. 이 시절에 마포 축은 기존 용산 축, 신촌 축, 청량리 축에 더하여 강력한 신개발 축으로 등장했다. 여의도 개발이 1960년대에 시작되어 1970년대에 국회의

사당이 건립되는 등 박차를 가하며 서울 서부 개발이 뜨던 시절이었는데, 갑자기 '귀빈로'라는 이름이 등장해서 어리둥절했다. 우리 집 앞길이 귀빈로가 된다고? 사연인즉슨, 그전에는 외국 귀빈이 올 때 주로 한강대교를 넘어서 용산을 통해 청와대로 향했는데, 1979년에 지미 카터 미국 대통령이 여의도 국회의사당을 방문하고 마포대교를 건너 마포대로를 통해 청와대로 향한 후에 귀빈로라는 말이 등장한 것이다. 너무 후진적인 명칭 아닌가, 나는 속으로 못마땅해했다.

그런데 별 관심을 쏟지 않는 동안 마포에는 대변혁이 일어났다. 마포대로에 붙인 귀빈로라는 말을 못마땅해했지만, 그 말이 가져온 개발 효과는 엄청나게 컸다. 귀빈로를 따라 줄줄이 고층 업무 건물들이 세워지기 시작했다. 여기에는 여의도 효과가 제일 주효했다. 도심에 있던 증권거래소가 여의도로 이전해 개장하면서 금융기관이 차례로 들어와 새로운 경제 중심지가 되고, 주요 방송국들이 자리하면서 뉴스와 연예의 중심이 되고, 국회 개원과 더불어 정치 중심지가 되었다. 속속 들어온 아파트로 새로운 주거지로 부상했고, 63빌딩 등 초고층 건물이 세워지면서 여의도는 대한민국에서 가장 뜨거운 동네가 된 것이다.

다리 건너 가까운 영등포 쪽보다 꽤 긴 마포대로를 넘어 마포 쪽 개발이 더 왕성해졌던 것은 귀빈로 효과였을까, 광화문 도심과의 접속 효과였을까? 마포는 일종의 징검다리 거점으로 변신했다. 여의도 배후지, 도심 배후지 효과다. 여의도와 도심은 땅값과 임대료가 너무 비싸니, 마포는 적절한 대안 입지로 부상했다. 그동안 해보지 않았던 개발을 시도해보기에도 적격이었다. 현대적 아파트의 효시로 불리는 아파트 단지가 개발된 곳도 마포다. 흥미롭게도 마포아파트는 최초의 단지형 아파트(1964년)이자 최초의 재건축 아파트(1994년)다.

서울 서부권 지역이 일찍이 활발했던 것은 대학촌 덕분이다. 신촌 라인으로 연세대와 이화여대가 있고, 마포구에 있지만 신촌 라인으로 느껴지는 서강대와 홍익대가 있다. 대학 이상으로 대학 앞이 더 떴다. 카페, 주점, 맛집, 서점뿐 아니라 최신 유행을 선도하는 다양한 숍이 꽉 들어찬 핫플이었다. '아니, 집 가까이 대학촌이 이렇게 재미있는데, 왜 저 멀리 대학에 다녀야 하나?' 나는 속으로 툴툴댔다. 서울대 공과대학에 낙방하면 후기로 홍익대 건축학과에 지원하리라 작정했었는데, 만약 그랬더라면 내 인생도 꽤 달라지지 않았을까?

마포 노선과 신촌 노선은 성격이 꽤 다르다. 마포 노선은 '귀빈로'라는 이름이 시사하듯 업무적이고 관료적인 분위기로 좋은 말로 하면 격식이 있고 솔직히 말하자면 좀 고루한 편이다.

신촌 노선은 대학이 많고 젊은이들이 많은 만큼 더 개방적이고 야성적이고 흥미진진하다. 당연히 이십대의 나는 신촌 노선에 더 자주 가서 놀았다.

21세기적 천지개벽

마포가 다시 한번 천지개벽한 것은 21세기에 들어와서다. 2002년 월드컵이 계기가 됐다. 고건 시장 시절 상암에 서울월드컵경기장이 건립되고 난지도 쓰레기 매립장이 월드컵공원으로 환골탈태했는데 이와 함께 상암 디지털미디어시티Digital Media City, DMC가 계획되었다. 이후 여러 방송국이 이전해 오고 미디어 센터와 디지털 문화 산업들이 들어오면서 상암 지역은 미래 산업을 견인하는 새로운 거점으로 등장했다.

그동안에 신촌 라인의 대학가에는 상업화와 부동산 개발 물결이 거세게 밀려들었다. 젠트리피케이션 현상으로 임차비가 오르자 이 동네의 분위기를 이끌었던 토박이 가게들이 견디지 못하고 쫓겨 나갔다. 이들은 신촌과 상암 사이의 정체된 동네였던 합정동, 연남동, 망원동에 새로운 둥지를 틀었는데, 마침 경의선숲길이 개장하면서 그 분위기와 어우러지면서 새로운 핫플로 등장했다.

경의선숲길은 그 자체로 산책 명소일 뿐 아니라 주변 동네의

경의선숲길.
동서로 기다란 마포구를 하나로 연결하고, 철길로 끊어졌던 동네를 연결하고,
걷기로 삶의 활력을 찾는, 가장 성공한 재생공간.

활력을 끌어낸 성공적 공간이 되었다. 연남동 가좌역부터 서교동, 홍대 앞을 거쳐 서강대 앞으로, 공덕동을 거쳐 용산구의 효창동을 지나 삼각지까지 길이가 무려 6.3킬로미터가 되는데, 구간마다 다양한 조경과 다양한 성격의 주변 개발이 어우러져 있다. 이 흥미로운 경의선숲길 덕분에 마포를 동서 축으로 연결하는 새로운 성장 축이 생겼다는 건 아주 반가운 일이다.

마포는 서울시 자치구 중에서 동서로 가장 길어서, 자칫 동서가 따로 놀 수 있는 형상이다. 경의선숲길이 생기면서 처음으로 동서가 자연스럽게 연결됐다. 지금은 마포역-공덕역-애오개역-충정로역으로 이어지면서, 예전 귀빈로로 불렸던 남북 마포대로 축과 상암 디지털미디어시티의 중심을 연결해주는 동서 경의선숲길 축으로 엮이며 서로 좋은 영향을 준다. 덕분에 꽤 무거웠던 마포대로 축의 분위기가 훨씬 더 경쾌해지고 개방적으로 변했다. 경의선숲길은 구간에 따라 주변에 주상복합 개발이 이루어져 주택과 함께 상업 시설이 들어오며 새로운 일자리 공간을 만들고 있다. 숲길을 걷는 산책객들의 발걸음이 경쾌하다.

마포 친정 동네의 천지개벽을 보면 흐뭇하다. 아버지의 선택으로 고등학생 시절에 이사 왔을 때는 한동안 새우젓 동네라는 그다지 향기롭지 못한 이미지, 마포경찰서의 삼엄한 이미지, '귀빈로'라는 후진적 이름까지 그리 내키지 않는 이미지였다. 그랬던 동네가 이렇게 모던하고 힙하기까지 한 동네가 되었으니, 아버지의 선견지명에 새삼 감탄할 지경이다.

지금의 마포는 토박이가 뿌리내리며 사는 공간이자 뜨내기까지 선호하는 동네가 되었다. 도심과 여의도까지 15분 거리에 불과한 요지이자 지하철, 특히 공덕역을 통해 사통팔달 이어지는 교통 중심지다. 마포는 정치의 공간이자 관료의 공간이지만 또 청년의 공간이자 산책객의 공간이 되었다. 수많은 재건축·재개발로 아파트 숲으로 변하기도 했지만 오래된 건물을 리모델링한 독특한 공간들이 속속 등장하는 멋진 동네이기도 하다. 이 동네를 골랐던 아버지는 마포 토박이가 되어 경의선숲길 산책을 노년의 건강 비법으로 삼았다. 그리고 친정 동네 마포는 내 마음속의 또 다른 고향으로 자리 잡았다.

> 친정 동네가 활력과 매력을 갖춘 동네로
> 성장하는 모습을 보는 건
> 마치 내가 성장한 것처럼 기분이 좋다.
> 새우젓 동네에서 오피스 동네로 디지털 동네로 문화 동네로,
> 토박이와 뜨내기를 다 끌어안는 동네가 된 마포,
> 많은 사람에게 친정 같은 동네가 되기를!

상계동과 동부권

도시라는 연애 무대가 무르익어간다

멀고도 멀었던 공릉동 서울공대

 교통 사정이 많이 나아지긴 했지만 지금도 서울 동북권은 무척 멀다. 청량리를 지나 정릉 라인도 넘고 미아리 라인도 지나서 공릉동, 하계동, 중계동, 상계동으로 이어지는 수락산 바로 아래 지역이다. 북한산 자락으로 깊숙이 들어가는 형상이고, 서울 남부권에 비해서 북부권의 도시개발 세가 약하기 때문에 인프라 투자가 약한 편이다.
 조선시대에는 성저십리 안에도 못 들던 동네다. 마찬가지로 서울 서북권인 불광·은평 지역, 동남권인 송파·강동 지역, 서남권인 강서 지역은 다 성저십리 바깥이었다. 서울의 네군데

귀퉁이 지역은 흥미롭게도 한강의 네개의 큰 지천인 중랑천, 홍제·불광천, 탄천, 안양천을 끼고 있는 꽤 넓은 지역이다. 농사 짓기에 그만큼 좋았던 지역이었다는 얘기다. 드넓은 농토에 군데군데 마을만 서 있던 시절을 거쳐 왔다.

   그 허허벌판에 서울공대가 덩그러니 서 있었다. 처음 대학 입학 시험을 치러 갔을 때 솔직히 황당했다. 바람은 싱싱 불고, 어디 기댈 데 없이 홀로 서 있는 버스 정류장 앞에 당구장 하나, 중국집 하나, 다방 하나 달랑 있었다. 내가 알던 마포와 연희동의 캠퍼스 동네와 너무 달라서 실망이 컸다. 태릉 일대의 배 밭이 꽤 유명했는데, 봄의 배꽃은 아름다웠지만 배나무 특유의 구불구불 꺾인 가지 모습이 고목처럼 보여서 왠지 황량한 분위기를 더했다.

   아직 서울대 관악 캠퍼스가 만들어지기 전이다. 법대와 인문사회대와 예술대는 대학로에, 사범대는 용두동에, 농대는 수원에, 음대는 을지로에, 공대는 공릉동에 캠퍼스가 뿔뿔이 흩어져 있었을 때다. 의과대학 외의 모든 계열을 관악 캠퍼스에 모은 게 1970년대 후반이다. 유신 독재에 반대하는 학생운동이 서울 곳곳에서 일어나는 걸 막느니, 차라리 다 모아놓고 관악 캠퍼스 초입부만 막는다는 작전이 동기로 작용했다는 설이 돌았다.

지하철이 없던 시절에 내가 살던 마포에서 종로를 관통해 청량리역까지 가서 통학버스를 타고 다시 학교 앞까지 가자면 족히 한시간 반은 걸렸다. 왔다 갔다 세시간, 가봤자 재미도 없었거니와 유신 독재 시절에 툭하면 휴교령으로 학교를 닫았던 시절이기도 했다.

서울공대가 있던 건물은 일제강점기 막바지에 경성제국대학 이공학부로 지었던 건물이다. 군국주의 냄새가 물씬 나는 신고전주의 양식의 건물이다. 육중하게 크고 기둥은 우람하고 'ㅁ'자 건물로 똑같은 패턴이 반복되고 높은 탑이 감시대처럼 보이는, 꼭 감옥 같은 음침한 분위기였다. 지금은 서울과학기술대학교가 자리하면서 경쾌한 새 건물들이 들어서서 오래된 건물과 제법 잘 어우러진다. 커다란 호수가 여전히 아름답고 오래된 나무들이 세월의 그윽함을 고대로 전해준다.

무엇보다 달라진 곳은 학교 밖이다. 1990년대에 상계동 택지개발로 아파트가 들어선 후에 동부권 서울은 천지개벽했다. 상계동, 중계동, 하계동, 공릉동 등의 노원구, 중랑천 건너 서쪽의 월계동, 석계동 등의 도봉구도 같이 변화했다. 최근에는 바로 동쪽 남양주시에 별내신도시가 들어오면서 더욱 꽉 찬 느낌이다. 이쪽 동네에는 서울공대뿐 아니라 서울여자대학교, 삼육대학교, 육군사관학교까지 있어서 캠퍼스 지역이라고도 할 만했지만, 뿔뿔이 흩어져 있기만 했었는데 이제는 오밀조밀해진 느낌이다. 태릉에 놀러 오는 사람들과 최근 새롭게 가꾼 경춘선숲길에 놀러 오는 사람들의 움직임이 꽤 활발하다.

수많은 대학이 만드는 동부권 서울

나에게 서울 동부권은 수많은 대학으로 기억에 남는다. 정말 많다. 동대문구의 한국외국어대학교, 경희대학교, 서울시립대학교, 여기에 나중에 카이스트_{KAIST, 한국과학기술원}가 들어섰고, 성북구에는 고려대학교와 한국예술종합학교가 들어섰다. 강북구의 성신여자대학교, 도봉구의 덕성여자대학교, 노원구의 광운대학교와 내가 익숙한 서울과학기술대학교(옛 서울공대 자리), 삼육대학교, 서울여자대학교, 육군사관학교까지 있다. 성동구의 한양대학교, 광진구의 건국대학교까지 치면 열 손가락이 넘는다. 서울의 대학 숫자도 워낙 많지만 왜 상당수가 동부권에 들어섰을까?

19세기에 설립된 연세학당과 이화학당 외에 우리의 대학은 일제강점기 동안 세워진 학원이 대학으로 전환되거나 해방과 한국전쟁 이후 교육열이 폭발하던 시기에 설립된 대학이 대부분이다. 대학의 존재가 서울 인구폭등을 유발한 원인 중 하나였던 것도 분명하다. 서울의 형태상 서부보다 동부 쪽이 땅이 더 넓으니 큰 땅이 필요한 대학이 땅을 구하기에 동부권이 훨씬 더 유리했을 것이다.

이 시절에 내가 주로 놀았던 곳은 동대문과 청량리 사이의 동네다. 신설동에 살았던 남자 친구와의 데이트 덕분이다. 우울과 방황의 시간을 견디게 해주는 데에 연애만 한 게 없다. 유신 시대 속 연애 시대라 할까? 그 시대 많은 젊은이가 그러했을 것이다. 무라카미 하루키의 소설 『상실의 시대』문학사상사, 1989 에서 젊은 남녀가 하염없이 서로의 발꿈치를 따라가며 도시를 걷고 또 걷듯이, 우리도 그러했다. 대학 앞은 그나마 오아시스 같았다. 같은 대학생인 척 섞일 수도 있고, 그런가 하면 우리를 알아볼 사람도 없으니 맞춤이었다. 고립된 듯한 서울공대 앞과 달리 어떤 대학 앞도 도시와 섞이는 모습이 좋았다.

오아시스가 없는 사막이란 견딜 수 없다. 오아시스가 있을 거라는 기대만으로도 상당 부분 견딜 기력을 낼 수 있다. 엄혹한 독재 권위주의 시대가 사막이었다면 그 사막에 군데군데 있는 대학이 오아시스 역할을 했다고도 볼 수 있다. 황량한 도시가 사막 같다면 대학 앞의 활발한 동네는 오아시스 공간이 되었다. 그렇게 나는 우울의 시대를, 황량한 사막과도 같던 도시를 방황하면서 서로 기댈 수 있는 파트너와 함께 잠깐 쉬고 숨 쉴 수 있는 오아시스를 찾아 헤매면서 건너왔다. 돌아보면 빛나는 시절이었느냐? 돌아가고 싶은 이십대 시절이냐? 그 당시에는 전혀 빛나지 않는 시절이 이십대 아닐까? 절대 이십대로 돌아가고 싶지 않다.

무르익어가는 서울 동부권

연애의 무대로 활용했건만 서울의 동부권은 대체로 황량한 이미지로 남아 있다. 나는 이걸 참 이상하게 생각한다. 뭐가 뭔지 모르면서도 쏘다녔던 사대문 안에 대해서는 곳곳에 갖은 사연과 함께 애착심이 강한데, 연애의 무대에 대해서는 왜 별로 애착심이 우러나지 않을까? 인상적인 장면과 순간은 물론 있다. 그런데 전체적인 이미지는 '정처 없다, 황망하다, 뭔가 떠도는 듯하다' 같은 것이다. 살아보지 않아서일까? 예컨대 도시형 한옥이 모여 있어서 내가 좋아하던 보문동이나 용두동 같은 동네에서 살아봤더라면 훨씬 더 애착심이 강해지지 않았을까? 물론 그랬겠지만 다른 여러 이유를 짐작해볼 수 있다.

앞에서도 얘기했듯 도시 이미지가 분명한 공간은 있다. 서울의 동부권은 도시 이미지를 확실하게 만드는 공간의 성격은 아니다. 목적지가 뚜렷하지 않고, 중심이 뚜렷하지도 않고, 기능적으로 또렷하게 떠오르는 공간이 있는 것도 아니다. 도시 풍경은 그저 평평하게 펼쳐지기만 한다. 화려하거나 예쁘지 않아서 그런 건 아니다. 동대문과 동대문시장이나 청계천과 황학동 벼룩시장이 어디 그리 화려하거나 예뻐서 이미지가 확실하던가? 뭔가 매듭이 확실하거나, 확실히 눈에 띄는 높은 게 있거나, 시작과 끝이 분명해야 도시 이미지가 분명해지는데, 서울 동부권은 전반적으로 널따랗고 평활한 경관에, 방향성이 분명치 않고, 눈에 띄는 랜드마크가 있는 것도 아닌 펑퍼짐한 인상이었던 것이다. 내가 정처 없다고 느끼던 것도, 헤맨다고 느끼던 것도, 이런 펑퍼짐한 분위기 때문이라는 것을 이제는 확실히 알겠다.

그런데 최근 동부권 서울의 이미지는 확연히 달라졌다. 그동안 은근히 부정적인 이미지를 자아내던 요인들이 많이 사라지거나 거듭나고 있다. 대표적으로 망우리 공동묘지(이제는 '전설의 고향'처럼 전해오는 말이 됐고, 실제로 망우역사문화공원으로 바뀌었다), 미아리 텍사스(매매춘 집결지가 상당히 줄어들었다), 미아리 고개 점집('역술촌'이라는 이름으로 오히려 명맥을 이어간다는 게 흥미롭다), 왕십리 똥파리(서울 전역의 분뇨처리를 도맡았던 배추밭의 추억이자 거친 시절의 추억거리가 되었다), 마장동 도축장(우시장의 추억과 함께 마장동 축산물시장으로 육식 메카로 거듭났다) 등, 도시가 운영되려면 꼭 필요했던 기능을 수용했던 이 지역의 역사가 새롭게 탈바꿈하고 있는 것이다.

그중에서도 가장 큰 변화는 중랑천의 재탄생이다. 도시개발을 바꾸고 풍경을 바꾸면서 서울 동부권의 이미지를 완전히 변화시켰다. 한강의 4개 지천 중 하나이지만, 한때 한천漢川이라 불릴 정도로 수량도 풍부하고 폭도 넓다. 청계천이 중랑천의 지류라는 사실을 잊지 말자. 남북으로 달리는 중랑천은 동부권 지역을 만든 근간이다. 남쪽에 살곶이 다리가 있는 성수동 하류부터 북쪽으로는 상계동 수락산을 바라보는 상류까지 무려 36킬로미터에 달하는 천이다.

중랑천 정비가 이루어진 후 바뀐 천변 경관은 한강 변과는 또 다른 분위기다. 한강이 때로 평온한 바다나 고요한 호수 같은 느낌이 들 정도로 넓고 유속이 느리다면, 중랑천은 말 그대로 '흐르는 강물처럼' 느껴진다. 곳곳의 여울, 바위들, 작은 섬, 물고기들을 찾아온 게 분명한 다양한 새들. 갖은 수초와 식물들, 곳곳의 징검다리들. 사실 중랑천 정도 크기의 강만 있어도 하나의 도시가 만들어질 수 있을 정도다.

중랑천은 주민의 생활공간만이 아니라 서울 시민도 가깝게 느끼는 공간이 되었다. 중랑천과 함께 달리는 동부간선도로 덕분이다. 천변을 끊는 문제도 있지만 주변 동네와 천변을 잇는 입체적인 디자인의 다리도 자주 등장하며 눈길을 끈다. 꽤 자주 막히지만, 동부간선도로에서는 막혀도 짜증이 덜 난다. 자

새로 태어난 중랑천과 북쪽 산의 숨 막히는 장면으로 재탄생한 동북권 서울

 전거 타고, 조깅하고, 산책하는 사람들이 오가는 천변 광경이 바로 옆에서 보이고 흐르는 강물이 펼치는 다채로운 광경이 신선하기 때문이다.
 요즘 나의 최애 장면은 중랑천이 한강과 만나며 펼쳐지는 광경이다. 한양대 캠퍼스가 저리 멋졌던가? 응봉산이 저리 이쁜 산이었던가? 그러다가 북쪽 노원구로 들어서면 펼쳐지는 수락산과 도봉산의 모습에 압도되고, 더 북쪽 서울시 밖으로 넘어가면 북한산과 오봉산이 펼치는 경관에 압도된다. 그러고 보니 중랑천은 서울시뿐 아니라 의정부시와 양주시까지 엮어주는 물길이다.

새로 태어난 중랑천 줄기에 필요한 매듭

중랑천이 동부권 서울 전체를 엮어주는 줄기로 등장하면서 이 지역의 이미지를 크게 개선했다면 앞으로 필요한 것은 '매듭'일 것이다. 긴 줄기에 중간중간 매듭이 있어야 지루해지지 않는다. 널따랗게 펼쳐지는 풍경에 방향감각을 전해줄 수 있는 매듭이다. 아파트를 짓는다고 생기는 매듭은 아니다. 이 지역에 절대적인 일자리 거점이 필요한 수요와도 통한다.

상계동과 동북권 일대를 개발할 때 단지 주거개발뿐 아니라 일자리 거점 개발에도 전력투구했어야 했다. 대학 앞의 오아시스 외에도 수많은 대학들의 특성을 활용한 거점을 만드는 데 더 힘들였어야 했다. 베드타운으로서의 주거 안정성뿐 아니라 향후 동부권의 균형개발을 위해서 필요한 일자리 활력을 기대하는 바다.

인연인지 우연인지 필연인지, 서울공대 동기생이었던 연애 파트너는 인생 파트너가 되었고 그가 카이스트 대학원에서 공부하고 또 키스트 KIST, 한국과학기술연구원에서 오래 일하면서 이쪽 동네에 연이 깊었다. 내가 이십대에 누비던 연애의 무대에 인연의 끈을 놓지 않는 사연이기도 하다. 최근에는 성묘하러 갈 때 동부간선도로를 자주 타게 되는데, 압도적인 산의 경관과 중랑천의 천변 광경을 즐기느라 바쁘다. 그러다가 차를 꺾어 여러 동네를 찾아보면서 그 변화에 깜짝깜짝 놀라곤 한다. 들러볼 데가 더 많이 나오기를 바라는 바다.

요즘 이 지역을 찾는 이십대들은 훨씬 더 달콤하고 흥미진진한 연애의 무대를 발견하고 있을 것 같다. 아니, 이 시대의 이십대 역시 내가 그랬던 것처럼 우울의 시절, 불안의 시절, 방황의 시절을 겪고 있을까? 연애에서 비상구를 찾으면 어떨까? 연애는 최고의 오아시스가 되고 도시가 최고의 연애 무대라는 사실은 변함없으니 말이다.

> 연애 시절이란 도시를 발견하기에 가장 좋은 시간 아닐까?
> 우울의 시대와 상실의 시대와 같이한 도시 풍경.
> 같이할 사람이 있으면 방황마저 견뎌낼 수 있다.
> 도시라는 최고의 연애 무대 위에서.

용산 딜레마

슬픈 땅, 되찾은 땅, 미래의 땅

용산이 용산이 된 연유

'용산'龍山은 없다. 용산이란 이름의 산은 없다는 뜻이다. 예전 지명에는 있었다. 고산자 김정호가 만든 '수선전도'에 버젓이 표기되어 있다. 제작연대가 1830년대이니, 한양 시절 내내 그렇게 불렸을 가능성이 높다. '용산방'은 성저십리 서부의 9개 방 중의 하나였다. 그런데 위치가 지금의 용산 지역과 다르다. 마포와 경계를 짓는 무악재 자락에 있다. 나지막한 산이지만 한강 일대를 조망하는 지점이어서 '용산 8경'이 있었을 정도다. 지금 산천동의 용산성당이 있는 자리였을 개연성이 가장 높다. 그리 높지 않은 언덕이다. 한강 쪽으로 향하는 능선을 따라 아파트 단지가 들어서 있다. 내가 이 근처 신창동에 살았을 때 강아지와 함께 즐겨 산책하던 공간이다.

그런데 어쩌다 용산은 용산이 되었을까? 일제가 한 짓이다. 용산 일대는 한양 시절에 '둔지방' 또는 '둔지미'로 불렸던 지역인데, 일본군은 청일전쟁에서 이긴 후 일부 주둔하다가 러일전쟁을 이긴 후 기세등등하게 일대 118만평에 군사를 주둔시키며 1906년에 공식적인 지도에 '한국 용산 군용지 수용 명세서'라는 명칭을 붙였다. 1914년에 경성 행정구역을 개편하면서 공식적으로 '경성부 용산'이라 불렀다.

왜 일제는 둔지방 지역을 용산이라 칭했을까? 그 이유가 공식적인 기록으로 남아 있지는 않다. 부르기 쉬워서? '용의 산'이라는 상징 조작을 위해서? '용'은 힘을 상징하는 상상 동물이라서 용산이라는 지명이 많이 발견되는데, 비슷한 동기에서 '용산'이라는 이름으로 일본제국의 위용을 떨치려는 동기가 작용했을 가능성이 높다.

용산은 외세에 끊임없이 농단당한 슬픈 역사의 땅이다. 지리적인 운명 때문에 그러했다. 숭례문 바로 밖 성저십리 지역이고, 육로와 수로를 모두 이용하기 쉬운 데다가 상당한 규모의 평탄한 땅이 있다. 한양 코앞까지 외세가 위협할 때마다 이 땅에 외국 군대가 주둔했다. 임진왜란 후에 왜군이 주둔하며 약탈을 자행했고, 병자호란 후엔 청나라 군대가 주둔했고, 공식 기록에는 남아 있지 않지만 고려 시대에 원나라 군대가 주둔했다는 설이 전해 온다.

일제강점기의 용산역은 경부선, 경인선, 경의선, 경원선으로 연결되는 한반도 수탈의 거점이었다. 군 시설뿐 아니라 관련 공업 시설이 들어서고 일본인 거주지가 확산했다. 회현동, 후암동, 용문동, 원효로 일대 등, 해방 후에 '적산敵産 가옥'이 대거 불하되었던 동네들이다. 동부이촌동에 '맨션아파트'라는 일본식 이름으로 아파트촌이 개발된 이후에 '리틀 도쿄'Little Tokyo라는 작은 동네 이름이 생겼었는데, 일본의 연고가 이래저래 작용했을 것이다.

일제가 사라지자 미군이 주둔했다. 해방 후에 미군이 접수했다가 1949년에 철수했는데 한국전쟁 이후 다시 주둔하게 된 것이다. 용산이 성저십리 지역 중 가장 먼저 개발된 요지임에도 불구하고 가장 늦게까지 제대로 개발되지 못했던 것은 바로 이런 사정 때문이다. 80여만평의 미군기지가 떡하니 '한국 속의 미국'으로 자리했던 데다가, 용산역 주변의 철도공작창 20여만평이 동서를 가르는 것도 이 지역의 개발을 늦추는 결과를 낳았다. 백만평의 용산 땅, 되찾고야 말 땅이었다.

국가적 사건으로 물들었던 용산

용산에는 두번 살아봤다. 1979년에 이촌동으로 이사를 갔는데 이사 일자까지 정확히 기억하는 건 이 경우가 유일하다. 박정희 대통령이 암살당한 바로 그 10.26 사건 다음 날이었기 때문이다. 핸드폰은커녕 텔레비전도 전화도 신문도 끊겨 있던 그 밤에 이삿짐 싸고 다음 날 새벽부터 온종일 일하고 파김치가 되어 자장면 시켜 먹고 텔레비전을 연결하고 나서야 비로소 그 뉴스를 들었다. 이사에 빼앗긴 하루 동안 세상이 완전히 바뀐 것이었다. 그래서인지, 용산은 나에게 어쩐지 국가적인 연상 작용을 일으킨다.

아주 오래된 또다른 기억도 국가적이다. 중학생 시절 국가 귀빈이 오는 행사에 동원되어 교복을 입고 한강로에 주르르 서서 작은 태극기를 흔들던 기억이다. 뭐 하나 싶기도 하고 또 열심히 흔들어야 애국하는 건가 하는 의문을 가지며 양가적 감정에 갈등했던 기억이다. 그렇게 오랜 시간을 기다렸는데 시커먼 차들이 휙 지나간 후에 일제히 대열이 흐트러지면서 뿔뿔이 흩어지는 게 너무 허무하다는 생각이 들었다. 동원의 부작용을 깨달았던 거다.

용산에 두번째 살게 되었을 때는 2004년이다. 용산의 이슈를 완전히 파악했을 때다. 사실 도시를 공부한 이후에 나 역시 모든 전문가처럼 용산의 딜레마를 고민했다. '한 나라의 수도 한가운데에 이렇게 뻥 뚫린 땅이 있는 게 정상인가? 미군기지와 철도공작창의 존재가 서울의 발전을 가로막는 게 아닌가? 군사독재가 한참 지났는데도 미군기지에 덧붙여서 국방부, 합참, 연합사령부까지 모여 있고 전쟁기념관까지 짓는 게 합당한가? 미군기지 이전 후 이 땅을 어떻게 써야 할까?' 등의 의문을 안고 살았다.

그동안에 상당한 진전이 있었다. 1990년대에 여러 도시에서 미군기지 반환 운동이 일어났고 실제로 반환된 사례가 다수 생겼는데, 드디어 2006년에 한미 간에 용산 기지의 평택 이전 합의가 이루어졌다. 당시 노무현 정부는 각계의 의견을 수렴해서 용산 국립공원화를 최종적으로 결정했다. 오염된 토양의 정화가 쟁점이 되고, 드래곤힐 호텔, 헬리콥터 기지 등 미군 시설이 잔존하게 되었고 주변부의 분산된 기지를 매각하면서 전체 반환 규모가 야금야금 줄었지만, 역사적 계기가 된 것은 분명하다. 하지만 그 합의 이후로도 평택 기지로의 미군 이전과 완전 반환은 2022년에 이르러서야 완료되었으니, 참으로 지난한 여정이었다.

그동안에 KTX 개통으로 서울역과 용산역의 역할이 더 커졌다. 용산 공원화 결정과 함께 공작창 부지 개발에 대한 기대도 높아졌다. 부지를 소유한 철도공사가 2012년에 차량 기지를 완전 폐쇄하기로 결정 내렸기 때문이다. 서울시의 마지막 노른자 땅이라고 불렸던 이 땅은 도심과 여의도에 가까울 뿐 아니라 공항 접근성이 좋고 이미 한강로와 역 주변에 상당한 업무시설과 주상복합이 개발되면서 국제업무지구로서의 잠재력이 높이 점쳐졌다. 당시 오세훈 서울시장은 100층 마천루를 건설하고 서부이촌동 고층 아파트를 철거하고 한강 워터프론트를 개발하는 등 야심 찬 계획을 세우고, 철도공사와 민간기업과 함께 별도의 개발법인을 설립하기까지 했다. 하지만 현실성이 떨어지는 계획에다가 부동산 거품이 꺼지면서 몇년 후 부도가 나고 말았다.[1] 결국 그 이후 상당 기간 이 지역의 개발은 표류하게 됐다.

비슷한 시기에 이명박 대통령이 한강로 전체를 국가상징거리로 만든다는 계획을 발표했던 적이 있다.[2] 광장을 조성하는 열풍이 불었을 때였다. 광화문광장, 청계광장, 시청 앞 서울광장, 숭례문광장. 여기까지는 누구나 찬성할 만하고 세부 설계에 대해서는 이견이 있으나 나 역시 찬성했던 일이다. 그런데 그걸 한강대로로 연장한다고? 북한처럼 인공기 게양대나 기념탑이라도 곳곳에 세우겠다는 건가? 오래전 마포대로에 붙었던 '귀빈로'가 연상되었다. 행사에 동원되어 한강로에서 태극기를 흔들었던 옛 기억도 다시 떠올랐다. 불행 중 다행이라 해야 할까? 그 계획은 무산되었다.

용산에는 이렇게 여러 정치 리더들이 흔적을 남기려는 시도가 그치지 않았다. 그러더니 드디어 엄청난 사건이 터졌다. 그 어떤 시도보다 과격하고 예측조차 하지 못했던 사건이었다. 2022년 윤석열 대통령이 당선되자마자 대통령실을 용산으로 이전하겠다, 국방부 건물을 인수해서 쓸 것이고 청와대는 집무실이나 관저로 사용하지 않겠다는 계획을 발표했다. 공약이 있던 것도 아니었는데 이러한 국가 중대사가 전광석화로 발표되어 놀랐을 뿐 아니라, 이후 여러 반대와 우려에도 불구하고 두 달 만에 시행되는 데에 경악을 금치 못할 지경이었다.

이후의 경과는 우리 모두 겪어온 바대로다. 국방부와 관련 안보 기관을 연쇄 이동시키고, 대통령 집무실이 국방부 건물에 들어섰으며, 한남동 외교부 장관 관저를 대통령 관저로 리모델링했다. 완전히 반환된 용산 미군기지 부지에는 어린이정원이 조성되고 대통령 부부가 자주 나타나는 홍보장이 되었다. 관저와 대통령 집무실 간의 10여분 거리 통근에 수없이 교통 통제가 일어났고, 그해 10월 29일 핼러윈 축제 때 도저히 믿기 어려운 이태원 참사가 발생했다. 국정 혼돈이 계속되다가 2년 반 후 2024년 12월 3일에 윤석열 대통령의 비상계엄 선포가 있었고, 이후 국회에서 대통령 탄핵이 의결되었고, 관저에서 체포되는 과정에서 한남동 거리가 시위 현장으로 변했고, 헌법재판소의 파면 결정으로 2025년 4월 4일에 윤석열의 3여년 용산시대가 막을 내렸다.

지금도 해석이 분분하다. 왜 용산 대통령실 이전이 강행됐을까? 왜 한사코 청와대에 들어가지 않으려 했을까? 용산에 서울시청 이전이 검토되었던 적이 있고, 대통령실의 세종시 이전이 검토되었던 적은 있었지만 용산 이전은 공적으로 제기되었던 적은 한번도 없었다. 정말 무속이 작용했었던가? 일부 무속인이 주장했다는 설처럼, 청와대에 대한 흉흉한 소문 때문이었나? 윤석열 본인의 말처럼 '공간이 의식을 지배한다'는 어리석은 생각에 빠졌던가? 용산이 용이 여의주를 품고 있는 형상이고, 대통령실 위치가 여의주 위치라는 설에 혹했던가? '용의 산'이라는 이름이 가져온 부작용이 이렇게 크다.

윤석열의 용산 시대는 재앙으로 끝났고, 용산에는 더이상 대통령실이 없게 되었다. 이재명 대통령 당선 이후에 당장은 용산 집무실을 쓰지만, 청와대를 보수해서 돌아가겠다는 공약이 제시됐다. 윤석열이 사유화하려 했고 영구 집권마저도 꿈꿨을지 모르는 용산의 헛된 용꿈은 철저하게 부서졌다.

희로애락 사연이 만든 알록달록 조각보

이런 굵직굵직한 국가적 사건들이 일어나는 가운데 정작 용산 사람들은 어떤 생각을 하며 살까? 용산에 두번째 살 때 용문시장 근처의 아주 오래된 주택을 빌려서 4년간 살았다. 일제강점기에 지어진 2층 화양식 주택으로 마치 영화 「이웃집 토토로」에 나올 듯한 집이었다. 나보다 나이가 더 많은 집에 살아본 것은 처음이었는데 여기서는 도깨비, 저기서는 귀신, 이 구석에서는 '검댕 요정', 저 구석에서는 토토로가 튀어나올 듯한 집이었다. 집주인이 옛이야기를 해주었는데, 한국전쟁 때 폭격 맞고 부서졌던 이 집을 고칠 때 벽 속에서 태극기가 나왔다고 한다. 집을 지을 때 몰래 태극기를 감춰두던 일제강점기 치하의 독립 염원 이야기를 들은 적 있는데 그게 사실이었다. 사연 많은 집에 살면서 나는 용산 동네의 다양한 이야기에 귀를 기울일 수 있었다.

용산은 정말 다양하고 복합적인 동네다. 동서남북이 다 다르다. 남산이 있고 한강이 있다. 한가운데 미군기지가 자리하고 용산의 동서를 가르는 기찻길 때문에 더 그렇게 된 측면도 있다. 남산 기슭에도 대한민국 최고의 부자가 산다는 한남동이 있는가 하면 바로 위에는 피난민들이 둥지를 틀며 만든 해방촌 동네가 있다. 동부이촌동과 서빙고동이 초고가의 아파트 단지를 구성하고 있다면, 서부이촌동은 대중적이고 서민적인 분위기가 물씬 난다. 용산의 역사가 파란만장한 만큼 토박이들이 뿌리를 박고 살아서 보수적인 성향이 강한가 하면, 뜨내기들이 수없이 오가며 자유분방한 분위기가 물씬 풍기는 데가 또 용산이다. 미군 뜨내기들이 찾는 이태원에는 그에 홀려 찾아오는 세계의 여행객들이 항상 붐빈다. 이슬람사원 근처의 다문화 동네와 대사관길의 다양한 외국 공사관들이 이태원의 국제적 분위기를 더욱 띄운다.

내가 살았던 용산의 서쪽은 백범 김구의 묘가 있는 효창공원이 진중한 분위기를 자아내면서 동네 사랑방 공간 역할을 톡톡히 하는데, 숙명여대와 이어지며 바로 밝은 분위기로 바뀐다. 숙명여대는 드라마 「미스터 션샤인」에서 애신이 배알하며 근대적 여성 교육에 대해 논했던 바로 그 순헌황귀비 엄비의 지원을 받아서 1906년에 만들어진 학교다. 우리 집 큰딸이 숙명여대 도서관에 파묻혀서 공부하며 수의학과에 뒤늦게 편입한 성과를 거두었고, 우리 가족은 덩달아 효창동, 청파동, 용문동 동네의 맛집 지도 그리기에 제법 조예가 생겼다.

용산은 마치 알록달록 조각보 같다. 색깔 다른 동네와 길들이 마치 조각보처럼 꿰매져 있다. 별로 크지도 않은데 어쩌면 찾아볼 데가 이렇게 많은지, 어떻게 이렇게 색깔이 다른 동네와 길이 이어지는지 신기할 정도다. LA 거리 같은 이태원로에서 아기자기한 경리단길로 변하고, 언덕을 잠깐 오르면 이슬람 거리와 우사단길이 나타나고, 남쪽으로 잠깐 내려가면 앤티크 거리가 나오고, 순천향대학교 서울병원으로 향하는 대사관길로 내려가면 해외 공관들이 즐비하다가, 한남 고가도로 밑을 지나면 이색적인 유엔빌리지가 나타나고, 대통령 관저, 서울시장 관저 등 각종 관저를 품은 언덕이 나온다.

용산에는 희로애락의 공간이 공존한다. 남영동 대공분실같이 독재의 흑역사를 보여주는 아픈 공간도 있고 백범 김구뿐 아니라 안중근, 이봉창, 윤봉길, 백정기 의사를 모신 경건한 공간도 있다. 영원한 여행자일 수 있을 듯 노마드 분위기의 이태원이 흥겨운가 하면 너무도 아픈 이태원 참사의 기억이 새겨져 있다. 영화 「기생충」에 나올 듯 높은 담장이 이어지는 최고급 단독주택 동네가 있는가 하면, 해방촌 신흥시장을 품고 보통 주택이 이어지는 북적북적, 복닥복닥한 동네가 있다.

이렇게 조각보처럼 짜여 있는 용산의 미래는 어떻게 될까? 조각보의 아름다움을 이어가게 될까? 엄청나게 큰 조각인 용산공원이 남산과 한강의 초록빛을 이어주며 조각보의 아름다움을 더해줄까? 무척 큰 조각인 공작창 부지는 서울의 미래를 끌어가는 앵커가 되어줄까? 이렇게 조각보처럼 이어진 용산에

지난한 세월과 다채로운 문화로 엮인 조각보 용산의 이야기는 이제 시작이다.

가끔 담요로 덮어씌우려는 시도도 일어난다. 이명박 서울시장이 이태원길부터 한강에 이르는 지역 전체를 한남 뉴타운으로 지정했던 게 대표적이다. 무차별한 담요 개발이 되지 않기를 바란다. 새로운 개발 속에서도 조각보 같은 용산의 이야기가 이어지기를 정말 바란다. 용산 이야기에 대한 호기심과 새로운 상상과 혁신적인 지혜로 그렇게 만들 수 있다고 믿는다.

진짜 용꿈을 꾸어야

이 다양하고 복합적인 용산의 국회의원이 되겠다고 출마한 적이 있다. 당선되면 남산 기슭에 살면서 새벽에 강아지 두마리와 산책하며 주민을 만나겠다, 용산의 다양하고 복합적이고 미래지향인 도시문제를 풀어가는 데에 한 역할을 해보겠다는 꿈을 부풀렸다. 이 꿈은 깨졌지만 용산에 살면서 곳곳의 이야기를 알게 된 것은 나의 인생을 풍부하게 했고, 용산의 국회의원은 못 되었어도 용산의 굵직한 국가적·도시적 이슈는 계속 나를 사로잡는다.

용산의 아껴둔 땅은 아주 잘 써야 한다. 용산을 슬픈 땅, 빼앗겼던 땅, 잃어버렸던 땅이라고만 할 이유는 없다. 아껴둔 땅, 되찾은 땅, 기쁜 땅으로 만들면 된다. 외세에 빼앗겼다가 겨우 다시 찾은 줄 알았더니, 대통령이 다시 빼앗아 사유화해서 이 땅을 되찾은 기쁨을 국민에게서 빼앗는 일은 절대 일어나지 않아야 한다. '용산'도 없는데 용산이라는 이름에 끌려 용꿈이라는 둥, 여의주를 잡은 형상이라는 둥 하는 주술적 이야기도 더이상 나오지 않기를 바란다. 잔류하고 있는 미군 시설과 국방 시설은 중장기적으로 이전되어야 마땅하고 시간문제일 뿐 궁극적으로 그렇게 될 것이다. 용산역 주변의 공작창 부지에는 서울의 새로운 일자리 거점이 등장해서 가장 혁신적이고 가장 첨단적일 뿐 아니라 서울의 미래를 앞당기는 땅이 되어야 한다. 그동안 아껴둔 땅이다. 아껴둔 땅일수록 더욱 값지게 써야 한다. 이게 진짜 용꿈이다.

> 슬픈 땅, 빼앗긴 땅이 아니라
> 되찾은 땅, 기쁜 땅, 미래의 땅으로 만드는 일,
> 이것이 용산의 진짜 용꿈이다.

03

'강남 스타일'은
갈 데까지 간 걸까?

싸이의 「강남 스타일」 덕분에 서울 이상의 세계적 유명세를 갖게 된 강남. 노래 가사는 강남의 이중적 캐릭터를 기막히게 포착했다. 낮에는 우아한 척 품격을 찾다가 밤에는 화끈해지고, 커피 홀짝거리다가 원샷 때리고, 근육보다 사상이 울퉁불퉁하지만 놀 때 노는 남자와 여자, 그런 남녀가 '갈 데까지 가볼까?' 하는 데가 강남이다. 꿈틀대는 욕망과 허영의 본능을 자극하고 부풀리고 실현하기까지 하는 강남은 정말 갈 데까지 갔을까? 강남은 새로운 목적지로 개발되었다. 시작할 때는 영등포의 동쪽이라는 뜻의 '영동'으로 시작했던 강남이 배밭과 논밭에서 휘황찬란한 도심지역으로 바뀌고 누구나 똘똘한 아파트 한채를 마련하고 싶어하는 지역이 되었을 뿐 아니라 전세계에 이름을 떨치는 데까지 불과 반세기밖에 안 걸렸다. 속도, 규모, 내용, 가격 모두 다 기록적이다. 다 이룬 걸까? 이대로 괜찮은 걸까? 강남은 어디까지 갈 수 있을까?

'단지 공화국' 강남

아파트 게임이 '똘똘한 한채' 재건축 게임으로?

강남이라는 희한한 연구 대상

강남은 나에게 연구 대상으로 먼저 등장했다. 도시라는 주제에 막 눈을 떴을 때다. 도시학 도서와 각종 '이상도시론'에 심취했었다. 지도교수가 마침 박정희 정권의 마지막 프로젝트였던 '임시 행정수도' 기획에 직간접적으로 참여하셨던 터였고, 나는 이후에 RDRI 한국과학기술원 부설 지역개발연구소, 이후 국토연구원으로 발전라는 임시행정수도 기획단에서 일하게 되면서 당대의 내로라하는 권력가와 전문가들이 어떻게 일하는지 어깨너머로 볼 수 있었다. 도시라는 분야가 그야말로 정치·경제·사회·문화·기술·예술·국방·안보·외교·행정·사상 등 총체적인 분야임을 깨

달고 제대로 공부하고 싶은 마음에 불타서 유학을 꿈꾸기도 했다.

사실 박정희 정권의 도시기획을 뒤돌아보면 블랙코미디 같기도 하다. 1960년대 중반에 강남으로 확장하는 서울시 도시계획을 세웠는데, 1970년대 중후반에 행정수도 이전을 계획했다. 경부고속도로를 겨우 만들고 그린벨트로 지정하면서 서울의 외연 확장을 막고 아파트 개발 시대를 열었을 때다. 강남 개발 성공 여부도 불투명한 시대였는데 서울의 행정기능을 임시 행정수도로 옮기겠다는 계획을 세웠다. 발상이 너무 극단적으로 보였던지 '임시'라는 말을 붙여 명명한 것도 속셈이 보였다. 만능열쇠로 삼았던 안보 이슈를 건드려 민심을 다잡고 충청권의 개발 민심도 얻으며 정권 연장을 합리화하려는 의도가 다분했다. 당시에야 이런 정치적 속사정을 헤아릴 리 없는 나는 소셜믹스social mix를 주제로 한 논문을 쓴 인연으로 임시 행정수도 기획단에서 일했는데, 새로운 도시가 어떻게 형성되고 작동하는지 예의 관찰하는 대상으로 삼기에 강남은 최고의 연구사례였다.

단지 아파트 개발을 불붙인 강남

초기의 강남 개발이 그리 쉽게 불붙은 건 아니다. 강남에 처음 갔던 때의 기억은 허허벌판 위에 난 도로로 자동차가 달리고 있던 모습이다. 도로 흔적만 나 있는 비포장도로도 있었다. 화성에라도 온 것처럼 살벌한 풍경인데 공사판에는 가림막도 포클레인도 크레인도 없었다. 설마 삽질로만 한 건가? 한참을 털털거리고 가니 달랑 집 한채 올라와 있고, 가장 가까운 집은 저 멀리 보일 뿐이었다. 그게 말죽거리 근처였다. "무섭지 않아?" 이웃 없는 삶이라곤 상상하지 못하는, 밀집된 도시에 익숙한 나의 반응이었다. 이런 데서 어떻게 살지?

나 같은 사람이 많았던지 아무리 정부가 강남으로 명문 중고등학교와 굵직굵직한 공공시설을 이전하고 갖은 방식으로 홍보해도 땅도 잘 안 팔리고 아파트는 더 안 팔렸다. 당시 뉴스에 자주 등장한 주제가 '왜 사람들은 아파트를 거부하나? 아파트살이와 일반 집살이는 무엇이 다른가? 아파트에 사는 삶의 방식은 어떤 것인가?' 하는 것이었다.

아파트가 본격적으로 대중적 화제가 된 발단은 1973년에 완공된 반포주공아파트였다. 이전에도 여러 아파트가 있었지만 별 인기가 없었다. 반포주공아파트는 당대의 혁신적 사업으로 일종의 정부발 기획상품이었다. 정부가 보장하는 공공기관인 대한주택공사가 차관 자본을 동원해서 튼튼하게 지은 무려 99개 동 3,786호가 들어가는 대단지에, 22평에서 62평까지 중산층과 고소득층을 겨냥한 아파트로, 지역난방과 복층아파트까지 도입한 최신식 설계에, 단지 내부에 각종 상가와 초중고까지 갖춘 커뮤니티 계획을 포함했다.

신혼인 언니네가 싼 전세에 혹해서 반포 상가아파트 2층에 입주했는데, 나는 놀러 간다는 핑계로 자주 드나들면서 아파트 문화가 어떻게 변화하는지 제대로 관찰할 수 있었다. 초기에 시들했던 아파트 인기가 점점 높아지더니, 아파트 가격이 상승하고, 언니네가 전세에서 자가로, 점점 더 큰 아파트로 갈아타는 것을 목격했다. 강남으로부터 아파트 공화국의 탄생과 강남 문화의 변화를 가까이에서 관찰할 수 있었다.

1975년 강남구가 탄생하고 1976년에 압구정동 현대아파트가 완공되면서 민간 아파트 붐이 불더니 어느새 특혜 분양 운운 뉴스가 등장하고, 이윽고 분양 열기가 불붙더니, 이내 복부인과 분양권과 프리미엄 전성시대로 넘어갔다. 이런 변화가 불과 10여년 만에 벌어졌으니 어안이 벙벙할 지경이었다.

강남의 아파트 전성시대를 연 주역이라면 '주택건설촉진법, 아파트 지구, 대한주택공사' 세가지다. 정부가 판을 깔아줬다는 얘기다. 1972년 주택건설촉진법을 제정하고 1976년에 아파트 지구 11개가 최초로 지정됐고 1983년에 3개가 추가되어 총 14개가 되었는데 여의도와 용산 이촌동 빼고는 다 강남 지역이다. 14개밖에 안 된다고? 단지로는 208개이고, 아파트 수로 15만호다. 면적은 11.2제곱킬로미터로 서울의 2퍼센트인데, 서울 아파트 가구 수의 9퍼센트가 지어졌다.

반포주공아파트에 이은 잠실주공아파트는 무려 19,180세대의 초대형 단지였고 이어서 아파트 개발 열기는 서쪽으로 서초동-우면동, 남쪽으로 개포동-대치동-일원동-수서동, 동쪽으로 가락동-둔촌동-고덕동-명일동 등으로 뻗어갔다. 거기에 1980년대에 아시아선수촌, 올림픽선수기자촌 등 특수 목적의 아파트 단지까지 합류했다.

단지 아파트는 정부가 기획하여 법을 만들고 땅을 마련해주고 직접 사업자로 나섰던 거대 사업이었다. 그 최초 무대가 강남이었고 초기 사업자는 대부분 대한주택공사였다. 부동산 열기가 뜨거워진 1980년대에 이르러서 민간업계가 뛰어들었다. 1970년대를 달궜던 중동 건설 붐이 가라앉자, 정부로서도 건설업계에 새 일감을 마련해줘야 했다. 아시안게임과 올림픽을 앞두고 도시를 정비한다는 명분을 앞세워 도심 재개발이 전개되고, 아파트 지구가 아니더라도 일반 주거지역에서도 아파트를 허가하는 시대로 돌입하면서 민간 사업이 더욱 활발해졌고, 아파트는 드디어 전서울, 전국토를 사로잡게 되었다.

유학에서 돌아와 보니 아파트는 우리 사회 전체를 흔들고 있었다. 주택청약 열풍, 분양권 추첨 경쟁, 분양권 프리미엄, 분양 사기, 특혜 분양 등은 단골 뉴스가 되었고, 도시계획과 건축 분야의 큰 변수일 뿐 아니라 일상에서도 끊이지 않는 화젯거리가 되었다.

'아파트'라는 최고의 히트 상품

그 무렵에 만났던 친구 같은 학자가 『아파트 공화국』후마니타스, 2007을 쓴 발레리 줄레조다. 이상하다는 표정으로 묻던 모습이 기억난다. "첫째, 어떻게 그리 아파트를 많이 짓냐? 둘째, 왜 똑같은 모양으로, 그것도 나란히 남향으로 짓냐? 셋째, 볼품없는 아파트가 왜 그리 비싸냐?" 세가지가 질문의 핵심이었다. 고층 아파트가 인기 없고 특히 단지형 아파트는 저소득층이나 이민자를 위한 임대주택이라는 개념을 가진 프랑스 사람다운 의문이었다. 나는 우리 사회의 '절대적 주택 부족 문제, 관습적인 아파트 생산 방식과 보수적인 주거 문화, 그리고 공급 위주의 부동산 시장'에 대해서 열심히 설명해줬다. 이해는 하지만 이상한 현상이라 생각하는 건 여전해 보였다.

우리 아파트 현상에 대한 줄레조 교수의 지적 이후에 많은 변화가 있었다. 첫째, 주택 부족 문제는 크게 완화되었다. 서울과 수도권 외에는 이제 전국 100퍼센트 이상의 주택보급률을 달성했다. 안정적인 110퍼센트가 될 때까지 유동적이겠으나 상황은 훨씬 좋아졌다. 둘째, 천편일률적인 아파트 설계도 많이 개선되었다. 높이도 제각각 다르고, 주상복합, 도시형 아파트, 빌라형 아파트, 타워 아파트도 생겨서 평면과 형태가 다양하다. 셋째, 여전히 안 변하는 게 있다. 높은 아파트 가격이다. 특히 강남권의 아파트값은 전체 아파트값을 끌어올리고, '똘똘한 한채' 현상과 함께 가격 양극화가 심해지는 고질적 문제는 오히려 심해졌다.

아파트 역시 시장에서 거래되는 상품이라면, 아파트는 가히 지난 100년 최고의 히트 상품이다. 인정하지 않으려야 않을 수 없는 사실이다. 우리 삶을 바꾸었고 도시 모습을 바꾸었고 관련 산업을 일구었고 부동산 널뛰기를 통해 울고 웃는 희비극을 자아냈다.

'아파트 공화국'이 아니라 '단지 공화국'이 문제

아파트는 21세기에 또 하나의 현상을 가져왔으니, 로제의 글로벌 히트송 「아파트」다. '아파트, 아파트, 아파트, 아파트'라는 단순한 가사와 비트로 전세계를 사로잡았다. 아파트가 매직 워드이기라도 한 것인지, 너무 재미있다. 손으로 층을 쌓아 올리는 '아파트 게임'에서 착안한 노래라고 하니, 술 게임 이름이 될 정도로 아파트란 일상의 언어가 되었다. 정부와 업계가 합을 맞춰 만들어놓은 아파트 부동산 게임의 부정적 측면이 있음에도 불구하고 우리 삶 속의 아파트란 그저 자연스러운 한 부분이다.

아파트살이가 어떤 건지는 이제 대한민국 국민 모두 다 안다. 열 중 여섯이 아파트에 사니 말이다. 지방도시에도 서울에도, 강북에도 강남에도, 휴양지에도 도시에도 다 있는 게 아파트다. 사실 빌라나 다가구·다세대 주택도 내부는 아파트와 별반 다르지 않다. 독립성이나 편리성이나 내나 비슷하다. 그렇다면 강남의 아파트는 뭐가 그리 다르다는 건가?

나의 아파트살이는 강남의 외곽으로 전전했다. 유학으로 떠나 있던 우리 부부보다 시부모님은 외려 아파트살이를 더 즐기셨을 뿐 아니라 아파트살이의 치명적 약점을 보완할 묘수까지 마련하고 계셨으니, '국이 식지 않는 거리'의 아파트 단지에 가족이 모여 사는 것이었다. 그래서 고른 게 남부순환도로 끄트머리에 있는 아파트였다가 다시 저 멀리 새로 분양한 올림픽선수기자촌이었다. 시부모네, 우리 집, 큰시고모네, 작은시고모네, 무려 네 가족이 한 아파트 단지에서 살았다. 나는 그저 아이들을 믿고 맡길 데가 있다는 것에 감사할 따름이었다.

아파트살이의 최고 강점은 독립성이고 최고 약점은 고립이다. 따로 독립적으로 살 수 있되 고립감과 소외감 없이 같이 살 수 있는 게 '국이 식지 않는 거리'라는 건 확실하다. 그래도 나는 다른 고립감에 시달렸다. 일하는 엄마는 하루 종일 집으로부터 고립된다는 느낌에서 벗어나기 어렵다. 도대체 아파트 자체를 즐길 새가 없다. 주중에는 아침저녁 드나드느라 주말에는 정신없이 쉬느라 바쁘다. 그래서 나는 얼마 있다가 직주근접이라는 선택지를 골랐다.

가끔 상상해본다. 만약 그때 저 멀리 송파권 아파트가 아니라 직장과 가까운 대치권 아파트, 압구정권, 반포권의 아파트를 골랐더라면 나는 계속 거기에 살았을까? 물론 값이 비싸서 애당초 어림도 없었겠지만, 그랬더라면 어떤 선택을 했을까? 대치권 아파트에 살았더라면 학원 보내기와 입시전쟁 열풍에 압력을 받지 않았을까? 압구정권 아파트에 살았더라면 고급스럽게 보이려는 소비 수준에 맞추느라 허덕이지 않았을까? 반포권 아파트에 살았더라면 재건축 추진에 찬성해야 할지 말아야 할지 고민에 빠지지 않았을까? 내가 간접 체험했던 그 아파트촌 주민들의 고민거리였다. 아파트촌에서 살며 겪는 주변의 사회적 압력이란 만만치 않다. 아파트값 상승 기대에 그대로 눌러살았을 공산도 있다. 많은 주민이 그러했고 지금도 그러하듯이.

'아파트 공화국'이라는 어휘가 우리 사회의 고질적 문제를 고발하는 어휘로 자주 쓰이지만, 사실 우리 아파트 문화의 문제는 아파트 공화국이 아니라 '단지 공화국'이라는 데에서 비롯된다는 것이 나의 생각이다. 아파트는 아무 문제 없다. 우리가 로제의 노래를 흥겹게 부르듯 스스럼없이 부르고 자연스럽게 살아가는 삶의 공간 이름이다. 그런데 특정한 아파트 단지가 되면 집단의식이 표출되고 집단 이기심이 발동되고 때로 집단행동까지 서슴지 않는다. 집단심리란 안온하고 편리한 울타리를 제공하기도 하지만, 때로 이기적이고 권력적이기까지 한 위험성도 안는 것이다.

이 책을 쓰는 지금, 반포주공아파트는 20여년의 재건축 분쟁 이후에 드디어 공사를 시작해서 높은 타워가 속속 올라서고 있다. 고층 5단지 외의 잠실주공아파트는 진즉 재건축되어 초고층 아파트 숲이 되었다. 압구정동 현대아파트 재건축은 여전히 말이 무성하고 초고층 최고급 단지가 될 거라며 풍문을 퍼트리고 있고, 대치동은 여기저기 꿈틀거리며 재건축 불을 지피고 있다. 강남이 한때 아파트 부동산 게임 열풍을 가져왔다면 이제는 재건축 부동산 게임으로 또 한차례 열풍을 만드는 것이다.

'똘똘한 한채'와 '일자리 패권' 현상이 지속되는 한

왜 강남권의 아파트는 그렇게 비쌀까? 왜 또 자꾸 더 비싸질까? 발레리 줄레조 교수도 지금은 잘 알게 되었을 것이다. 절대로 아파트가 잘나서가 아니다. 주거환경이 그리 탁월해서도 아니다. 덩치로 모여 있기 때문이다. 어디에? 일자리 활력이 있는 곳이다. 많이들 강남을 아파트로 금방 떠올리지만, 강남을 만든 것은 아파트가 아니라 사실은 일자리다. 정확히 말하자면 강남의 일자리 패권이 '강남 불패'라는 부동산 신화를 더욱 강화하고 있다.

강남권이라 불리는 강남구, 서초구, 송파구의 합계 일자리 수는 약 170만이다. 이게 얼마나 어마어마한 숫자냐 하면 서울 일자리의 30퍼센트에 달한다.[3] 전통적인 도심인 종로구와 중구의 70여만, 새로 뜬 여의도와 영등포구의 70여만을 합한 것보다 많다. 강남권의 주택 수는 얼마나 될까? 송파구가 25만, 강남구가 20만, 서초구가 15만, 전체 합해서 60만 정도다.[4] 아파트는 그중 약 60퍼센트인 36만 정도다.[5] 강남권 주택 수가 강남권 일자리 수의 35퍼센트가량, 아파트 수는 일자리 수의 22퍼센트 정도다. 왜 아파트 가격이 자꾸 더 올라가는지 이해가 가지 않는가? 아파트 숫자는 무한정 늘릴 수 없다. 일자리는 더 늘 가능성이 높다. 강남이 왜 기회의 장소로 여겨지는지 이해되지 않는가? 마치 한국전쟁 후에 기회를 찾아 서울로 올라왔듯이, 이제는 강남을 기회의 장소로 바라보게 되는 이치다.

강남 아파트값이 천장을 모르고 치오르는 또 하나의 이유는 '똘똘한 한채' 선호 현상 때문이다. 복잡하기 짝이 없는 부동산 관련 세제 속에서도 바탕에 흐르는 전제는 '1가구 1주택'에 대한 보호다. 면세·감세에 대한 여러 혜택 때문에 고가 아파트 한 채로 갈아타자는 투자 수요가 항상 대기하고 그것이 강남권에 몰리는 것이다. 아무리 다른 데의 부동산값이 떨어져도 '강남 불패'만큼은 지속되리라는 기대가 강남 아파트 시장을 과열시킨다. 이런 상황에서 재건축으로 아파트를 아무리 더 짓든 여전히 투자 대기수요에 못 미치는 악순환이 반복된다. 뭔가 흐름을 바꿀 계기가 없이는 지속될 현상이다.

강남을 만든 아파트 게임의 뒷이야기 하나. 한때 아파트 개발 사업은 말 그대로 '땅 짚고 헤엄치기' 사업이었다. 일확천금을 끌어모았던 그 아파트 기업 대부분은 망했다. 땅 짚고 헤엄치다 보면 사업 역량은 떨어지게 마련이다. 자연스레 소멸했다고 할까? 초기의 막강한 사업자였던 대한주택공사는 이명박 정부 시절에 토지개발공사와 합쳐져 'LH'라는 더 막강한 공공기관으로 이어지고 있다. 아파트 사업이 아니라 재건축 사업이 된 지금의 플레이어들은 훨씬 더 복잡해졌다. 조합이 있고 시행사가 있고 건설사가 있고 지자체가 있고 분양 대행사도 있다. 훨씬 더 복잡해진 재건축 게임은 또 어떤 결과를 가져올까?

'똘똘한 한채' 현상과 '일자리 패권'을 넘어서 '강남 불패' 현상은 과연 계속될까? 뉴욕 맨해튼, 런던 도심, 파리 도심, 도쿄 도심의 주거 역시 비싸긴 엄청나게 비싸다. 그래도 강남만큼은 아니다. 똘똘한 한채로 쌓아 올린 강남 불패의 성에는 어떤 미래가 올까?

> 부동산 게임으로 탄생한 아파트 공화국의 원조, 강남.
> 이제는 재건축 게임으로 '단지 공화국'의 원조로 변한 강남.
> 로제의 「아파트」 따라 아파트, 아파트 노래를 즐겨 부르지만,
> 똘똘한 한채 현상으로 쌓아 올린 강남 불패의 미래는?

진짜 강남의 삶

논현동 다세대 주택에서 '강남 스타일'

아파트 단지 밖의 진짜 강남

'똘똘한 아파트 한채'로 강남을 소환하는 사람들은 반포, 압구정, 대치, 개포, 잠실, 가락, 송파, 강동 등에 있는 유명한 아파트 단지를 떠올리겠지만, 사실 진짜 강남의 삶은 그 아파트 단지들 바깥에서 일어난다. 170여만개의 일자리가 돌아가고 있는 진짜 강남이다. 나는 그 한복판에서 30년 넘게 살고 일하면서 진짜 강남의 변화를 체험하고 있다.

아파트에서 일반 동네로 이사 갔던 것은 집과 일터를 합치겠다는 고달픈 워킹맘의 결단이었다. 아파트살이가 아무리 편하면 뭐 하나, 아파트값이 아무리 오르면 뭐 하나, 길에다 아침

저녁으로 최소 두시간을 써야 하고, 아이들의 방과 후를 걱정해야 하는 신세에는 전혀 도움이 안 되니 말이다. 유학에서 돌아온 후 5년을 아파트에서 살다가 결단을 내렸다. 같은 단지 내에서 국이 식지 않는 거리에 살던 시부모와 시고모네와 한 건물에 살기로 의기투합한 것이 힘이 됐다.

집 짓고 살겠다는 결심은 아파트를 바꾸는 것과 달리 길게 뿌리 박고 살겠다는 작정이니 심사가 복잡해진다. 아버지가 몇십년 전에 집 짓고 살겠다고 결심했을 때는 어떤 기준으로 마포 동네를 고르셨을까? 나는 우선순위가 아주 뚜렷했다. 교통이 좋을 것. 그리고 대출을 포함한 재정 부담이 가능할 것. 동네가 얼마나 유서가 있고, 경관이 좋고, 공원이 좋고, 아이 키우기 좋으냐 같은 기준은 당시의 나에겐 사치스러워 보였다. 사람은 아무래도 연고 있는 데를 찾아보게 마련인지, 살아봤던 마포와 용산 그리고 일해온 강남, 세곳을 후보로 올려서 땅을 물색하다가 논현동을 고르게 됐다.

1990년대 초에 살던 아파트를 팔아 땅을 사고 나는 같은 동네의 한 상가 건물 옥탑방에서 월세로 살며 비용을 융통해서 2년 후에 드디어 집을 지었다. 이 동네의 초반 생활은 기묘하다 할 만한 분위기였다. 동네 대부분이 단독주택이었는데 새벽엔 닭이 꼬꼬댁 울었다. 논현동은 한남대교와 가까워서 강남 초기부터 집이 들어찼던 동네다. 그때는 강남이 아니라 영동으로 불렸다. 영등포의 동쪽이라는 뜻이다. 그 이름의 추억은 이제 '영동시장'에 유일하게 남아 있는데, 영동시장은 좌판과 포차가 넘쳐나는 장터 분위기였다. 밤에는 새로 오픈한 '한신포차(요리연구가 백종원이 도입한 포장마차 스타일의 신개념 술집으로 논현동의 명소였다)'에서 젊은이들이 밤새 술 마셨다. 꼭 시골 읍내 같은 분위기라고 할까? 농촌과 도회가 섞여 있고, 가족의 삶과 유흥의 삶이 뒤섞인 분위기가 아주 묘했다.

30여년 뒤 지금 사정을 보자. 내가 그리 중요하게 생각했던 교통 여건은 최고 이상이다. 10분만 걸어 나가면 서울 거의 모든 곳에 가는 버스 노선이 있고 수도권과 인천공항에 가는 광역버스도 있다. 강남의 600미터~1킬로미터 정도 폭의 대형 블록들을 '슈퍼블록 super block'이라 부르는데, 우리 동네의 네 교차로에 모두 지하철역이 있다. 지난 30년 동안 3년가량 빼고 계속된 공사로 짜증 났던 것도 다 잊어버렸을 정도로 편리하다.

슈퍼블록은 뉴욕 맨해튼이나 유럽 도시들의 촘촘한 블록 구조와 대비되는 도시계획 기법이다. 외곽의 대로를 강조하고 블록 내부는 대형 단지나 학교 시설 등을 두고 나머지는 되는대로 소필지로 나누게 되는데, 좋게 보면 내부에 생활 커뮤니티 시설을 갖출 만한 규모가 되지만, 나쁘게 보면 큰길가만 신경 쓰고 내부는 상대적으로 소홀히 방임되는 문제가 있다. 공공의 개발 재정이 부족할 때 주로 쓰는 기법이다. 강남의 도시계획은 정부에 별로 돈이 없을 때 개발되었다는 한계가 있다.

그렇게 만들어진 강남 슈퍼블록의 개발 패턴은 '알을 품고 있는 닭'의 형상이다. 대로변에는 고층 건물이 줄지어 서 있다. 블록 한켜만 들어오면 건물 높이가 확 낮아지고 이면도로에 유흥 상권이 형성된다. 블록 내부로 들어오면 다세대·다가구주택, '근생'근린생활시설. 아래층에 상업 시설, 위층에 주택이 있는 소형 복합건물이 채운다. 시간이 갈수록 닭도 커지고 알도 커진다. 30년 전에는 대로변에 10층, 이면도로에는 4층, 블록 내부엔 2층 단독주택이 많았다. 그러더니 다들 커져서 지금은 대로변에 20여 층, 이면도로엔 5~6층 상업건물, 내부엔 원룸 중심의 4층 주택으로 바뀌었다. 최근 다시 개발 바람이 분다. 대로변에는 더 높은 고층 건물이 세워지고, 이면도로에도 7~8층 상업건물이 들어서고, 블록 내부에도 높이를 부풀린 상업건물 신축이 부쩍 늘었다.

우리 집 4층 다세대 주택을 지을 때만 하더라도 꽤 눈에 띄는 편이었는데, 요즈음엔 옆 건물들에 짓눌린 모습이다. 코로나 팬데믹 이후에 골목까지 작은 가게들이 확 늘었다. 밥집, 샌드위치 집, 카페, 헤어숍, 네일숍, 반려견 놀이공간, 대여공간,

대로변의 고층 빌딩과 블록 내부 낮은 건물들 사이의 대비가 뚜렷하다.

스튜디오, 연기와 댄스 학습소, 심지어 취향 저격 레스토랑과 술집까지 들어온다. 예약 손님이 늘고 택배 플랫폼이 활발해진 덕분이다. 큰길 상가 임대료를 견디느니 차라리 입소문으로 살아남으려는 전략의 결과다. 골목이 활발해지는 것은 반가우나 한밤중 라이더의 오토바이 소음이 부쩍 커진 건 괴로운 변화다.

　강남의 대부분 블록이 우리 동네와 비슷한 변화를 겪고 있다. 블록에 따라 닭과 알의 크기와 변화 속도가 차이가 나지만 얼추 유사한 패턴이다. 시장의 힘은 언제나 세다. 부동산 개발 역학이 다른 모든 걸 앞지르는 것이다. 이러다가 모두 신사역과 강남역 근처의 블록처럼 유흥 동네로 변하고 최근 비非아파트 주택이 임대 시장에서 고전을 면치 못하는 추세와 맞물려서 중저가 주택이 확 줄어들지 않을까 우려스럽다.

강남 대표 공간도 진화한다

강남을 대표하는 공간도 달라지고 있다. 1990년대만 하더라도 신흥 아파트촌 부유층의 소비문화와 맞물려서 그 말 많던 '압구정 오렌지족'이 백화점과 로데오거리를 점령하고, 급증하는 강남 직장족을 겨냥해서 신사역, 강남역, 논현역 등 부근의 이면도로 유흥산업이 대세였다. 아직은 서초 법원단지나 롯데월드 등 전통적인 중심으로 움직이던 시대였다.

2000년대에는 IMF 외환위기를 뚫고 우뚝 선 IT산업과 대기업 본사들, 벤처 기업이 입주한 사무용 건물이 테헤란로와 강남대로 상에 속속 들어섰고 새로 등장한 고소득층을 겨냥한 코엑스 블록이 새로운 소비 중심으로 부상했다. 한쪽에서는 초고가의 룸살롱식 술집이 부쩍 늘고, 다른 한쪽에서는 대치동 학원가의 명성으로 근처 아파트 전세가 하늘을 찌르기 시작한 것도 이 시절이었다.

2010년대 이후에 강남은 일자리, 유행, 아파트 가격, 학원가 등 전 분야에서 이른바 '강남 불패' 신화를 공고히 하는 와중에 명품 열풍이 불면서 강남대로와 압구정로를 따라 성형산업이

초강세를 보이더니 국제적인 메디컬 투어가 등장할 정도가 되었다. 청담동 명품가, 엔터테인먼트 산업, 영화관과 브랜드 매장들이 앞다투어 입성하면서 강남은 이른바 스타일 산업의 메카로 떠오르기도 했다. 싸이의 「강남 스타일」이 대박을 터뜨린 게 2012년이다.

2020년대에 들어서 다시 변화의 조짐이 부상하고 있다. 코로나 팬데믹으로 빚어진 비대면 시대와 재택근무 확대 그리고 연이은 온라인 시장 확대와 맞물리는 변화다. 높은 임대가로 인한 '젠트리피케이션'의 후폭풍이 강타하는 가로수길이 대표적이다. 임대료를 올리며 앞다투어 입점하던 고급 브랜드 점이 퇴각하면서 최근 절반 이상이 비어 있다. '임대 문의' 사인만 붙어 있는 가로수길은 썰렁해졌고 세로수길에만 사람들이 모인다. 가로수길만 이럴까? 최근 경기 침체와 함께 빈 상가가 늘면서 강남역과 같은 중심지 상가도 공실이 늘었다. 강남의 오피스 시장은 여전히 최고의 입지로 인정받고 공실률도 낮은 편이지만 속사정을 보면 대기업 본사들도 비용 상승 추세에 이전 활로를 모색하는가 하면, 청담동 일대의 명품산업을 이끌던 엔터테인먼트 산업도 성수동 등에 새로운 입지를 찾고 있다.

강남은 서울의 세 도심지 중에서도 명실공히 최고의 경쟁력을 갖추고 있다. 개발 초기부터 서초 법원 단지 등 주요 공공기관 이전, 명문 중고등학교 등의 이전뿐 아니라 강남버스터미널, 무역센터 개발과 테헤란로 육성, 아시안게임과 올림픽을 통한 집중 개발, IT 벤처 산업 육성, 스타트업 지식산업 육성 등 엄청난 지원과 투자가 이루어져서 만든 중심이다.

지하철 투자는 놀라울 정도고, 특히 2호선 순환 노선의 배치는 신의 한 수라고 할 만하다. 구자춘 서울시장이 20분 만에 노선을 그었다고 하는 2호선은 서울의 세 도심뿐 아니라 거의 모든 지역 중심을 연결하는데, 미래 잠재력을 보고 노선을 정하기도 했지만 지하철 노선 덕분에 개발이 촉진되기도 했다. 아직 다른 노선이 정해지기도 전에 순환 노선을 만들었으니 도시계획적 선견지명이 놀라울 정도다. 강남에는 2호선 외에도 지하철 3호선, 7호선, 9호선, 게다가 인천국제공항과 직통으로 연결되는 6호선, 분당과 연결되는 신분당선, 그리고 향후 GTX 허브가 될 삼성역 등이 있으니 GBD_{Gangnam Business District, 강남업무지구}를 만들기 위해서 온갖 인프라 투자를 몰아준 것 아닌가?

이 정도의 접근성과 규모와 편이성과 트렌드 선도성, 게다가 배후 주거지까지 갖춘 데는 서울의 세 도심 중에서도 강남의 경쟁력이 가장 높다. 강남역 중심뿐 아니라 잠실 중심, 강동 중심으로 확장 잠재력도 경쟁력을 높인다. 실제로 GBD의 일자리는 170만으로 CBD_{Central Business District, 도심업무지구}와 YBD_{Yeouido}

Business District, 여의도업무지구를 합산한 140만보다 더 많다. 앞으로는 어떨까? 기회와 위험이 공존한다. 강남은 맨해튼화할 잠재력이 가장 높은 지역이라는 기회가 있는가 하면, 자칫 탈脫강남의 대상이 될 수도 있는 위험도 있다. 혁신산업을 통한 일자리 창출의 역량이 있는 중심으로 자라난다면 뉴욕 맨해튼과 같은 리더십을 유지하며 성장할 터이고, 만약 부동산 거품에만 올라탄다면 높은 지대와 생활비 부담을 벗어나려는 탈강남의 바람이 거세질지도 모른다.

강남이 사대문 안과 비슷해진다고?

다시 우리 동네로 돌아와보자. 30년 넘게 사는 논현동에 대한 나의 자랑은 아파트 단지가 없는 동네라는 거다. 홀로 아파트는 가끔 있지만 단지는 없다. '토지구획정리사업'으로 시작된 강남 일반 동네들은 대부분 우리 동네와 비슷하다. 대로변 상업 시설의 배후로 설정된 동네라 그렇다. 재개발 바람도 없다. 인프라가 되어 있고 필지 규모도 60~70평 정도 되니 자체 건축이 가능하고 실제로 점점 더 수준 높은 건물이 들어서는 경향이다. 무엇보다 지속적인 시장 수요가 있다. 중소 규모의 상가와 1~2인 가구를 위한 도시형 주거 수요를 흡수하는데, 강남의 일자리가 유지되는 한 지속될 시장 수요다.

이런 동네에 사는 나로 말하면 지금의 강남은 마치 어릴 때처럼 사대문 안에 다시 돌아와 사는 기분이다. 집 앞 3분 안에 구멍가게(편의점)가 있다. 5분만 나가면 먹을 데 천지다. 10분 거리에 버스 정류장과 지하철역이 있다. 마트도 있고 시장도 있다. 명동 대신에 강남역, 고터_{고속터미널}, 코엑스에 가고, 북촌이나 서촌 대신에 세로수길과 서래마을에 간다. 예전의 충무로처럼 영화관이 지천이다. 예전엔 맛없는 식당만 있었는데 이제는 다양한 맛집이 넘친다. 카페는 과할 정도로 많다. 남산에 가듯 우면산에 가고 낙산에 가듯 매봉 서리풀공원에 간다. 청계천은 없지만 남쪽엔 양재천이 있고, 북쪽에는 한강이 있다.

내친김에 강남 도심과 강북 사대문 안을 대비해보자. 강남의 메인 도심이 사방 4킬로미터 안에 있으니까 신기하게도 사대문 안 크기와 비슷하다. 성곽은 없지만 북으로는 한강, 남으로는 양재천, 동으로는 탄천, 서로는 경부고속도로에 둘러싸여 있다. 걸으려면 한쪽에서 다른 쪽까지 걸을 수도 있다. 예컨대 사대문 안에서는 동서로 서대문에서 동대문까지 종로 또는 청계천을 따라 걸을 수도 있다. 원한다면 남북으로 서울역부터 시청 앞까지, 남대문에서 명동까지, 또는 덕수궁 앞과 광화문광장으로 해서 북촌과 서촌까지 걸을 수도 있다. 아마도 서울 탐험에 나선 관광객과 시민들은 지금도 기꺼이 걷고 있을 것이다.

하지만 강남은 사대문 안과 걷는 환경이 다르긴 하다. 강남의 주요 공간이 대략 4킬로미터 범위 안에 있지만 걸어서 주파한다는 걸 상상하기 어렵다. 누가 신사역부터 양재역까지 남북으로, 누가 강남역부터 코엑스역까지 동서로 걷겠는가? 나만 안 걷나? 혹시 걷고 있는 사람들이 있나? 아니, 그렇게 걷는 사람은 별로 없을 것이다. 왜? 그리 재미가 없기 때문이다. 사대문 안이 올망졸망하고 요기조기 사연이 숨어 있고 조금만 걸으면 풍경이 달라지는 재미가 있는 데 비해서, 강남 도심은 널찍널찍 트이되 교통은 막히고 내나 비슷한 풍경이 계속되어서 지루하다. 목적 장소에 찾아가 시간을 보낸 후에는 바로 돌아서 나오는 식이다.

이런 아쉬움도 앞으로 달라질 수 있지 않을까? 독자도 느끼겠지만, 나는 지금 최대한 강남을 미화하려 하고 있다. 사대문 안과 같은 강남이라니 그게 말이 되냐는 의문도 있을 것이다. 높은 주거비와 생활비, 돈만 아는 상술과 얇은 지갑을 푸대접하는 천박한 문화에 찌든 강남을 어디 사대문 안과 비교하냐고? 그렇지만 나는 강남이 겪을 앞으로의 긍정적 변화에 대한 기대를 잃지 않으려 한다. 사대문 안과 크기도 비슷하고, 사대문 안처럼 600년 역사의 시간이 쌓이지는 않았지만, 반세기 동안 대한민국이 겪은 천지개벽의 변화를 온몸으로 마주치며 그 변화를 주도하고 소화하면서 지금에 이른 강남이기 때문이다. 외형적인 변화만큼이나 내면적인 변화를 꿈꾸지 않을 이유가 있는가?

강남이 똘똘한 한채로 가득한 아파트 공화국이나 임대가격 최고를 경신하는 도심이라는 추세를 거듭하다가 어느덧 탈강남의 나락에 빠지지 않으려면, 오히려 맨해튼과 같은 경제 활력이 넘치는 도시문화 융합체로 거듭나야 할 것이다. 뉴욕 맨해튼이 처음부터 지금과 같은 위상을 가졌던 것은 아니다. 뉴욕도 월 스트리트와 몇개의 주요 가로 외에는 강남 비슷하게 시작했다. 그런 맨해튼이 여러 번의 변이를 거치며 현재의 맨해튼으로 진화해왔다.

꼭 맨해튼 같죠?

"저거 보세요. 꼭 뉴욕 같죠?" 한 택시 기사의 말이었다. 논현역 네거리에서 신호등을 기다리느라 한참 서 있을 때였다. 강남대로 강남역 방향을 가리키며 감탄사를 날린다. "우리나라에서 저렇게 고층 건물 숲이 가지런한 데는 여기밖에 없을 거예요." 약간 높은 논현역 언덕에서 강남대로 전경이 펼쳐진다. 짙은 구름이 피어오르는 흐린 하늘을 배경으로 환한 고층 건물이 제법 장관을 이루고 있었다. 복잡한 서울 거리를 누비느라 피곤할 텐데도 이런 장면을 포착하는 재미를 놓치지 않는 기사를 만난 게 너무 반가워서 나도 화답했다. "남쪽에서 들어올 때의 강남대로 장면도 인상적이랍니다." 실제 그렇다. 긴 여행 끝에 양재동을 거쳐 강남대로를 들어올 때의 장면을 나는 아주 좋아한다. '서울에 돌아왔구나!' 하는 감정이다. 골목 안 다세대 주택에 살면서도 나는 이렇게 강남의 풍경을 마음에 품는다.

강남을 알려면 차를 갖고 나오지 마시라. 운전하고 강남에 오면 모두 질색한다. "무슨 이런 노무 데가 있냐?" 소리치기 일쑤다. 8차선 대로도 체증이 심하거니와 끼어드는 차량에 신경이 곤두선다. 이면도로로 들어서면 바로 길이 좁아지고 차량이 자장면처럼 얽히고설키는 장면을 만나기 일쑤다. 오토바이는 어디서든 비집고 들어와서 피곤하게 만든다. 주차비도 만만찮거니와 주차장 찾기도 힘들다. 사통팔달 강남에 자차는 필요 없다. 지하철도 버스도 어디로든 통한다. 요즘엔 내비게이션이 있으니 길 찾기도 좋다. 강남에 와서는 걸으시라. 급하면 택시다. 맨해튼보다 더 좋은 게 강남의 버스 서비스다. 버스는 어디로나 통한다.

강남의 대로는 의외로 걷는 환경이 괜찮은 편이다. 보도가 넓고 가로수도 서늘하고 건물 앞에 마련된 작은 공간도 썩 괜찮은 데가 많다. 특히 우리 도시에서 처음으로 '도시설계 구역'이 적용된 테헤란로는 높은 건물이 즐비한데도 '공개공지'_{높이 짓는 대신 가로에 작은 공간을 내어주게 하는 제도로 마련된 공간}가 많은 덕분에 널널하고 앉을 만한 데도 꽤 있다. 요즘은 신기한 형태의 건물을 구경하는 재미마저 쏠쏠하다. 사실, 문제는 강남의 슈퍼블록 안에 있다. 자동차와 오토바이와 자전거와 라이더와 사람으로 인해 완전 엉망인 데가 많다. 그래도 아파트 단지가 사방을 담장으로 막고 달랑 게이트 하나만 있는 것에 비하면 기분은 괜찮다. 강남의 슈퍼블록 안에도 걷기 좋은 길이 될 때까지 아직 할 일이 많다.

강남은 이제 다 채워진 것일까? 더 갈 수 있는 데가 있을까? 어디까지 갈 수 있을까? 강남역에 사람이 많다지만, 속된 말로 표현하자면, 나는 아직 배고프다. 강남에 '차 없는 주말'이 생길 정도가 되기를 바란다. 사람들이 꽉 들어찰 정도의 재미와 의미를 갖춘 행사가 길에서 일어나기를 바란다. 그런 행사를 만들어낼 만큼의 앵커 기능이 강남의 오피스 숲에서도 등장하기를 바란다. 기업의 문화 행사든 직장인들의 창발적 아이디어든, '당근마켓'식의 벼룩시장이든 금전적이고 경쟁적인 이미지가 강한 강남이라는 공간에서도 강남 사람들이 사람다운 삶을 즐기는 행사가 얼마든지 가능할 거라 믿는다.

다시 강조하자면, 나는 서울의 세 도심 중에서 강남이 궁극적으로 맨해튼처럼 될 가능성이 가장 높다고 생각한다. 어떻게 보면 맨해튼보다 더 경쟁력이 높을 수도 있다. 땅도 넓거니와 배후 주거가 안정적이고 연계 교통도 막강하다. 문제는 내부 교통인데 궁극적으로는 맨해튼처럼 강력한 주차 규제에 대중교통과 보행 위주로 바뀔 것이다. 맨해튼이 마천루의 숲이나 세계 기업의 정글만은 아니다. 전통적인 타운하우스 동네가 있고, 길이 살아 있고, 문화 활동이 활발하고, AI부터 패션까지 온갖 스타트업 활력이 생생하고, 하물며 벼룩시장도 열린다. 도시로서의 뉴욕 라이프가 생생한 데가 맨해튼이다. 강남이 그리되지 말란 법이 있나? 강남 스타일의 도시 라이프가 생길 법하다.

싸이는 「강남 스타일」에서 강남의 양면성을 솔직하게 인정한다. 돈을 밝히는 속물성과 인정받고자 하는 열망과 품격에 대한 선망과 본능에 대한 탐닉이 섞인다. 강남은 스스로 양면성과 다중성을 인정하고 그 이상으로 나아갈 단계가 된 것 아닐까? 진정한 강남 스타일의 탄생이 기다려지는 단계가 아닐까? 그렇게 보고 싶다. 강남은 나름의 강남 스타일을 만드는 중이다. 사대문 안 스타일과는 다르지만, 스타일은 스타일이다. 건투를 빈다.

여의도라는 희한한 섬

월 스트리트와 맨해튼 사이에서

여의도는 섬이다

여의도에 살아봤던 적은 없다. 다만 마포에 오래 살았고 친정이 있던지라 여의도광장에 자전거 데이트를 하러 자주 갔었다. 광활한 여의도광장을 자전거로 누비는 게 유명한 서울 놀이 중 하나였다. 요즘 여의도에 가는 계제는 주로 방송 때문이다. SBS가 진즉 목동으로 떠났고 MBC는 상암으로 이전해서 KBS만 남았지만, 모든 언론사가 국회에 취재진을 파견하고 있고, 최근에는 유튜브 열풍이 불면서 스튜디오가 많아져서 여의도발 소식을 빠르게 전한다.

국회의원이라는 여의도 임시직으로 몇년을 보내기도 했다.

국회의원이라면 여의도를 속속들이 알 것 같지만 꼭 그렇지도 않다. 국회의원은 아마도 여의도를 '점'과 '점'으로 인식할 확률이 높다. 보좌진들은 여러모로 탐색해야 하니 여의도를 훨씬 더 잘 알 것 같다. 국회의원 대부분은 국회에서 방송사로, 회식하는 식당으로, 축사하는 협회로, 행사공간으로 차를 타고 점에서 점으로 움직인다. 아쉬운 현상이다.

공간을 안다는 뜻은 공간을 점·선·면으로 파악한다는 것이다. 목적지인 점點, 장소뿐 아니라 점과 점을 연결하는 선線, 길을 파악하고, 그 선들이 어떻게 연결되어 하나의 면面, 동네을 이루는지 머리에 그림이 그려지는 상태를 말한다. 이런 점에서 많은 국회의원이 여의도에서 상당한 시간을 보내면서도 정작 여의도라는 공간을 전체적으로 인식하고 있지 않을 확률이 높다. 둔치에 나가보고 순환길을 걸으며 한강 변 공간이 어떻게 다른지도 느껴보고, 국회가 있는 서여의도뿐 아니라 증권가가 있는 동여의도에도 가보고, 시위와 축제에도 참여해보고, 여의도공원과 샛강 생태공원도 걸어보고, 길도 잃어보고 해봐야 공간에 대한 그림이 머릿속에 그려진다. 이런 과정을 통해 공간 애착이 생기는데 이런 감정이 쌓이지 않으면 자칫 뜨내기에 그쳐버린다.

사실 여의도는 잠깐 들르는 뜨내기 같은 성격이 있다. 섬이라서 그런가? 섬이라 부르지는 않지만, 여의도는 분명 섬이다. 이름에 '섬 도島' 자가 있고, 실체적으로 섬이고, 이미지 면에서는 더 섬 같다. 사실 여의도가 섬으로 남게 된 건 기적이다. 밤섬을 폭파해서 나온 암석과 흙으로 제방 공사를 하겠다 마음먹었던 우악스러운 정권이라면 샛강 정도 메우는 건 일도 아니었을 거다. 하지만 한강의 범람이 골칫거리였던 당국은 샛강을 메우다가는 자칫 홍수 흐름이 방해받을 수 있다는 경고에 귀를 기울여서, 샛강은 살아남고 여의도는 섬으로 남게 되었다. 요즘도 한강 수위가 불면 샛강은 물에 잠기고 63빌딩 앞이 가장 먼저 침수된다. 박정희 정권이 날려버렸던 여의도 앞 밤섬은 다시 모래가 쌓여 섬으로 자취를 드러냈으니, 섬의 힘은 세다. 아니, 강의 힘은 세다, 자연의 이치는 세다고 해야 할까?

월 스트리트와 캐피톨 힐의 조합

섬 같은 여의도 이미지는 '잠시 머무른다'라는 이미지 때문일 것이다. 놀러 가든, 일하러 가든, 행사에 참여하든 잠깐 갔다 오는 느낌이 들게 한다. 살 수도 있다는 가능성이 별로 없기 때문이기도 하다. 여의도에 사는 사람은 3만명 정도인데 유동 인구가 평균 20만 정도니, 압도적으로 뜨내기가 많다. 주거 공간은 아파트와 오피스텔밖에 없다. 일반주택 없이 아파트만 있는 데는 여의도가 유일하다. 그만큼 땅이 작기 때문이고, 처음부터 여의도에서 고층 아파트를 데뷔시키겠다는 당국의 의도도 작동했다.

여의도가 어쩐지 특별하다는 인식도 있다. 여의도의 앵커는 크게 두개다. 동여의도는 금융가, 서여의도는 국회다. 비유하자면, 미국의 월 스트리트Wall Street와 캐피톨 힐Capitol Hill이다. 사실 참 이상한 조합이다. 하나는 경제도시 뉴욕 모델이고 다른 하나는 정치도시 워싱턴 D.C 모델이다. 그런데 여의도의 공간 구성은 가운데 5.16 광장여의도광장, 현 여의도공원으로 갈라놓았다. 워낙 공군비행장이 있던 자리였고 전시를 대비해 비상 활주로로 쓰려 했다고 하나, 만약 여의도를 제대로 설계하려 했다면 동서 방향으로 녹지 축을 연결했어야 한다.

사실 여의도는 도시개발사, 도시계획사, 건축사에서 흑역사로 자주 거론한다. 몇가지 이유에서다. 첫째, 밤섬을 폭파해버리고 110일 돌관공사를 했다는 것. 박정희의 명을 받은 김현옥 서울시장이 장마 전에 끝내야 한다며 2월부터 공사를 시작했는데, 백사장이 있던 여의도 주변에 제방을 쌓기 위해 바로 앞에 있는 밤섬에 살던 400여가구를 이주시키고 폭파해서 그 암석과 흙을 가져다 제방 공사를 했다. 1968년, 군사정권이라서 가능했던 돌관공사였다. 김현옥 서울시장은 공사 헬멧을 쓰고 현장에 상주했다니, 시장이 공사감독 역할을 했던 권위주의 시절의 이야기다.

둘째, 당대의 거장 김수근 당시 한국종합기술개발공사 2대 사장이 만든 혁신적인 도시설계 안을 박정희가 단번에 날려버리고 북한에 있을 법한 5.16 광장을 만들라고 지시했다는 것. 김현옥 서울시장은 공사 이전에 김수근에게 안을 받아서 보고했는데, 보행 데크로 자유롭게 사람들이 여의도 전체를 종횡무진 다닐 수 있게 했던 입체적 설계안은 박정희 대통령이 가운데 여의도광장을 만들어 반으로 가르라고 지시하면서 바로 물거품이 되었다. 김수근의 안이 시대적으로 너무 앞섰던 게 아닌가 하는 의문은 차치하더라도, 대통령의 말 한마디로 도시계획을 좌지우지하는 서슬 퍼런 권위주의 시대였음을 보여준다.

셋째, 국회 건물의 상징인 돔과 열주는 정치인들이 추가한 장식품이 되어버렸다는 사실. 설계 공모를 통해 당선된 건축가의 안을 폐기하고 위원회를 통해 다시 안을 만들었는데, 그 안조차 당대의 정치인들이 국회 건축물에는 둥근 돔과 그리스 신전식의 열주가 있어야 한다고 주장해서 결국 원안에 돔과 기둥을 붙인 해괴한 형태의 건물이 되어버렸다(『김진애의 도시 이야기』 다산초당, 2019에 이 사연을 상세하게 썼다). 민주주의의 상징인 국회가 권력의 유치한 안목에 의해서 형태가 결정되었던 웃지 못할 에피소드다.

이런 과정에서 여의도는 결국 땅장사 도시계획이 되었다. 시원하게 도로를 뚫고 땅을 잘라서 아파트 단지와 주요 기관에 매각해서 개발비용을 챙기는 방식이 되어버린 것이다. '한강이 가까운데 무슨 공원이 필요해? 5.16 광장이 센트럴파크 같잖아?' 여겼을지도 모른다.

도시설계 측면에서는 졸속이었지만 기능적으로 여의도는 대성공이었다. 동여의도의 한국거래소와 금융감독원을 앵커로 조성된 금융가는 경제성장과 더불어 번성하면서 월 스트리트 기능을 톡톡히 수행했다. 금융기관이 줄지어 들어섰고 서여의도까지 넘쳐날 정도였다. 63빌딩이 명소로 등장했고 특히 지하철로 다른 도심들과 연결된 2000년대부터 여의도는 핀테크의 폭발적인 입지로 등장했다. 외환위기 이후 효과적 관리를 위해 설립된 IFC국제금융센터가 들어선 후 주상복합과 오피스텔 개발이 잇따랐고 호텔과 복합상업 시설이 확대되면서 명실상부한 금융 중심으로 부상했다.

밉건 곱건 국회는 언제나 정치의 중심 역할을 한다. 물론 국회가 있는 서여의도가 미국 의회가 있는 캐피톨 힐 정도의 사랑을 받은 건 아니다. 워싱턴 D.C의 캐피톨 힐과 그 앞의 내셔널 몰은 의회와 의회도서관, 역사 기념 시설, 문화 시설이 줄지어 서며 국가 기념공간으로 대중적 인기를 구가하는 반면, 여의도 국회는 극히 기능적 역할에 머물렀다. 여의도가 섬인데, 서여의도 코너의 국회마저도 마치 섬처럼 홀로 떠 있는 형국이다. 박정희 정권이 국회의 존재를 못마땅해서 여의도로 쫓아버렸다는 설이 있었는데, 여의도 안에서도 또 주변에서 격리된 형국이다. 국회 내부는 물론이고 국회 영내의 시민 진입도 제한된다.

여의도 주민들은 국회를 치워버리고 싶은 마음이 굴뚝같을 것이다. 땅 주인들은 더할 게다. 국회의 존재 때문에 서여의도는 건물 높이 규제를 받아서 10층 내외의 올망졸망한 건물만 지을 수 있기 때문이다. 국회 앞이니 품격 있는 건물들이리라 기대한다면 전혀 아니다. 설계에 크게 신경 쓰지 않은 임대 건물이 대부분이다. 정당의 당사도 있지만 정치권 인사들이 임시로 쓰는 경우가 많다. 선거철이 되면 '어느 후보가 어느 건물에 선거사무소를 냈다, 누가 이 건물에서 당선돼서 명당이다' 등의 가십성 뉴스가 난무하는 데가 서여의도다. 그야말로 뜨내기 공간이다. 유망 정치인뿐 아니라 정치 지망생, 언론인, 학자, 기업인, 보좌관 등이 '이 어디에선가 국가의 미래를 좌우할 그 어떤 회합을 하고 있을 텐데' 하는 기대에 비해 그만한 공간의 품격을 찾기 어렵다는 건 좀 씁쓸하다.

국회가 아름답게 보였던 빛의 혁명

이러함에도 불구하고 여의도에 전국민의 시선이 쏠렸던 적이 꽤 많다. 여의도광장 덕분이다. 5.16 광장 시절의 군사 열병식, 전국 택시 발대식 같은 상투적인 행사도 있었으나, KBS의 「이산가족을 찾습니다」, 바오로 2세 교황 방한, 김대중 후보의 1987년 유세 등 역사의 순간이 여의도 명장면을 만들어냈다. 최근에는 한강 변의 봄철 벚꽃 축제나 초가을 불꽃 축제가 시민의 눈길을 잡는데, 시대 변화가 실감 난다.

최근 여의도 국회는 다시 한번 전국민의 시선을 강렬하게 사로잡았다. 2024년 12월 3일 밤 당시 윤석열 대통령의 비상계엄 선포에 시민들이 국회 앞으로 달려온 것이었다. 당시 이재명 민주당 대표의 라이브를 듣고 달려온 시민들은 맨몸으로 무장 군인에 맞서고 탱크를 막으며 국회를 지켰고, 결국 그 밤에 국회는 비상계엄 해제를 이루어냈다. 이후 12월 14일까지 칼바람이 부는 국회 앞에 모인 시민들은 수만개의 응원봉을 들고 소녀시대의 「다시 만난 세계」 등을 부르며 윤석열 탄핵 가결의 장면을 이끌었다.

계엄의 밤 이후에 나는 국회 이전에 관한 생각이 꽤 복잡해졌다. 국회 이전계획은 노무현 정부의 행정수도 조성계획과 함께 무산된 적이 있고 최근에는 세종시에 분원 건축이 추진되

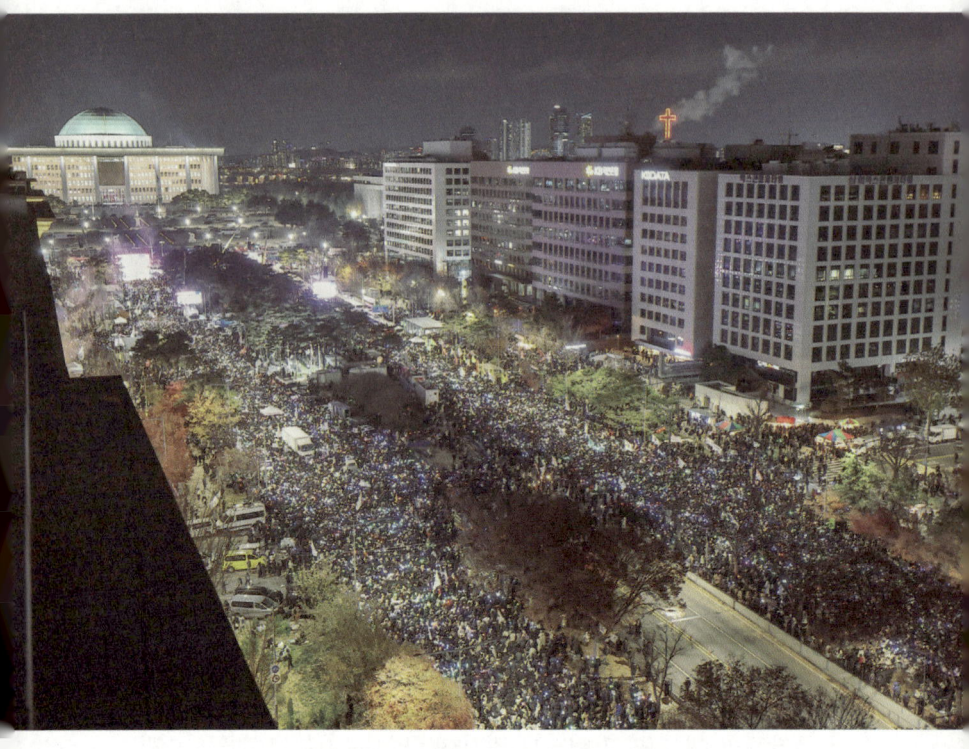

2024년 12월 국회 앞. 빛의 혁명을 이뤄낸 시민들의 행렬이 찬란하다.

는 과정에 있다. 이재명 정부가 궁극적으로 세종시 이전을 고려하고 있는데 개헌 여하에 따라 결정될 것이다. 그런데 이런 생각이 들지 않는가? '만약 국회가 서울에 있지 않았더라면 비상계엄을 막을 수 있었을까? 국회가 여의도에 있지 않았더라면 탄핵 가결을 끌어낼 수 있었을까? 계엄의 밤에 모든 위험을 무릅쓰고 국회 앞으로 달려온 시민들과 탄핵 촉구 집회에 간절하게 모인 시민들이 그렇게 많았던 것은 여의도라는 위치 덕분 아니었을까? 여의도 국회가 겪어온 과거의 아픔이 다가올 비극을 미리 막게 한 게 아닐까?' 형형색색 응원봉이 밝혀진 여의도 장면에서 평소 비판하던 국회 건물이 아름답고 신성하게 보일 정도였다. 국회의 존재에 대한 긍정과 감사의 마음이 절로 우러났다.

YBD 여의도의 미래는 영등포와 불가분

여하하든 여의도의 미래는 계속될 것이다. 현재 동여의도는 아파트 재건축에, 서여의도는 국회 이전에 온통 관심이 쏠린 듯하지만, 여의도의 미래엔 그 이상이 필요하다. 동여의도와 서여의도의 통합적 구성, 여의도공원과 여의대로의 재탄생 등 여러 과제가 있겠으나 여의도의 가장 주요한 과제는 여의도를 진정한 YBD로 만드는 것이다. 즉, 여의도의 Y와 영등포의 Y를 합한 통합 YBD로 거듭나야 함을 말한다.

여의도만으로는 진짜 YBD로 성장하기 쉽지 않다. 여의도는 그 자체로 안정적 배후 주거와 연관 산업을 유치할 땅이 부족하다는 태생적 문제를 안고 있다. 현재 여의도의 일일 유동 인구는 20만, 여의도의 일자리는 28만 정도다. 훨씬 더 성장할 여지가 있다. 준공업지역이 많던 영등포는 최근 초고층 주상복합과 대형 상업·유통 시설이 늘어나고 있는데 소비도시만이 아니라 일자리 도시로 발전될 잠재력을 안고 있다. 여의도와 영등포가 서로 네트워킹되고 기능적으로 일체화될 때, YBD의 미래는 강남 GBD를 추격하고 사대문 안 CBD를 능가할 잠재력을 뽐낼 것이다.

　여의도가 '뜨내기' 같은 성격을 넘어서 핀테크 금융지구로서의 리더십을 드높이고, 외톨이로 떨어진 섬이 아니라 선도적인 도심으로서 진정한 YBD로 재탄생하기를 기대한다. 그렇게 되는 과정에서 여의도는 월 스트리트 정도가 아니라 맨해튼으로 성장할 것을 꿈꾸게 될지도 모른다.

> 월 스트리트와 캐피톨 힐을 섞어 시작한 여의도.
> 여의도는 월 스트리트를 넘어 맨해튼처럼 될까?
> 여의도가 섬으로만 남아 있지 않으려면
> 영등포 Y까지 포함한 YBD로 커가야 할 것이다.

04

'수도권 서울'로 뜀박질하다

자, 이제 서울 밖으로 넘어가보자. 개구리가 폴짝 뛰어오르는 것처럼. 실제로 수도권의 개발은 '개구리 뛰기'(도시계획에서 'leapfrogging'이라는 용어를 쓴다)처럼 이루어졌다. 그린벨트 때문이다. 메트로폴리스 서울의 공간구조를 결정지은 핵심 요인 하나만 딱 꼽으라면 단연 그린벨트다. 이 그린벨트를 뛰어넘을 수단으로 신도시가 등장했다. 옛 한양에 성저십리가 수도권 역할을 했다면, 현재 서울에는 수도권이 있다. 1기, 2기, 3기 신도시만이 아니라 택지개발, 산업단지, 기존 도시의 성장으로 꽉 채워지며 서울특별시 인구 930여만보다 더 많은 1,370여만 인구가 경기도에 산다. 약 300만인 인천광역시까지 합하면 수도권 전체에 2,600만명이 사는 것이다.(2025년 8월 기준, KOSIS, 국가통계포털)[6] 대도시권의 정의를 메트로폴리스, 메갈로폴리스, 또는 메가시티로 하든, 수도권이라는 도시 네트워크는 서로 기대고 도와주고 같이 살아야 하는 운명공동체라는 사실을 직면할 필요가 있다. 수도권 집중화는 앞으로도 계속될까?

그린벨트를 넘어 신도시로 폴짝

산본 내 고향이 신도시가 되다

200만호 건설로 태어난 1기 신도시

내 고향 산본이 1기 신도시에 포함됐다. 1988년 연초에 나는 유학을 마치고 돌아왔다. 그해 9월에 서울올림픽이 성공적으로 치러졌다. 연말에 노태우 정권은 '5년간 주택 2백만호 건설'이라는 희대의 공급 정책과 함께 5개 신도시 건설을 발표했다. 성남시 분당, 고양시 일산, 안양시 평촌, 부천시 중동, 군포시 산본 다섯이었다. 규모에 놀랐고, 속도에 놀랐고, 구체적 신도시 계획에 놀랐고, 무엇보다도 내 고향이 신도시에 포함됐다는 사실에 놀라고 말았다. 당시 나는 대한주택공사 주택연구소에서 일하고 있었는데 우리 연구소가 맡을 신도시가 어디가 될지 예의 주시했다. 국토부와 관련 기관들이 모여서 정했다는데 산본을 맡게 되어서 또 한번 놀랐다. 조상의 터전을 신도시로 설계하는 일을 내 손으로 하게 된다니 이런 걸 두고 운명의 장난이라고 해야 하나?

1988년에 집권한 노태우 정권은 피 말리는 4파전(노태우, 김대중, 김영삼, 김종필 후보)에서 36.64퍼센트라는 낮은 득표율로 신승하면서 국민 지지를 올리기 위해 전방위 정책을 펼쳤다. 올림픽 성공만으로는 부족했다. 직면한 문제가 전세대란으로 일컬어지는 주택난이었다. 200만호 건설은 충격요법이었고 이외에도 토지공개념 제도를 도입해서 땅 투기 불로소득에 철퇴를 가하고, 공공임대주택 공급을 본격 추진하는 주택 복지정책으로 민심을 얻고자 했다. 이전과 상당히 다른 진보적 정책으로 나름 효과를 거두었다.

그런데 정말 그 200만호는 실제로 건설되었을까? 궁금하지 않은가? 연간 40만호 건설이 가능했을까? 실제로 달성했다. 그것도 1년이나 앞당겼다. 신도시가 그렇게 컸던가? 그건 아니다. 신도시로 공급한 주택은 30만호 남짓했고, 서울의 수서, 대치, 우면, 가양지구 등 개발로 60여만을 채웠지만, 실제 200만호의 절반 이상을 다가구·다세대 주택이 채웠다. 코끼리 군단보다 개미 군단의 역할이 주택 문제를 해소하는 데 더 기여도가 높았던 거다.

5년간 200만 호라는 어마어마한 목표를 추진하는 과정에서 상당한 부작용이 있던 것은 두말할 필요가 없다. 시민 입장으로는 '해사바다 모래를 사용한 콘크리트 구조물에 대한 안전이 가장 우려되는 문제였다. 대량 공급에 따른 자재난뿐 아니라 인력 공급도 문제가 되어 이후 공사비 급등 문제를 낳기도 했다. 다른 한편, 단기간에 대량으로 지어진 다가구·다세대 주택 개발이 도시 확산을 부추기고 반지하 주택, 옥탑방 등 품질 문제를 낳기도 했다.

신도시 자체는 성공했을까? 1기 신도시는 성공하지 않으려야 않을 수 없었다. 정부의 대대적인 지원에 힘입어 도로와 지하철, 학교 시설 등 인프라 투자가 빨랐고 분양도 잘됐고 입주가 안정적인 만큼 도시 기능도 빠르게 정착되었고 주변 도시 개발을 촉진하는 역할을 하기도 했다. 직접 살아보지는 못했지만, 산본과 평촌에는 친척과 지인들이, 분당과 일산에는 시댁과 친정 가족들이, 중동에는 동료들이 살아와서 지난 30년 동안 그 변천 역사를 관찰할 수 있었는데, 객관적 지표뿐 아니라 생활 만족도 역시 상당히 높다.

그중에서도 7만 호로 규모가 가장 큰 분당은 강남과의 인접성, 교통 편리성, 풍부한 주변 일자리, 다양한 편의 시설, 아파트값 상승 등을 누리면서 '천당 아래 분당'이라는 별명을 얻을 정도였다. 일산은 서울과 멀다는 이유로 초기에 고전했지만, 후에 상암 DMC, 은평 뉴타운, 파주신도시와 고양시의 후속 개발이 이루어지면서 환경 좋은 신도시라는 명성을 얻었고, 특히 일산 호수공원은 수도권의 명소로 자리했다. 평촌은 제2청사를 수용하며 최초의 신도시라 불렸던 과천시와 안양시 업무지역과 연계되었고, 중동은 인천과의 연결성을 활용하며 부천시의 새로운 도심으로 부상하면서 도시활력을 만드는 데 성공했다.

내 고향 산본신도시를 설계하다

산본신도시를 각별한 애정으로 지켜봤다. 어린 시절의 추억이 곳곳에 있는 곳이다. 산본 할머니 댁에 방학 때마다 놀러 갔다. 혼자서 시외버스를 타고 안양을 지나 국도에서 내려 10리 길을 걸어들어가곤 했다. 서낭당 고개, 밤나무골, 마을 교회 앞 옹달샘을 지나 할머니 댁 마당에 찾아 들어갔던 모험 가득한 여행길로 기억한다.

신도시 설계에 본격적으로 돌입하기 전에 가족들과 함께 산본에 갔었다. 할머니 할아버지는 오래전에 세상을 떠나셨지만 할머니 댁은 온전히 보전되고 있었다. 도랑 치고 가재 잡던 개울은 다 말라버렸지만, 입을 끔벅끔벅하는 모양이라고 어린 시절에 '붕어산'이라고 불렀던 수리산은 여전히 아름다웠다. 산본신도시는 수리산에 기대서 만들어진 도시고, 나는 설계하면서 '복숭아꽃 살구꽃' 노래를 흥얼거리곤 했다.

어릴 적에 군포軍浦, 산본山本이라는 이름을 이상하게 여겼었다. '이 내륙에 웬 포구? 여기가 군 요충지였나? 더구나 산본이라니, 일제강점기 때 지어진 이름인가?' 이제는 확인된 사항인데, 안양천에 연결된 '군포천'이란 이름과 '산본리'라는 지명이 조선시대부터 있었다고 한다. 산본이 '야마모토'라는 일본 이름을 연상시켜서 생긴 오해인데, 산본은 산저山低와 마찬가지로 산 아래를 지칭하는 우리말이다. 군포천에 배가 다녔다는 건 꽤 신기한 일인데, 예전엔 안양천에 심심찮게 배가 다녔다고 한다. '군'軍에 대해서는 해석이 분분한데, 군 요충지가 있었는지도 모른다. 지명의 유래는 꽤 중요하다. 오해를 푼 나도 군포, 산본이라는 이름에 더 애착을 갖고 주변에 이야기하게 되었으니 말이다. '수리산'이라는 이름의 유래가 독수리가 날개를 펼친 산봉우리 모양 때문이라는 건, 예전부터 내려온 이야기다.

산본신도시의 설계는 다른 신도시들에 비해 세가지 특징이 두드러진다. 첫째는 걷기 좋은 도시라는 평을 자주 받는데, 그

근본적 이유는 블록의 크기가 작아서 그렇다. 일산과 분당은 특히 블록 크기가 커서 일부 구역 외에는 차 중심 도시라는 인상이 강하다.

둘째는 숲세권 도시라는 평을 들을 정도로 곳곳에 푸르름이 이어지는데, 수리산 자락을 이은 설계가 바탕이 되어서 그렇다. 신도시가 생기고 10여년 지나니까 벌써 나무 그늘이 풍성한 도시로 떠오른 게 아주 기분 좋았다.

셋째는 도시 전체가 한눈에 잡히는 듯한 기분 좋은 중심성이 있는 도시라는 평을 듣는다는 것이다. 중심지구와 중앙공원의 중심성이 뚜렷하거니와 이 공간에 서면, 마치 수리산을 배경으로 서 있는 아파트들을 호령하는 느낌이 든다. 한 정치인은 이 기분 좋음을 이렇게 표현했다. "여기에서 유세하면 내 목소리가 시민 모두에게 닿을 듯한 느낌이 든다." 산본역에서 내려 중심지구와 중앙공원을 거쳐 집에 가는 길에 주민들이 도시와 내가 하나가 되는 느낌을 받기를 바라는 바다.

이런 설계가 된 데에는 세가지 근본적인 이유가 있다. 첫째는 수리산 자락에 자리한 덕분이다. 이 자연적 특징을 매력적으로 살리기 위해서 공원과 산책길과 일반 길과 보행로와 가로와 가로수 등 여러 설계 장치를 고민해야 했다. 둘째는 산본 신도시를 조성한 주체가 직접 주택을 지어서 분양과 임대를

수리산 자락 아래 내 고향 산본신도시

하는 대한주택공사였기 때문이라는 근본 이유도 있다. 다른 신도시들이 당시의 토지개발공사에 의해서 개발되었고, 토지개발공사는 부지를 분양하는 데 중점을 둔다. 아파트 개발업자들은 대형 부지를 선호하니까 블록이 커지는 경향이 있고, 도시개발자는 최종적인 도시의 삶보다는 토지 분양의 유리함에 더 신경 쓰는 경향이 있다. 반면에 대한주택공사는 직접 집을 지어서 분양도 하고 임대주택 관리도 하므로 설계 단계부터 사람들이 들어와 살 삶을 고민하며 정교한 도시설계를 하기 위해 노력하게 되는 것이다. 셋째는 산본이라는 도시가 상대적으로 규모가 작고 중산층을 대상으로 한 중소규모 아파트들이 대부분이기 때문이다. 살기 좋은 도시라는 기대치를 올리는 게 절대적으로 필요했다.

뒷이야기 하나가 있다. 지하철 4호선의 연장이다. 산본신도시의 주민들과 안산시의 주민들을 만나면 내가 은근히 자랑하는 사안이다. 지하철 4호선이 들어오지 않았으면 산본의 외진 성격을 극복하기 어려웠을 뿐 아니라 안산 역시 도시활력을 찾기 어려웠을 것이다. 당연한 듯 보이지만, 당시의 국토부는 인프라 조성 비용이 커진다는 이유로 대한주택공사의 계획 제안에 난색을 지었다. '대한주택공사는 집이나 짓지, 무슨 지하철 연장 제안을 하냐?' 하는 편견이 무성했을 시절이었다.

잠깐 도시설계의 성격을 설명해본다. 도시설계는 건축설계나 공간설계와는 꽤 접근 방식이 다르다. 건축설계나 공간설계란 구체적으로 기능과 형태와 세부까지 하나하나 디자인하는 작업이지만, 도시설계는 구체적 형태 디자인이 아니라 '틀 디자인·룰 디자인'이다. 도시를 조성하는 데 역할을 하는 수많은 행위자, 즉 교통, 교육, 복지, 서비스, 건축, 상인, 시민들이 일정하게 룰을 지키면서 자신의 행위를 하면서도 서로 조화롭게 큰 그림을 만드는 틀을 설계해놓는 것이 도시설계의 역할이다. 좋은 도시설계라면 명쾌한 룰을 만들되 각 행위자의 표현의 자유를 지나치게 억압하지 않고, 좋은 건축설계와 공간설계라면 룰을 지키면서도 근사한 최종 디자인을 구체화하여 전체적인 그림을 완성하는 것이다. 말로 하면 간단한데, 실제로는 참 쉽지 않다. 너무 지나치게 룰을 정해놓으면 표현의 자유가 억제되고, 너무 느슨하면 전체가 엉망이 되어버린다. 도로의 선 하나, 블록의 크기, 녹지의 위치, 가로수의 간격과 종류, 보행로의 선형, 필지의 크기, 지하철역의 위치와 출입구의 배치, 상업과 주거 기능의 배치와 혼합 여부, 건물 출입구와 주차 출입구의 지정, 건물의 높이, 건물의 벽 선, 길과 만나는 1층 부위의 설계, 공개공지, 담장과 대문의 위치와 형태 등.

  도시설계 작업은 겉모습만 설계하는 건 아니다. 도시를 이루는 근본적인 도시기능의 틀을 잘 설계해야 한다. 도시의 기능적 용량을 정하기 위한 인구 규모와 인구 구성, 주택 수와 주택 규모, 일자리 수, 대중교통 용량, 소요 주차장, 필요 학교 시설과 복지 수요, 상·하수도 용량 확보, 통신·설비·전력 등 인프라 계획, 안전 계획, 자연재해 대비 등, 눈에 보이지 않지만 도시경영의 기본이 되는 중요한 기능 계획을 다루는 것이다. 이 기본 인프라가 흐트러지면 여러가지 문제가 생기는 것은 두말할 필요가 없다.

산본신도시는 수리산 밑 포근한 지역에 자리를 잡으며 규모가 작고 위치적으로 외진 편이라 다른 신도시들에 비해서 집값은 크게 오르지 않았지만, 오히려 그래서인지 산본에는 뿌리를 박고 사는 주민들이 꽤 많다. 신도시 개발과 함께 시로 승격한 군포시는 인구 27여만의 크지 않은 도시면서도 살고 싶은 도시로 자주 꼽힌다. 피겨 스케이팅을 하는 김연아 선수가 수리고등학교를 나왔다는 뉴스에 나도 괜히 뿌듯해했고, 언론인 고 리영희 선생이 초기 주민으로 입주하여 작고하실 때까지 사시며 애틋한 사랑을 표하셨다. 무엇보다 산본이 고향이었던 아버지가 매일 지하철로 가서 중심지구에서 점심을 드시고 산책하다가 집에 돌아오는 걸 일과로 삼으며 설계를 잘했다고 칭찬하셔서 나는 보람찼다. 군포시는 '책 읽는 도시'라는 브랜드를 강조하는데, 학생 자녀를 가진 가족과 젊은 직장인들이 많이 사는 젊은 도시이자, 눌러사는 사람들이 많은 실버 도시이기도 하다.

15년 후에야 2기 신도시

그렇게 1기 신도시가 성공했으면 인구 증가세가 가팔랐던 수도권에서 후속 신도시가 더 등장했을 듯도 싶은데 정작 2기 신도시가 등장한 것은 15년 후 2003년 노무현 정부가 되어서다. 왜 그랬을까? 여기에 신도시 추진의 딜레마가 있다.

신도시는 공영개발이다. 공공기관이 법에 근거해서 토지를 수용하여 체계적으로 계획할 수 있다는 이점이 있으나 행정력뿐 아니라 상당한 자금이 소요된다. 토지 수용과 인프라 조성에 드는 비용은 점점 더 커진다. 토지 수용에 대한 주민 저항도 상당해서 분쟁이 길어지며 사업 기간이 왕왕 늘어진다. 사실 정부는 1기 신도시를 추진하면서 그야말로 진을 뺐다. 그래서인지 이후에는 일종의 방임주의 노선이랄까, 민간의 택지개발에 의존했던 셈이다. 민간개발이 훨씬 더 손쉽거니와 지자체가 자체적으로 개발 인허가를 결정하는 것을 선호하기도 했다. 개발에 따라 지자체의 세입이 좌우되니 경쟁적으로 허가를 내줬던 것도 사실이다.

그래서 벌어졌던 것이 난개발이다. 수도권 곳곳, 특히 용인, 시흥 등 수요가 많은 남쪽 지역에 민간개발을 통해 아파트 단지를 덧대고 또 덧대는 방식으로 펼쳐지는 난개발의 문제가 심각해졌다. 수도권 도시 대다수의 개발 확장이 이런 식으로 이루어졌고, 눈살을 찌푸리게 하는 경관 문제와 환경오염 문제뿐 아니라 인프라 부족 문제로 교통 문제와 교육 문제도 심각해졌다.

2기 신도시는 이런 맥락에서 추진됐다. 집값 급등 억지를 최 우선 순위로 꼽았던 노무현 정부의 선택이었다. 1기 신도시와 는 다른 몇가지 특징이 있다. 첫째, 서울과 멀어졌다. 1기 신도 시가 수도권 제1순환고속도로 부근이었다면, 2기 신도시는 제 2순환고속도로 근처에, 또 충청권에도 설정됐다. 둘째, 숫자가 훨씬 더 늘었다. 수도권 10곳, 아산과 대전의 2곳, 총 12곳이었 다. 수도권 10개 신도시는 성남 판교신도시, 화성 동탄1신도시 와 동탄2신도시, 김포 한강신도시, 파주 운정신도시, 수원과 용 인에 걸친 광교신도시, 송파구와 성남과 하남에 걸쳐 있는 위 례신도시, 양주의 양주신도시, 인천 검단신도시, 평택 고덕국 제신도시다. 셋째, 자족 기능을 보강했다. 신도시 안에 산업 기 능을 상당히 배치하기도 했거니와 주변 개발과의 연계를 강화 했다. 1기 신도시가 주로 베드타운이 되었다는 데 대한 자성이 기도 하다.

경기 부침에 따라 1기보다 훨씬 더 시간이 걸렸지만 2기 신 도시의 상당수가 성공작이었다 볼 만하다. 특히 판교신도시와 동탄신도시는 일자리 거점으로 등장하기까지 했고, 광교신도 시는 수원의 새 중심지로 부상하고, 운정신도시는 파주시의 개 발을 촉진하고, 한강신도시는 김포의 거점으로 등장하고, 위례 신도시는 서울에 가장 가까운 위치로 인기가 높고, 고덕국제신도시는 평택 미군기지의 배후도시 역할을 톡톡히 했다. 물론 명암은 있다. 위치에 따라 개발이 부진하거나 택지 분양이 미달하기도 하였으나 2020년대에 들어와서 대부분 완료되었다. 문제는 남아 있다. 아파트 공급은 활발하나 산업 유치와 일자리 창출에는 한계가 있어서 여전히 베드타운 성격을 띠는 신도시가 꽤 된다.

3기 신도시, 다시 15년 후

그렇다면 3기 신도시는 또 있었을까? 다시 15년 후 2018년 문재인 정부에 들어와서다. 3기 신도시 계획의 목적은 아주 구체적으로 서울 집값 잡기에 집중되면서 2기 신도시와 다른 특징을 띤다. 첫째, 서울과의 거리가 오히려 더 가까워졌다. 약 2킬로미터 떨어진 지역에 지정됐다. 둘째, 신도시급은 5개지만 중규모 택지도 과천 등에 37곳이 지정되었다. 남양주 왕숙신도시, 하남 교산신도시, 인천 계양신도시, 고양 창릉신도시, 부천 대장신도시 다섯 신도시다. 셋째, 택지개발촉진법(2024년 폐지)이 아니라 공공주택특별법에 의거해서 추진된 첫 신도시라서 공공기관뿐 아니라 지자체와 민간사업자도 개발에 나설 수 있게 됐다. 그만큼 낮은 가격으로 가까운 곳에 빨리 공급해서 서울 집값을 잡겠다는 의지가 반영된 것이다.

수도권 신도시 개발 현황

   3기 신도시 발표 초기에 서울에 가까운 위치에 계획된 고양 창릉신도시에 대해서 아직 자리 잡지 못한 2기 신도시 주민이나 기존 일산 주민들의 반발이 상당했다. 그만큼 집값에 미치는 영향, 교통 혼잡에 관한 관심이 지대하다는 뜻이고, 그만큼 수도권의 신도시 개발 역학이 점점 더 복잡해진다는 뜻이기도 하다. 3기 신도시가 수도권에 상당한 물량을 쏟아낼 것이라는 기대가 있었으나 부동산 경기 침체 사이클과 맞물리면서 윤석열 정권 동안 추진 경과는 그리 원활치 못했다. 이런 한계에도 불구하고 2025년 현재 진행형으로 대기하고 있다.

앞으로 신도시의 미래는

이제 수도권 신도시의 미래는 어떻게 될까? 1988년 1기 신도시가 시작해서 2003년 15년 만에 2기, 다시 2018년 15년 만에 3기까지 무려 30년이 되었다. 아이러니라고 할까? 3기 신도시 계획 시점이 되자 1기 신도시의 재건축 이슈가 등장했다. 서울의 아파트 재건축 붐이 신도시로 옮겨 간 것이다. 재건축에 대한 공공지원 압력이 거세지면서 결국 2024년 윤석열 정부에서 '노후계획도시 정비 및 지원에 관한 특별법'이 제정되기에 이르렀다. 그동안 리모델링을 거론하던 단지들이 재건축으로 방향을 틀고 선도지구가 선정되기도 하였지만, 미래는 불투명하다. 이런 상황에서 4기 신도시에 대한 기대도 일부에서 꿈틀거린다. 신축 택지는 고갈되고 아파트 수요는 있고 재건축은 건축비 상승 등의 문제로 시간이 걸리니, 또다시 거론되는 것이다. 과연 4기 신도시가 등장할까? 딜레마다.

큰 그림을 보자. 신도시가 개발되는 30년 동안 서울과 수도권에서는 어떤 일이 벌어졌을까? 1990년과 2024년 사이에 서울시 인구는 10,612,577명에서 9,331,828명으로 약 128만명이 감소했다. 경기도 인구는 6,155,632명에서 13,694,685명으로 무려 753만명가량이 증가하였고, 인천시 역시 같은 기간 1,817,919명에서 3,021,010명으로 약 120만명이 증가했다.[7] 서울 인구가 줄어드는 대신에 수도권은 엄청나게 늘었다. 서울의 주택 공급이 한계를 드러내는 사이에 수도권은 신도시에 품질 좋고 가격 낮은 새 주택을 엄청나게 공급한 결과다. 수도권의 일자리 역시 늘었다. 수도권 인구 증가의 20퍼센트가 서울에서의 전출 인구라면 80퍼센트가 순증가다. 2019년을 기해서 수도권의 인구는 대한민국 전체 인구의 과반이 넘었다.

수도권 공화국은 현실이다. 국토의 12퍼센트에 전국민의 50.7퍼센트가 산다. 일자리의 58.5퍼센트가 있고 전체 국내총생산(GDP)의 52.5퍼센트를 점한다.[8] 수도권은 급팽창기는 지났지만, 여전히 인구 집중, 경제 집중, 일자리 집중이 극에 달한 것이다. 수도권 집중화로 유명한 영국이나 프랑스의 25퍼센트가량, 일본의 약 35퍼센트에 비해서도 극심하다. 그동안 세종시와 공공기관 지방 이전으로 균형개발과 지역 분권 등을 추진해왔는데도 수도권 집중화는 오히려 더 심해졌다.

이 수도권 집중화 추세가 앞으로 어떻게 될까? 대한민국 전체 인구의 감소에 대한 예측은 이미 나와 있다. 수도권도 인구

소멸의 위험에서 완전히 벗어나 있는 것도 아니다. 우리보다 20여 년 일찍 시작한 일본의 수도권 신도시들이 이미 겪고 있는 것처럼, 우리의 신도시도 공동화空洞化 현상과 인구 감소와 빈집 증가를 겪지 말라는 법도 없다. 아직은 버틸 만하다. 그러나 미래를 냉정하게 내다봐야 할 시점인 것 또한 현실이다. 어떤 전기가 찾아올까? 팽창기를 지나 축소기를 맞을까?

> 내 고향 산본까지 포함하며 신도시 개발로 몸집을 불린 수도권.
> 1기 신도시 5개, 2기 신도시 12개, 3기 신도시 5개 등.
> 30년이 지난 지금, 수도권 팽창기는 절정에 달하고 있다.
> 전환의 계기는 어떤 모습으로 올까?

이미 메가시티 서울

메트로폴리탄 리더십의 미래

'메가 서울'이라는 헛된 공약

최근 우리 사회를 흔들었던 도시 이슈는 김포시를 서울로 편입해서 '메가 서울'을 만들겠다는, 당시 여당의 2024년 총선 공약이었다. 여러 홍보가 진행되고 언론이 장단점을 따지며 이슈화하는 것을 보며 실소를 금치 못했다. 이미 메가시티인 서울에 갑자기 '메가 서울'이라는 이슈를 띄우는 이유가 선거용임을 모를 사람은 없었다.

당장은 김포시가 거론됐으나, 서울에 연접한 광명, 부천, 과천, 하남, 구리 등 상대적으로 크지 않은 도시뿐 아니라 규모가 꽤 큰 고양, 성남, 안양까지도 편입 대상으로 거론되었다. 서울에 편입되면 집값 상승을 기대할 수 있고 서울 사람이 된다는 이익까지 거론하며 욕망을 건드려 총선의 판도를 흔들려는 것이었다. 이 공약을 제기했던 당시 여당은 오세훈 서울시장을 동원하며 공론화하려 들었지만 금방 속셈에 대한 의문들이 제기됐다. '아니 왜 서울과 꼬투리만 살짝 맞닿아 있는 김포시를 편입하려 드나? 편입해서 서울에 설치하기 어려운 이른바 혐오 시설을 손쉽게 설치하려는 거 아닌가? 서울의 일개 구가 된다면 나름 자치 도시로서의 도시계획이나 개발에서 자율권을 잃는 것 아닌가? 서울의 변방 구가 되어 좋은 점이 과연 무엇인가?' 등의 반발은 그중 일부다.

진지한 문제 제기도 있었다. '서울은 이미 메가시티이고, 수도권까지 포함해서 거대한 메가시티로 작동하고 있고, 인천이라는 거대도시, 수원, 용인 등 인구 100만 이상 도시와 연결된 메갈로폴리스이기도 한데 왜 행정구역을 넓혀야 하느냐? 서울의 행정구역을 넓힌다고 서울의 문제가 나아지나? 수도권 집중의 폐해가 심각하고 지방 소멸의 문제가 심각해지며 지방의 메가시티를 촉진해야 하는 시대인데, 왜 메가 서울이냐?' 등이 대표적인 이슈였다.

메가 서울 공약에 대한 반응이 미지근하면서 결국 없던 일이 됐지만, 이런 일은 언제나 또 일어날 수 있다. 정책 결정이

객관적 분석과 합리적 과정으로만 이루어지지는 않기 때문이다. 때로는 정치적 이해에 따라, 때로는 경제적 이권과 셈법에 따라, 때로는 결정권자의 독단으로 좌우되기도 한다. 공론화, 언론 지형, 주민투표 등 민주적 의사결정 과정이 부족할수록 문제가 커질 수 있다.

우리의 수도권 공간구조를 결정하는 데에 큰 영향을 미쳤고, 미치고 있으며, 미치게 될 주요 정책의 결정에도 이런 문제가 발생해왔고 또 앞으로도 발생할 수 있다. '그린벨트, GTX, 수도권 행정체제' 세가지 이슈를 들여다보면서 '더 큰 서울의 메트로폴리탄 리더십'에 대해 생각해보자.

그린벨트는 만병통치일까?

첫째, 그린벨트. 수도권 공간구조를 규정지은 변수를 하나만 꼽으라면 단연 그린벨트다. 그린벨트로 인해 수도권의 개발 방향, 신도시 위치, 교통구조가 결정되었다고 해도 과언이 아니다. 도시계획이란 이래저래 비판받는 운명을 피할 길이 없지만 그린벨트만은 예외적으로 대체로 예찬하는 제도다. 도시의 무차별 확산 방지 효과, 녹지와 물과 생물 다양성을 보호하는 생태계 유지 효과, 열섬과 미세먼지를 완화하는 순수한 환경 효과를 기대하기 때문이다.

그런데 우리의 그린벨트가 이런 순수 효과를 위해서만 도입됐을까? 1971년에 서울에 처음 도입된 그린벨트는 다음 해 더 크게 확장 지정됐다. 서울 인구 유입이 폭증하고 도시 주변 점거가 극심해서 관리가 필요했다는 이유다. 그런데 속사정은, 강남 개발 예정지로의 자금 유입을 꾀하려는 의도가 작용했다. 1960년대 중반에 강남 개발을 계획한 박정희 정권은 강남의 토지 매각을 통해 경부고속도로 건설 자금을 조달하려 했다. 그런데 앞에서 강남의 초기 개발 상황을 설명했던 바와 같이 강남의 초기 개발은 지지부진했고 당최 열기가 오르지 않았다. 바로 그때 그린벨트 개발제한구역을 지정함으로써 강남의 개발 잠재력을 부각했고 효과적으로 강남 토지 매각을 추진할 수 있었다.

박정희 정권은 서울뿐 아니라 13개의 지방도시 주변에도 그린벨트를 지정했는데, 도시계획의 만병통치약으로 삼았던 게 아닌가 싶다. 권위주의 시대여서 가능했던 조치다. 그린벨트 원조 국가 영국에서는 그린벨트 토지를 국가가 매입해서 공공자원으로 관리해왔으나 박정희 정권은 그렇게 하지 않았다. 그린벨트는 지정 당시에도 선진적인 제도라며 호평을 얻었고, 그 이후에도 꾸준하게 박정희 정권의 긍정적 유산이라는 평가를 받아왔다.

1기 신도시 개발을 위해서 노태우 정부가 일부 해제하는 외에는 신성시되기까지 했던 그린벨트를 대대적으로 해제한 것은 김대중 정부에 와서다. 환경보전에 훨씬 더 민감하다고 알려진 진보적 정권이 지방도시 육성과 주택 공급을 표방하면서 지방도시의 그린벨트를 전면 해제하고 광역도시권의 그린벨트도 상당히 조정했다. 이후 노무현 정부의 2기 신도시, 이명박 정부의 보금자리 주택, 박근혜 정부의 행복주택, 문재인 정부의 3기 신도시 등 주로 주택개발을 위해 그린벨트를 풀었고, 윤석열 정부는 산업단지 지정을 위해 남아 있는 지방도시의 그린벨트를 대거 해제하고, 주택개발을 위해 서울 경계 내 해제를 추진했다.

그린벨트 자체의 효용성에 대해서 상당한 문제 제기가 있는 것도 사실이다. 첫째, 사유재산권 침해 문제. 이에 대해서는 1998년에 헌법불합치 판결이 있기도 했다.[9] 둘째, 환경보전의 실효성 문제. 지정만 하고 실제로는 비닐하우스로 덮이고 녹지 없는 그린벨트로 방치되는 것 아니냐 하는 문제 제기다. 셋째, 도시 구조를 왜곡하는 문제. 이른바 도시개발의 비지飛地, leapfrogging 개발로 인해 생기는 각종 비효율성이다.

그린벨트는 서울의 확산을 억지하는 효과는 일정 부분 거뒀으나 수도권 집중을 막지는 못했다. 오히려 수도권은 넓어지고 서울과의 거리는 자꾸 멀어졌다. 그린벨트를 피해서 멀어진 신도시들이 새로운 거점으로 등장하면서 서울과의 연결을 강화하려는 도로나 철도 등 교통 시설 투자를 불러오게 되었으니 도시 운영 측면에서 바람직한 건지에 대한 의문도 제기된다.

만약 그린벨트가 없었더라면, 적어도 그린벨트를 그렇게 도넛 모양으로 단번에 만들지 않고 수도권의 개발 축에 따라 쐐기처럼, 나뭇가지처럼 만들었으면 어땠을까? 그렇게 했더라면 적어도 비생산적인 비지 개발이 일어나지는 않았을 거다. 그렇게 했더라면 쓸 만한 녹지가 서울과 수도권을 엮으며 환경 효과가 높은 그린 네트워크를 만들 수 있었을 것이다. 지형상 산지가 많아서 녹지율은 높지만, 실질적 녹지율 즉, 생활에 가까운 녹지가 부족한 서울의 공간구조가 크게 달라질 수도 있었을 것이다.

GTX가 최선일까?

둘째, GTX. 최근 개발 기대를 높이는 수도권의 광역급행철도를 일컫는 말이다. 수도권 주요 거점과 서울 주요 거점을 최대한 직통으로 연결하는 광역급행철도는 지하철보다 더 깊은 대심도에 설치되며 지하철보다 최소 두배 더 빠르다. 첫 GTX-A 노선이 최근 부분 개통했다. 북쪽으로는 파주 운정신도시부터 서울역까지, 남쪽으로는 동탄신도시와 수서역까지 연결했고, 서울역과 수서역이 연결되는 2028년이 되어야 전체 노선이 완성된다. A노선 외에도 동서로 인천과 춘천을 연결하는 B노선을 착공했고 동두천과 아산까지 연결하는 C노선은 사업성과 민원 등의 문제로 인하여 진행이 늦어지고 있다. 만약 GTX가 계획대로 여섯개의 서울 관통 노선과 한개의 순환 노선까지 총 일곱개의 노선이 완성된다면 지하철 체계와 완전히 다른 광역급행철도 체계가 만들어지는 건데, 어떤 수도권 그림이 생길지 기대와 우려가 교차한다.

 1974년 1호선이 개통한 이래, 지난 반세기 동안 서울과 수도권을 촘촘하게 엮는 교통체계로 발전해온 지하철 시스템은 세계 최고급 수준이라 해도 좋다. 편차가 있지만 지하철은 이제 서울 모든 권역에 닿고 전철로 수도권 곳곳으로 연결된다. 인천국제공항과 연결되는 직통 급행 노선까지 생겼다. 안전하고 촘촘하고 정확하게 24개 지하철-전철 노선이 운영되면서 서울은 비로소 거대도시의 운영체계를 갖춘 것이다. 버스로 이어지는 도시와 지하철로 이어지는 도시는 속도 자체가 다르다. 그런데 서울은 지하철 체계의 모든 잠재력을 다 활용하고 있지 못하다는 게 내 판단이다. 이런 상황에서 광역급행철도가 도입되면 어떻게 될까?

광역급행철도 도입의 문제점은 네가지다. 첫째, 서울 중심성을 강화한다. 당장은 수도권 주민들의 통근 편이성을 높이니 좋아 보이지만 그로 인해 궁극적으로 경제적 이익을 보는 데는 서울이다. 고속철 개통이 수도권을 강화하는 현상과 비슷하다. 둘째, 수도권의 베드타운화, 서울의 도심공동화가 가속된다. 일자리는 서울에, 주택은 수도권으로 집중되는 것이다. 이런 현상이 보편화될수록 도시경영의 효율성은 떨어진다. 셋째, 수도권에서도 광역급행철도 역을 따라 점(點)적으로 집중되는 개발 패턴이 생긴다. 광역급행철도 역 주변은 물론 환승역 주변에 대형개발이 집중되며 다른 도시지역의 활력을 빨아들인다. 넷째, 거리는 멀어지고 비용은 점점 더 상승한다. 수도권은 점점 더 커지고 결국 비생산성이 악화하는 위험이 커진다.

광역급행철도의 명암은 뚜렷하다. 광역급행철도를 이미 도입한 파리와 런던의 사례를 보더라도 신중할 필요가 있다. 광역급행철도의 가장 큰 수혜 지역은 환승역이 생기거나 대형개발이 일어나는 곳, 예컨대 서울역이나 삼성역, 수서역, 외곽의 킨텍스역 같은 곳이다. 메가 개발이 몰리고 모든 개발 여력을 빨아들이게 될 가능성이 높다. 이런 미래 도시개발 패턴이 최선일까? 과연 광역급행철도의 전면 도입이 최선이기만 할까?

행정구역 개편인가? 광역적 리더십인가?

셋째, 2024년 '메가 서울'로 촉발된 서울과 수도권의 행정구역 개편이라는 이슈다. 사실 행정구역 개편은 수시로 제기되어왔다. 1990년대에는 서울의 권력집중을 분산하기 위해서 서울을 7개의 자치 시로 개편하자는 안이 거론된 적도 있고, 경기도를 '경기북도'와 '경기남도'로 분도하여 각기 특색에 맞는 개발 방향을 정해 투자를 유치하자는 제안도 있고, 경기도의 작은 자치 시들을 묶어서 100만 이상의 도시로 만들어 자족성을 높이자는 안도 거론되고(예컨대 의왕·군포의 합병이 아이디어 차원에서 거론되는 등), 2024년 총선 때의 '메가 서울' 공약처럼 서울 인근 자치 시를 서울에 편입하자는 선거용 제안도 있다.

그러나 실제로 행정체제 개편은 수도권보다 지방도시에 대해서 더 자주 제기된다. 수도권과 지방의 양극화가 심해지고 지방도시의 경쟁력이 떨어지자, 덩치를 키워서 규모 경쟁력을 확보하자는 취지에서다. 광역경제권의 필요성은 지방 분권과 균형발전을 제기했던 노무현 정부 때부터 제기되었고 혁신도시 등의 정책도 시행되었으나 도대체 격차가 줄어들지 않고 지방 소멸 현상이 생길 정도이니, 아예 행정체제를 개편하자는 제안에 이르게 된 것이다. '메가시티'라는 말은 부·울·경 메가시티_{부산·울산·경상남도}에서 비롯되었고, 대전과 세종, 천안, 청주 등을 묶은 메가시티 충청, 대구와 경상북도를 합하는 대구·경북 경제권 등 활발하게 논의되고 있다.

이재명 정부에서 공식적으로 '5극3특' 정책이 채택되어 지방의 광역 경쟁력을 본격 도모하고 있다. 여기에는 당연히 수도권도 들어간다. '수도권·동남권·대경권·중부권·호남권'의 5대 광역권과 '제주·강원·전북'의 3대 특별자치도를 중심으로, 각 권역에 맞춘 산업, 행정, 교육, 교통 등의 기능을 대폭 강화하려는 정책이다. 지원 재정의 규모도 크고 각종 세부 사업이 다양하게 펼쳐지지만, 행정구역 개편이 이 정책에 포함되지는 않는다. 행정체제 개편 자체는 상당히 어려운 사안이자, 그야말로 백년지대계를 고려하며 신중하게 결정해야 할 사안이기 때문이다. 정치권의 이해, 각 자치단체 시민의 생각, 개편으로 인한 이익과 불이익에 대한 계산 등 넘어야 할 산이 높다. 미래를 생각하는 대승적인 논의가 필요하고 제도로 강제해서 개편을 추진하기 이전에 지자체들의 협력으로 통합의 효능감을 보여주는 노력이 필요한 사안이다.

지방의 메가시티 논의에 비해서 이미 상당한 경쟁력 우위를 점하는 서울에 대한 행정체제 개편은 우선순위가 더욱 낮다. 자칫 단기적이고 일방적 이익을 높이려는 행정구역 개편은 긁어 부스럼이 될 위험도 있다. 다만, 서울과 수도권의 상생적 리더십이 필요한 것은 두말할 나위가 없다. 생활권이 엮여 있고, 많은 인프라를 공유하고, 자연 관리·유지에 공동의 책임을 지는 서울과 수도권 지자체들이 시민 삶의 편이성과 경영관리 효율성, 미래에 대한 투자 잠재력을 높이기 위해서 협력해야 할 사안이 많다.

각자도생의 논리가 아니라 상생발전의 논리가 필요하다. 쓰레기 매립장, 자원회수 시설, 수자원 공유와 관리에 대한 비용 부담, 광역 교통 패스 등의 도시 서비스뿐 아니라 주택, 일자리, 신산업, 광역적 수요 시설 배치 등 미래 성장력을 높일 사안에 대해서도 훨씬 더 광폭의 협력이 필요하다.

서울과 수도권은 산업화 시대의 논리로 오늘의 성장을 이루어왔다. 팽창 시대에 2,600만의 인구 규모로 2019년 이후 대한민국의 절반 이상이 사는 권역이 되었다. 서울과 수도권은 이제 인구 축소, 양극화 극복, 4차 산업혁명과 일자리 생태계의 변화와 맞물리며 또 다른 시대적 변화에 직면하고 있다. 외적 성장만이 아니라 내적 성장 시대로 나아가야 하고, 규모의 경제 이상으로 균형의 경제가 필요한 시대다. 더 큰 서울이 된다는 것은 행정구역 개편의 문제가 아니고, GTX 도입만으로 해결될 수 있는 것도 아니고, 더 큰 협력체계가 필요하다는 뜻이다. 인프라를 공유하고, 비용을 부담하고, 서로의 자산으로 버팀목이 되어주고, 각기의 경쟁력뿐 아니라 상생의 경쟁력이 필요할 때다. 더 큰 서울을 위해 더 큰 메트로폴리탄 서울 리더십이 태동하기를 기대한다.

> 수도권 공간구조를 만들어왔고, 만들고 있고, 만들게 될
> 그린벨트, GTX, 메가시티라는 세가지 이슈.
> 수도권 집중의 정점에서 새로운 미래를 모색해야 할 시대에
> 메트로폴리탄 리더십이 정말 필요하다.

05

'제3의 공간'들이 새로 태어나다

'사대문 안'에서 '성저십리'로, '강남'으로, 신도시와 수도권으로 서울은 급팽창했다. 짧게 보면 사반세기 만에(서울 확장을 결정한 1960년대부터 올림픽이 열린 1988년까지), 길게 보면 100년(사대문 안 성곽을 해체하고 성저십리로 진출한 1910년대부터 지금까지), 중간으로 보면 반세기(강남개발이 본격화된 1970년대부터 지금까지) 만이다. 급성장하다 보면 빠뜨린 데도 모자란 부분도 생긴다. 이제 다시 돌아볼 여유도 있고 새 가능성을 찾을 계제도 생긴다. 기존 공간을 더 잘 쓸 고민을 하고, 성격을 강화할 묘수도 찾고, 더 근사하게 즐길 방법을 찾으며 공간을 재구성하고 콘텐츠를 보완한다. 내적 성장의 노력이자 진화의 노력이다. 급성장 속에서 미처 다잡지 못했던 면을 채우면서 진화하는 것이다. 이런 변화를 통해 서울엔 수많은 '제3의 공간'들이 태어났다. 살거나 일하지 않더라도 찾아가고 싶은 제3의 공간들이 많아질수록 도시는 풍성해진다. 반짝반짝 빛나는 보석 같은 제3의 공간을 통해서 서울은 재탄생하고 있다.

광화문광장

시민의 공간, 국가의 공간에서 모든 혁명을 꿈꾸다

어찌 이토록 가슴이 쿵쾅대는가?

일주일에 한번씩은 새벽에 광화문 앞을 지난다. 맑은 새벽의 푸르름이 살아 있는 날, 세종대로에 들어서면 눈이 시원해진다. "어쩜 저렇게 잘생겼냐?" 북악산이 광화문 왼편에 살짝 걸쳐지고 그 능선이 광화문 뒤로 이어지는 모습에 감탄하곤 한다. 봄철 파릇해지는 능선, 여름의 짙푸른 능선, 가을의 붉은 능선, 겨울의 눈 쌓인 능선, 각기 아름답고 웅장하다.

양쪽의 고층 건물이 시야를 막는 지금도 이렇게 가슴이 쿵쾅거리는데, 한양 사람들은 광화문 앞에서 어떻게 느꼈을까? '육조거리'라 불리며 2층 높이의 관아가 이어졌던, 다른 데서 보기 어려운 큰 공간이다. 가슴이 웅장해졌을까? 스스로 작다고 느꼈을까? 나라에 대한 자긍심과 한양에 대한 사랑이 막 우러났을까? 조선시대 육조거리의 풍경에 대한 기록이 별로 없어서 아쉽다. 대한제국 시절에 찍힌 한 사진을 보면 아이가 광화문 월대 앞 해치상에 스스럼없이 올라가 놀고 있어 빙그레 웃음이 나오는데, 그렇게 아이들이 뛰어놀 만큼 자유스러운 공간이었던 걸까? 아니면 그때는 이미 이 공간의 국가적 위엄이 무너져 있었던 걸까?

중학생 시절 내가 처음 이 공간에 갔을 때는 광화문도 없고 광장도 없었다. 조선총독부 건물이 중앙청이라는 이름으로 떡하니 가로막고 있었을 때였는데, 그때는 북악산의 존재감을 별로 느껴본 적이 없다. 1968년에 박정희 정권이 총독부 건물 앞에 콘크리트로 광화문을 복원한 후에도 마찬가지였다. 우뚝 솟은 돔이 북악산 능선을 끊고 가까이 다가갈수록 총독부 건물만 더 위압적으로 커졌다. 총독부를 그 자리에 세우며 일제가 노렸던 바로 그 효과다. 맥을 끊고 힘을 과시하는 기술을 너무 잘 구사했던 신고전주의 양식의 건축물이었다.

1926년 세워진 조선총독부 건물은 해방 후에도 국회의사당으로 쓰이다가 정부청사_{중앙청}로 쓰였고, 광화문 앞의 새 정부청사로 이전한 이후에는 국립중앙박물관으로까지 쓰이기도 했다. 총독부 건물 철거를 결정한 것은 해방 후 반세기가 지난 1995년 문민정부 김영삼 정권에서였다. 건축물의 역사적 가치를 보전하자며 독립기념관으로 이전하여 재구축을 하자는 주장도 제기되어서 나도 마음이 흔들렸는데, 철거하겠다면 일본 정부가 비용 전액을 부담하여 자국으로 이전하는 제안을 했다는 뉴스를 듣고 나도 철거에 찬성하게 됐다. 국민 대부분의 심정이 이렇지 않았을까? 해방 50년, 1995년 광복절에 돔 부분부터 해체가 시작됐다. 총독부 건물이 완전히 철거되자 비로소 북악산의 능선이 제대로 보였다.

콘크리트 광화문이 목조 건축으로 제 위치를 잡아서 다시 복원된 것은 2010년이다. 2009년에는 광화문광장이 완공되었으나 오세훈 시장이 세종로 한가운데 조성한 광화문광장이 광장의 제 기능을 제대로 못한다는 비판이 끊이지 않자, 박원순 시장 재임 중에 세종문화회관 쪽 지금의 위치로 다시 만들어 2021년에 재개장했다. 광화문 앞 월대 공간은 2023년에 복원을 마치고 공개됐다. 해치상이 그 앞에 돌아왔다.

100년 걸린 광화문광장

물론 똑같은 모습은 아니지만, 광화문과 광화문광장이 이렇게 다시 만들어지는 데까지 무려 100여년이 걸렸다. 그렇게 힘든 일이었고 그렇게 공을 들여야 하는 일이었다. 일제가 광화문을 해체해서 경복궁 건춘문 쪽으로 치워버리고, 원래의 광화문 위치와 달리 5도를 틀어서 남산의 조선신궁을 바라보도록 조선총독부 건물을 짓고, 육조거리를 광화문통이라는 이름으로 차도로 만들어버린 이후 수많은 역사적 사건이 바로 이 공간 앞에서 일어났다. 태극기가 넘실대던 광복, 대한민국 정부 수립 자축 인파, 4.19 혁명 중 피의 화요일, 광화문 앞을 탱크로 진격한 5.16 군사 정변과 12.12 군사 반란, 1970~80년대를 물들인 반독재 시위, 대통령 직선제를 관철한 1987년 6월 항쟁 등, 태극기 휘날리며 환호하고 피를 흘리고 눈물을 흘리며 절통하고 애통해하면서도 역사를 바꾼 대전환적 사건들이 광화문 앞에서 일어났다.

광화문을 다시 세우는 일은 대통령의 정치적 결단으로 일어났다. 나라의 정통성을 세우면서 권력의 정통성을 높이려는 의지의 발동이다. 1968년 박정희의 콘크리트 광화문 건립과 세종대로의 이순신 장군 동상 건립이 그러한 목적에서 추진되었고, 1995년 김영삼 정부의 총독부 건물 철거와 광화문 복원 결정이 그러했으며, 2005년 노무현 정부의 광화문 원형 복원(원래의 위치와 목조 구조) 완성과 광화문광장 조성 결정 등이 대통령의 강력한 통치 의지로 실현될 수 있었다.

흥미로운 건, 광화문을 다시 세우는 일은 통치적 결단으로 일어났지만, 광화문광장을 만들어 육조거리의 공간을 다시 찾는 것은 시민이 해낸 일이라는 사실이다. 광화문광장이 생긴 건 시민이 만든 기적과도 같은, 마술적인 사건에서 비롯됐다. 바로 2002년 월드컵 거리 응원이다. 광화문 앞에서 일어났던 수많은 역사적 사건에 수많은 군중이 모였다면 광장을 만들 법도 했건만, 그 이전엔 광장의 'ㄱ자'도 나온 적이 없었다. 권위주의 정권은 광장을 그리 달가워하지 않는다. 시민혁명이 일어날 가능성이 광장공간에 언제나 도사리고 있기 때문이다. 완벽한 통제가 가능한 왕권 사회나 식민 통치 사회에서는 광장을 즐겨 만든다. 서구의 도시들, 그리고 일제강점기의 경성에서 일어났던 일이다. 권력을 과시하기에 적격인 공간이 광장이기 때문이다.

2002년 거리 응원은 시민 스스로 자기도 모르는 사이에 거리를 광장으로 만들어버렸다. 이 사건에 감동해서 나는 『도시의 숲에서 인간을 발견하다』다산초당, 2019에서 이렇게 썼다. "우리나라 사람들에게는 아주 특별한 재능이 있다. 거리를 순식간에 광장으로 만들어버리는 재능이다. 이 재능은 2002년 월드컵 거리 응원에서 완벽하게 발휘되었다. 정말 마술과도 같은 장면이었다. 광장에서 시작된 것이 아니라 거리에서 시작되었고 급기야 거리를 광장으로 만든 마술이었다. 독자들은 그때 장면만 떠올려도 가슴이 뛸 것이다. '이런 장면 본 적이 없습니다'라고 외신들이 연이어 보도하던 그대로다. 아침이면 빨간 점점의 사람들이 나타나서 거리 모퉁이를 장식하다가 드디어 풍선처럼 부풀어 오르며 인도를 잔뜩 메우고 드디어 차도에까지 부풀어 거리 전체가 광장이 되어버리는 모습. 그 자발적인 모임에서 사람들은 자신도 모르는 사이에 하나의 점으로 시작해서 전체를 물들여버리는 마술을 만들어낸 것이다. 사람들이 이끌어낸 흥분과 열광의 도가니에 완전히 빠져버렸던 그 체험은 그야말로 마술 같은 체험이었다. 만들어진 공간, 만들어진 행사에서 느끼기 어려운 마법이다. 그때를 다시 떠올리면 가슴이 다시 펄떡펄떡 뛴다. 수많은 사람과 한데 얽혀서 하나가 될 수 있다는 것이 어찌나 신기했던지 모른다."

월드컵 거리 응원은, 장담하건대, 우리 사회에서 광장을 행복하게 체험해본 첫 긍정적 사건이었다. 시청 앞 광장을 가득 메운 시민은 공간적으로 마치 불뚝불뚝 뛰는 심장과 같은 모양이었고, 광화문 앞 세종대로를 가득 메운 시민은 공간적으로 마치 배를 타고 다 같이 노를 젓는 것 같았다. 이 짜릿한 모습에 고무된 사람은 시민뿐 아니라 정치인이기도 했다. 2002년 등장한 이명박 서울시장과 2003년 취임한 노무현 정부, 모두 광장 만들기에 우호적이었다. 광장 만들기는 밀레니엄의 새로운 유행이 될 정도였다. 이명박 시장은 재빨리 시청 앞 서울광장, 청계광장, 숭례문광장 등을 만들었고, 노무현 정부는 광화문광장 조성을 적극 지원했다.

2009년 오세훈 시장이 세종대로 한가운데 만든 광화문광장은 시행착오였다. 세종문화회관 쪽으로 붙여 광장을 만드는 안, 미국대사관 쪽으로 붙여서 광장을 만드는 안, 도로 한가운데 광장을 만드는 안, 세가지 안을 두고 시민투표로 정했다지만, 과정 자체가 잘못 설계됐다. 충분한 정보가 없는 상태에서 투표하면 사람은 보통 '가운데 광장'을 택하기 마련이다. 조성된 길 가운데 광장은 길을 건너가는 불편함에, 양편의 도로 소음에, 되약볕에 노출되면서 이벤트가 있을 때 외에는 일상적인 시민 이용도가 낮았고 '거대한 중앙분리대'라는 조롱도 받았다. 결국 박원순 시장이 지난한 공론화 과정을 거쳐서 현재의 세종문화회관 쪽으로 광장을 재구조화하는 선택을 하고, 2019년에 공사를 시작해서 2021년에 마무리되었다.

광장의 마술적 순간을 체험한 사람들은 그 이후에 실제 광장을 만들고 또 다른 감격적 순간들을 만들기도 했다. 굵직굵직한 사회적 이슈들만 보더라도 2004년 노무현 대통령 탄핵 반대 촛불집회, 2008년 이명박 정부 당시 미국산 소고기 수입

반대 집회, 2011년 4대강 사업 반대 집회, 2014년 세월호 참사 진상 규명 촉구와 추모 집회, 2016년 박근혜 대통령 탄핵 촛불 집회, 2024년 윤석열 탄핵 촉구 집회와 반대 집회 등이 있다.

지금도 서로 다른 정치적인 견해로, 사회 부정을 고발하기 위해, 소외된 현실을 호소하기 위해 수많은 집회가 광화문광장과 인근에 넘쳐난다. 생각이 달라서 눈살이 찌푸려지기도 하고 일상이 불편해지기도 하지만 그렇게 많은 사람이 다른 방식으로 자기의 의사를 표현하는 자유를 누리게 되었다는 점에서 우리 도시는 확실히 적극적인 광장의 시대로 접어든 게 아닌가 싶다. 바람직한 변화다.

광장 민주주의: 광장은 누구의 것인가?

우리 도시도 이제 본격적인 광장의 시대가 열렸으니, 광장을 어떻게 쓰느냐 어떻게 즐기느냐에 대한 사회적 합의는 분명 필요하다. 지금은 만들어가고 있는 과정으로 보인다. 몇가지 문제들은 여전히 드러나고 있기 때문이다.

첫째는, 정치적 집회를 어느 정도까지 허용하느냐 하는 문제다. 임시로 발생하는 집회에 대한 관용성은 상당히 높아졌다. 예컨대 2024년 겨울을 달구었던 탄핵 집회에 대해서, 찬성이든 반대든, 사회 전체가 참아주는 분위기가 역력했다. 집회

후 청소까지 깨끗이 마무리하는 집회문화가 자리 잡은 덕분이기도 하다. 문제는 지나친 공간 독점과 과도한 소음으로 불쾌감과 불편을 자아내는 경우다. 적개심과 증오심을 공격적으로 드러내고 때로는 돈벌이 장으로까지 변질하고 보통 시민의 평온을 위협하는 해악이 도를 넘는 문제를 어떻게 관리하느냐? 광화문광장과 인근 공간은 정치적 상징성이 높은 만큼 이런 집회에 자주 오염되기 때문에 더 문제가 된다.

둘째는 광장의 공간설계 결정권에 대한 문제다. 선출직 지자체장이 자신의 취향이나 정치적 목적에 따라 광장의 설계를 좌지우지하려 드는 문제다. 광화문광장과 같이 상징적 의미가 큰 공간에 대해서는 특히 이런 위험이 크다. 2024년에도 오세훈 서울시장이 광화문광장에 100미터 높이의 태극기 게양대를 설치하겠다는 발상을 내놔서 비판이 거셌고, 2025년에는 다시 한국전쟁 참전 22개국을 기리는 기둥을 세운다는 안을 내놓아서 거듭 비판에 올랐다. 광장의 정치적 이용을 제어할 수 있는 시민 참여 과정이 절실하다.

셋째, 마찬가지로 광장의 일상적인 관리와 이용 권한을 누가 갖느냐 하는 이슈도 만만치 않다. 우리의 광장은 지나칠 정도로 많은 행사에 동원된다. 좋은 목적도 있으나 특정 홍보의 장으로 사용되는 경우도 너무 많다. 어지럽도록 많은 조형물,

수많은 천막 등, 과연 그 모든 것이 순수하기만 한지 의문이 들 때가 많다. 특히 광화문광장이나 시청 앞 서울광장이 이런 문제에 노출되는 빈도가 높다. 광장의 상징성과 공공성, 그리고 시민성을 일상에서 높이는 관리 방식은 어떠해야 할까?

 광장 민주주의, 더 나아가 공공이 공유하는 공간을 어떻게 쓰느냐 하는 공간 민주주의의 원칙에 대해서 사회적 공감대를 넓히고, 그에 합당한 제도를 세우는 게 도시의 광장 시대에 새로 떠오르는 과제일 것이다. 도시공간에서의 표현의 자유에 대해서 오랜 전통을 가진 서구 사회에서도 상당한 진통을 겪고 여러 사례를 해결해가면서 공유하는 약속을 만들어왔다. 우리 사회는 이제 태동기에 있다.

광화문광장에 가면 다시 웅장해진다

 여러 이슈에도 불구하고 나는 광화문광장이 정말 좋다. 새벽의 백악산(북악산)을 보는 웅장함도 좋고, 광장을 새로 조성하면서 생긴 나무 그늘 밑에 잠시 앉으면 세상을 다 가진 것 같고, 점심 후에 천천히 한바퀴 걸을 수 있다는 게 너무 좋다. 거기에 영원히 있었던 듯한 불멸의 이순신 장군 조각 아래 물놀이하는 어린이를 보는 것도 좋고, 어딘지 어색하게 앉아 있는 듯한 세종대왕이 아무도 없는 밤에 일어나서 광장을 거닌다는 상상을 하는 것도 좋다. 서울에 오는 사람 누구나 꼭 한번은 가보고 걸어봐야 하는 공간으로 자리 잡는 게 아주 자랑스럽다.

나만 이런 게 아니라는 사실도 너무 기쁘다. 가슴이 답답해지고 뭔가 생각하고 싶으면 일부러 광화문광장에 가서 걷고 온다는 시민을 만나곤 한다. 도시에는 꼭 그런 공간이 있어야 한다. 그냥 거기에 있기만 해도 가슴이 시원해지고, 거닐며 무언가를 생각하고, 다른 무언가를 꿈꾸게 되고 일상과 다른 더 큰 무엇을 느낄 수 있는 공간은 그 자체로 새로운 상상력을 자극한다. 광화문광장에는 물론 관광객 무리와 동행 여행객들이 많지만, 가끔 혼자 걸어가는 사람, 혼자 뭔가 생각하고 있는 듯한 사람을 보면, '저 사람은 지금 어떤 기를 받고 있구나' 하는 느낌이 들어서 기분이 그윽해진다.

광화문을 바라보며 북악산의 정기를 받으면서 광화문광장을 걸어가는 것도 멋지지만, 광화문 월대 앞에 서서 서울의 도심을 바라보며 육조거리를 호령하는 느낌을 맛보는 것 또한 멋지다. 조선의 왕이 이런 느낌이었을까? 이제는 모든 시민이 그런 느낌으로 서울의 주인, 대한민국의 주인임을 느낄 수 있다. 광화문에 나 있는 세개의 문은 역사를 넘나드는 시간의 문으로 다가오기도 한다. 600년의 서울 역사를 넘나드는 광화문과 광화문광장이라니, 감동이 밀려온다.

물론 불평불만도 있다. 나는 광화문광장에 자꾸 여러 조형물을 놓는 게 그리 마땅치 않다. 광장은 광장으로서 가만히 배경으로 있어 주는 게 최고다. 광장은 무대이고 사람이 주인공이다. 뭘 자꾸 채우려 드는 건 불안해서거나 다른 불순한 목적이 있어서이기 십상이다. 채우지 않는 공간으로 놔두는 걸 불안해한다는 건 집 안에 고급 가구를 잔뜩 채워 넣으려는 졸부의 불안 심리와 비슷하다. 광장을 각종 기획 이벤트로 채우려는 것도 헛되기는 마찬가지다. 왜 그리 자신이 없는가? 비워놓으면 이윽고 시민들이 이 공간에 걸맞게 수많은 행사를 스스로 만들며 즐길 것이다. 기다려주자. 우리 시민의 드높은 문화 의식, 시민 의식을!

100년 만에 우리 곁에 와 있는 광화문과 광화문광장, 그 안에서 일어났던 수많은 역사의 장면을 생각하면서 혁명의 순간에 그들이 흘린 피와 눈물에 감사한다. 그들이 밝혔던 촛불과 응원봉의 빛나는 혁명 정신에 감사한다. 그리고 우리는 이 공간에서 또 다른 혁명을 꿈꿀 수 있다.

온전한 광화문이 다시 세워지고
온전한 광화문광장으로 다시 태어날 때까지
꼬박 100년이 걸렸다.
다시 찾은 이 공간에서 우리는 언제나 또 다른 혁명을 꿈꾸리라!

'제3의 공간'들이 새로 태어나다

인사동 프로젝트

북촌과 서촌이 다시 태어나다

항상 거기에 있던 전통

바야흐로 전통의 재발견 시대다. 한국의 재발견이라 해도 좋다. 세계화가 퍼질수록, K-문화가 명성을 떨칠수록 오히려 우리 자신이 우리 문화의 가치를 소중하게 생각하는 마음이 두터워지는 게 무척 반갑다. 드디어 국수주의를 떨치고, 열패감도 떨치고, 문화를 삶의 한 부분으로 받아들이면서 자연스레 즐기는 사회로 넘어가는 신호가 사방에 보인다.

요즘 북촌에 가면 한복 차림으로 관광을 즐기는 모습이 흥겹다. 예전에는 명절에 고궁 나들이 때나 입고 갔는데, 요즘은 아예 한복 차림으로 동네를 누비니 선남선녀의 천진난만함이 그대로 구경거리가 된다. 퓨전 한복이면 어떠하랴. 퓨전에도 한국 맛이 녹아 있다. 화려하고 선정적이면 또 어떠하랴. 중후하고 우아한 맛도 일품이지만 한복의 화려하고 유혹적인 모습도 일품이다. 중간색에 익숙한 서구 사람들은 한복을 보면 마치 꽃밭 같다고 표현한다. 그러다가 사찰의 담장 밑에 피어 있는 과꽃, 백일홍, 모란을 보면 깜짝 놀란다. "정말 한복이 꽃밭이었네요!" 하고 말이다. 자연에서 나온 우리 색깔을 닮은 한복, 정말 아름답다.

내가 인사동을 알게 된 것은 1970년대 말인데, 조계사 근처의 설계사무소에서 일하던 덕분에 발길이 잦았다. 그때만 해도 옷깃을 여미는 분위기였다. 골동품 가게에는 감히 들어갈 엄두도 못 냈다. 젊은 친구가 사지도 못할 골동품이나 고가구, 고서화를 구경한다고 눈총을 받기 일쑤였다. 고문서 가게는 그나마 접근성이 좋았는데 퀴퀴한 냄새를 풍기며 쌓여 있는 오래된 문서 앞에서 숙연해질 정도였다. 식당은 더했다. 정통 한식집이 대부분이고 가격대도 높은지라 무게 잡는 손님들이 대부분이었다. 한마디로 인사동은 범접하기 어려운 동네였다.

인사동이 인사동이 된 사연

그런데 인사동은 어쩌다가 골동품과 고서화를 다루는 동네가 되었을까? 이건 서글픈 사연이다. 일제강점기 동안 북촌의 큰 집들은 작은 집으로 쪼개며 살림을 줄여야 하기 일쑤였다. 몰락한 양반들이 내놓은 세간살이와 도자기와 각종 패물과 예술품을 파는 가게가 들어선 곳이 인사동이었다. 드라마 「미스터 션샤인」에 나왔던, 전직 추노꾼이 운영하던 전당포 같은 사업이 성황을 이뤘던 거다. 인사동은 북촌에도 가깝고 종로에도 가까우니 맞춤이었을 것이다. 조선의 문화유산을 사들이려는 일본인이 주요 고객이었던 것은 두말할 것 없다.

한국전쟁 이후에도 인사동이 고미술품 등을 거래하는 명성을 계속 유지했던 걸 보면 궁핍했던 시대에도 상류층 고객은 있었다는 얘기다. 밀수와 밀매가 성행하기도 했고 복제품 문제가 곧잘 발생하기도 했다. 1970년대 이후 인사동에 화랑이 다수 생긴 것은, 전반적인 경제 상황이 좋아지면서 고급문화를 즐기는 상류층 고객의 수요가 그만큼 늘었다는 징표일 것이다, 조선시대 인사동에 미술을 관장하는 '도화서'圖畫署가 있었다고 하는데 전통은 보이지 않는 방식으로 이어졌던 모양이다.

인사동이 대중적인 동네가 된 것은 올림픽을 치르는 1988년에 '전통문화의 거리'로 지정된 것이 계기다. 사실 그 시절엔 전통문화를 맛볼 동네로 인사동이 유일했다. 그러더니 2000년대로 들어와서는 갑자기 북촌의 모든 동네가 성큼 우리 눈에 띄기 시작했다. 불과 십여년 만의 변신이다. 인사동이 신호탄을 쏜 셈이다. 전통문화로 명성이 높았던 인사동이 변화를 시작하자, 북촌이 의미 있는 변신을 꾀했고, 그 바람이 삼청동을 향하다가, 다시 서촌으로 바람이 불고, 다시 낙원상가 동쪽 익선동으로 불어갔다. 변화의 바람은 조용하고 꾸준하게 주변 동네로 퍼져갔고 이제는 종로와 청계천, 을지로의 뒷골목에도 온통 변신의 바람이 불고 있다.

사실 이 동네들은 항상 거기에 있었다. 이름도 정겨운 가회동, 계동, 재동, 소격동, 원서동 등, 개발 뒷전에 머물면서 낙후되고 별 쓸모도 못 찾고 팔리지도 않아 오래된 집주인은 조용히 살아가거나 재개발을 기다렸다. 가끔 눈 밝은 사람들이 한옥을 사서 개축하는 정도였다. 만약 예전에 다 쓸어버렸더라면 어떻게 되었을까? 생각만 해도 가슴이 저린다. 마치 오래 기다려 갈고닦은 재능을 빛내듯이 이 동네들이 그 진가를 세상에 널리 알리게 된 시대에 다다른 것이다.

고등학생 때 원서동에 사는 친구 집에 놀러 갔다가 비탈길에 모여 있는 한옥 지붕의 아름다움에 매혹되어서 북촌 곳곳의 장면을 탐험하러 다니곤 했다. 평지에 있는 한옥 모임과는 또 다른 매력이다. 연이은 기와지붕뿐 아니라 채, 창문, 대문, 서까래, 담장, 집 앞의 쪽정원 등 한옥의 자태를 온전하게 드러

북촌의 한옥 지붕에는 시간의 흔적이 새겨져 있다.

내기 때문이다. 마치 아름다운 한복을 입은 여인이 언덕 위 정자에 홀연히 나타난 느낌이라고 할까? 자태에 매혹되다가 세부의 디테일에 마음을 뺏긴다. 올려다보는 장면과 내려다보는 장면의 매력이 각기 다르다. 이런 매력을 이제는 세계인들도 다 안다. 가회동의 그 유명한 골목길에 몰려드는 세계인들을 보면, 딱 고등학생 때 내가 매혹됐던 그 느낌을 온전히 받고 있으리라 싶어서 괜히 뿌듯하다.

그윽한 아름다움과 오래된 시간에 대한 긍지가 되살아난다. 북촌, 서촌이라는 이름을 즐겨 쓰는 데에서도 나타나는 현상이다. 북촌이란 조선시대부터 경복궁과 창덕궁 사이의 동네를 일컫던 이름이다. 중인층이나 몰락한 양반층이 살던 청계천 이남의 남산 녘 남촌에 비해 지체 높은 사람들이 많이 살아서 자존심 드높던 동네다. 오랫동안 재개발 위협에 시달리던 서촌이 보전으로 방향을 틀 수 있었던 데에는 서촌이라고 대중적인 이름으로 불러주었다는 게 영향을 미치지 않았을까? 궁에서 일하는 전문직 중인들이 많이 살던 동네라서 북촌과 또 색깔이 다른 독특한 이야기를 담고 있는 동네가 서촌이다. 북촌과 서촌이라는 이름 자체에서 우러나는 시간의 힘이 은연중 작용한 것이라 믿고 싶다.

최근 이쪽 동네에 가면 깜짝 놀랄 지경이다. 인사동은 항상 사람이 바글댔지만, 북촌 한옥마을에도 관광버스가 설 지경이 되고 이 골목 저 골목에 카메라를 메거나 셀카봉을 들고 다니는 사람들이 가득하다. 삼청동이 한동안 붐을 이루다가 상가 젠트리피케이션으로 열기가 다소 잦아든 틈에 급부상한 서촌에는 가게 앞에 기다리는 줄이 하도 길어서 '대체 무슨 맛집이기에?' 호기심이 들게 만든다. 낙원상가 동쪽의 익선동은 명성에 걸맞게 한옥에 전위적인 분위기까지 섞이며 밤 문화까지 색다르게 변했다. 종묘의 돌담길을 따라 만든 순라길에 독특한 카페들이 속속 들어오며 게스트하우스나 호텔 등 숙소에 머무는 관광객들의 발길이 끊이지 않는다.

북촌 한옥마을의 정수로 불리는 가회동은 헌법재판소 앞 남북 길을 확장해서 예전 분위기가 많이 깨져버린 아쉬움이 있지만 동네 깊은 속 골목길들은 명맥을 유지하고 있다. 골목길이 살아남으니, 때가 되어 한옥 보전과 복원의 기운도 살아났다. 한때는 한옥 보전을 일종의 굴레처럼 여겼으나 완전히 트렌드가 바뀐 것이다. 최근에 한옥 개축과 신축이 크게 느는 것은 주택뿐 아니라 레스토랑, 카페, 가게 같은 상업공간, 갤러리와 책방 같은 문화공간, 사무실과 병원, 주민센터 같은 공간에도 적극 이용하면서 한옥 예찬론이 커진 덕분일 테다.

다재다능한 퓨전 스타일은 그 기발한 창의성과 상상력에 찬탄하게 만든다. 우중충한 시멘트나 타일 건물조차도 화려하게 변신하고 다 쓰러져가던 한옥의 리노베이션 기술도 일취월장했다. 국적 불명이라 비판하기 어려운 이유는 어딘가 우리 문화의 특징이 배어 나오는 퓨전을 이루어내기 때문이다. 우리가 언제 이렇게 색다른 방식으로 세련된 맛을 내는 디자인 취향을 익혔는지, 놀라울 정도다.

서울의 시그니처 장면.
세계에 가장 많이 알려진 장면일 것이다.
북촌 골목의 한옥과 남산 전경.

물론 모든 것이 긍정적이지만은 않다. 나쁜 의미의 젠트리피케이션이 거세져서 임대료가 올라 동네를 되살리는 데 역할을 했던 원조 상인들이 쫓겨나고, 지나친 상업화로 인해서 주민들이 더이상 살지 못하는 현상도 생겨났다. 관광객이 크게 늘면서 오버투어리즘 논란이 생기고 퓨전 스타일이 성행하면서 원형에서 기대할 수 있는 '진짜성' authenticity이 없어진다는 아쉬움도 있다. 섬세한 조율이 필요한 현상들이다. 하지만 시간이 흘러가며 생태계가 진화하듯 동네 생태계 역시 진화하는 것이 자연스럽다.

'진짜성'을 이어갈 문화 유전자는?

관건은 귀중한 문화 유전자의 가치를 어떻게 지켜가느냐이다. 문화 유전자를 무엇으로 보느냐에 대해서 많은 생각이 있을 수 있다. 공간 측면에서는 일반적으로 금방 한옥을 떠올린다. 전통문화의 정수라 여기고 원형의 가치를 높이 사는 것이다. 나는 생각이 다르다. 가치 있고 지켜가야 할 문화 유전자는 한옥 자체보다 '한옥을 설계하고 짓는 기술'이라 생각한다. 물론 원형의 가치는 아무리 강조해도 지나치지 않다. 우리가 복제품보다 진품을 높이 사는 이유다. 하지만 완성품 이상으로 중요한 것이 '만드는 아트art'다. 이 유전자를 지켜내야 '진화하

무한한 진화의 가능성을 품은 도시형 한옥

는 아트'도 생긴다. 한옥이 지금 모습 그대로 있어야 할 이유도 없다. 한옥도 진화한다. 우리가 진화하는 아트로서의 문화 유전자를 지키고 있으면 한옥도 계승만이 아니라 발전하고 진화하는 것이다.

사실 우리가 주변에서 보는 많은 도시형 한옥은 20세기 초·중반의 근대화·현대화 과정에서 진화한 것이다. 화장실을 집안으로 들여놔야겠고, 부엌도 들여놔야겠고, 단열과 방음도 보강해야겠고, 지붕의 무게도 줄여야겠고, 2층도 올려야겠고, 무엇보다 도시에서 좁은 땅을 이용해 빨리 지어서 시장에 내놓아야겠으니 기존의 전원형 한옥을 도시형 한옥으로 개선해야 했다. 이렇게 해서 나온 도시형 한옥이 서울, 전주, 광주, 부산 등의 도시에서 제각기 다른 모습으로 진화했으니, 건축은 역시 시대적 수요의 산물이다. 앞으로의 진화 잠재력 역시 무한하다.

그렇다면, 도시에서 가치 있고 지켜가야 할 문화 유전자는 무엇일까? 나는 '길'이라 생각한다. 길의 패턴을 지키면 '도시 조직'의 문화 유전자를 지켜낼 수 있다. 이걸 고대로 증명하는 게 인사동이다. 인사동을 남북으로 가로지르는 인사동길의 길이는 겨우 600미터밖에 안 되지만, 그 안에 마치 이파리의 잎맥 또 뿌리처럼 뻗어나간 골목들의 길이는 장장 10킬로미터가 넘는다. 이렇게 좁은 면적 안에 그렇게 길이 많다는 것은 무슨 뜻일까? 그만큼 하나하나 공간은 작고 숫자는 많다는 의미다. 자연 생태계와 비슷하다. 이런 생태계는 생명력이 길다는 이점이 있다. 이런 동네에서 가장 중요한 문화 유전자라면 길과 건물이 만들어내는 도시조직이다. '도시의 패브릭'urban fabric이라 부르는 기본 직조의 패턴을 유지해야 오래가는 것이다. 건물을 표현하는 디테일이나 사용하는 콘텐츠는 바뀌더라도 기본적인 도시조직을 유지하면 의미 있는 진화가 스스로 일어날 수 있다.

유학 중 오래 살았던 역사 도시 보스턴에는 오래된 전통시장의 한 블록이 역사보전지구로 지정되어 있다. 그런데 그 보전 대상은 건물이 아니라 길이다. 길이 살아 있으면 건물이 바뀌더라도 도시조직을 지킬 수 있다는 뜻이다. 우리가 좋아하는 이탈리아 도시의 보전 규제 역시 건축물뿐만이 아니라 광장과 길의 선을 맞추는 데 적용된다. 그렇게 도시조직의 공간 패턴을 살려놔야 전체적인 도시 분위기가 유지될 수 있다는 철학이다. 건물보다 길이 도시에서 훨씬 더 오래가는 문화 유전자다. 깊이 공감한다.

인사동길을 설계하는 기회라니

이런 철학을 지닌 내가 21세기 초에 인사동길 설계 프로젝트로 인사동과 다시 만났다. 걷고 싶은 거리 만들기 사업의 일환으로 서울시가 설계 공모한 프로젝트다. 내 인생 중에 인사동과 이런 방식으로 만날 거라고는 예상하지 못했다. '감히 범접하기도 어려워했던 인사동 설계를 맡다니 꿈인가 생시인가' 하는 느낌이었다. 물론 예전의 분위기와는 많이 달라져 있었다. 훨씬 더 대중적인 분위기에 관광객은 훨씬 더 늘었다. 관광 지향이라 화랑이나 상점에서 다루는 예술품과 관광상품의 가격대도 낮아졌다. 하지만 인사동에 부여하는 문화적 가치는 훨씬 더 높아져 있었다. 길 설계에 대한 전례가 없어서 무척 긴장했고 과하게 설계하지 않으려 조심했고 무엇보다 인사동길의 의미를 살리려 노력했다.

인사동의 도시조직을 만드는 길의 패턴은 '열두 큰 골목과 열두 작은 골목'이 만드는 마치 잎맥 같고 뿌리 같은 조직이다. 골목이 연결되는 아주 독특한 도시조직이다. 나는 이것을 하나의 '잎'으로 그리면서 그 본질을 살리려 애썼다. 성공한 시도도 실패한 시도도 있다. 인사동길을 차 없는 길로 만들려는 내 노력은 실패했다. 인사동길을 차 없는 거리로 운영하게 된 것은 다시 10여년이 지나서다. 상류층 고객이 차량 이용을 선호한다는 이유로 상인들 반대가 심했었는데 그런 고정관념조차 이제 바뀌었다. 인사동길 전체를 하나의 공간처럼 같은 포장 재료를 쓰는 데에는 성공했다. 아스팔트 포장으로 구분해야 교통사고 예방과 사후 처리가 가능하다는 행정 부서와 경찰의 반대를 설득하느라 힘들었으니, 얼마나 시대가 달랐던가?

인사동길 공간의 이름 붙이기는 성공했다. 이름을 붙여준 공간은 오래간다. '북인사마당, 인사네거리, 남인사마당'의 이름은 계속 잘 쓰여서 고맙다. 이름으로 불러주니까, 만날 공간의 이름도 분명하고 애착심도 높아진다.

인사동길에 식물의 푸르름을 도입하는 건 아주 부분적으로

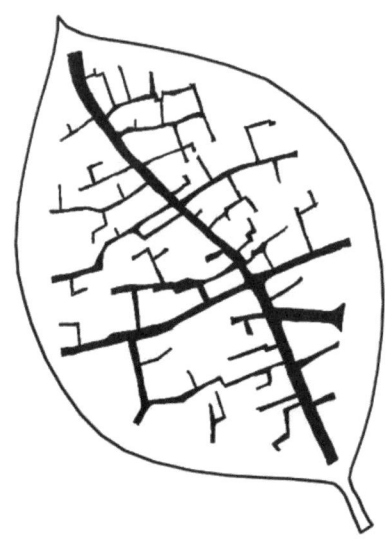

인사동의 잎새 모양 골목길. 열두개의 큰 골목, 열두개의 작은 골목이 있다.

인사동의 문화 유전자는 골목과 집앞 식물들 아닐까?

만 성공했다. 인사동 뒷골목에 가면 건물 앞 온갖 식물들이 너무도 아름답다. 한옥 마당이 골목길에까지 나와 있는 모양이다. 화분과 아주 작은 쪽화단의 덩굴 식물과 화초들이 주인의 가꾸는 정성을 보여주는 것이 인사동의 오랜 전통이기도 하다. 인사동길에 작은 쪽화단을 몇개 만들었더니 관리가 어렵다고 바로 메워버렸다. 화분을 겸한 돌걸상을 놓았더니, 아직도 화초가 자라고 사람들이 잠시 앉아 있어서 기분이 좋다. 인사동길에도 좀더 많은 초록이 생기면 좋겠다는 마음은 여전하다.

그게 인사동의 전통이므로.

내가 인사동길을 설계하던 시기에 쌈지길 건물이 진행되고 있었다. 쌈지길 건물은 인사동의 본질을 제대로 파악해서 설계에 반영한 현대적 건축이라고 나는 높이 평가한다. 쌈지길은 마당을 가운데 두고 길처럼 천천히 올라가는 램프ramp, 기울어진 바닥를 따라 작은 가게들을 배치한, 말하자면 '입체적 인사동 길'의 개념으로 설계됐다. 쌈지가 작은 주머니를 일컫는 말인 것처럼, 작은 가게들이 마치 쌈지처럼 길에 매달린 아주 창의적인 설계다. 쌈지길은 인사동길을 따라서 작은 가게들을 연이어 만들며 인사동길의 도시조직을 그대로 살렸다. 게다가 버드나무와 지붕 조경으로 인사동길에 부족한 초록을 채워주고 있다. 내가 인사동길 바닥에 포장했던 전돌의 짙은 회색을 건물의 기본색으로 선택한 것도 좋은 설계 전략이다. 차분한 분위기의 건물에 아기자기한 소품 가게들이 아리따운 상품을 뽐낸다. 인사동에 깊이 뿌리내린 쌈지길 건물은 다른 현대적 건물에도 좋은 전례가 될 법하다.

아쉽게도 내가 설계했던 인사동의 여러 부분이 오세훈 시장 시절에 바뀌었다. 최소 30년은 유지되리라 싶었는데 10년도 채 안 되어 갈아엎었다. 유명한 공간에 자기 흔적을 내고 싶어하는 정치인의 성향을 내가 간과했던 셈이다. 바닥을 포장한

쌈지길 건물. 인사동의 '골목 따라 작은 가게'라는 전통적 성격을 입체적으로 해석했다.

전벽돌이 자꾸 차량에 깨지고 전벽돌 틈새에 하이힐 굽이 빠진다는 문제를 제기하며 바꾸는 이유로 들던데, 그 회색빛 전통 전벽돌을 고르기 위해서 갖은 회의와 보고를 했던 때의 일화가 생각난다. 당시 고건 시장의 "파리에서도 벽돌 포장의 30퍼센트가 깨진다고 합니다. 그게 자연스럽지요."라는 한마디가 우려 분위기를 잠재웠다. 내 속마음이었다. 전통적인 전벽돌이 차분한 분위기를 조성하고 벽돌의 수공예적 이음새가 인사동의 전통 공예 분위기에 잘 어울릴 거였다. 오세훈 시장이 바꾼 포장은 훨씬 값비싼 화강암이 되었는데 너무 깔끔한 마감이 마치 건물 로비 공간 같은 인상이다. 전벽돌 포장도 늙어가며 시간의 흔적이 보이기를 바랐던 내 소망은 무산되었다.

내가 남긴 인사동길 유산은

그런데 내가 남긴 인사동길 유산은 정작 땅 밑에 있다. 바로 지하 하수관·배수관이라는 인프라다. 이건 정말 잘한 거라며 스스로 내 머리를 쓰다듬는다. 인사동길은 워낙 물길이었다. 북쪽 산기슭의 물을 모아 청계천으로 흘러들게 하는 물길이던 것을 복개하고 길을 만든 게 현재의 인사동길이다. 물길을 복원하지는 못하고 북인사동 초입에 물길의 흔적과 두꺼비, 남인사마당에 물동이를 디자인해서 넣었다. 그런데 설계를 시작할 무렵부터 현장을 계속 점검해보니, 봄철에는 땅이 녹으며 상하수도관이 깨져 포장 여러 곳을 파헤치고 장마철에는 물이 제대로 못 빠지고 고이기 일쑤라는 걸 알게 되었다. 인사동길의 지하 설비가 너무 낙후되었던 것이 문제였다.

나는 길 위의 디자인을 맡았으나 표면만 고쳐서는 안 되겠다는 판단하에 서울시에 여러 경로를 통해서 지하의 토목 정비를 제안했다. 쓸데없이 일을 벌인다며 담당 부서의 욕을 먹으면서도 결국 관철했다. 지상 공사비보다 비용은 더 들었지만 충분한 용량으로 하수관을 개선했고, 상수도, 가스, 전기 설비도 제대로 개량했다. 사반세기가 지났지만 인사동길에는 동파 문제나 홍수 시 범람 문제가 없다. 꽤 큰 보람을 느낀다. 도시에서 문화 유전자가 중요한 만큼이나 눈에 안 보이는 땅속 인프라는 정말 중요하다.

종로에 붙은 인사동의 남쪽 반이 재개발로 지정되어 있다는 사실을 시민 대부분 모르실 거다. 도심 전체를 재개발지구로 지정했던 무지막지한 시대의 부정적 유산이다. 그 와중에 인사동의 전통문화 성격이 이어져왔다는 사실은 기적과도 같다. 어떻게 가능했던 걸까? 바로 인사동의 도시조직에 비결이 있다. 그 뿌리와도 잎맥과도 같은 골목의 조직에 기대어 살아남은 한옥을 그나마 정통 한식집으로, 고급 예술품 가게로 운영하며 살아남은 것이다. 이제 완전히 대중적인 전통문화 동네가 된 인사동이 예전과 같은 고급문화적 성격은 아닐지 몰라도 우리의 문화 유전자를 미래로 잇고 세계에 전파하는 동네가 된 것은 분명하다.

　인사동의 생명은 길에 있다. 지금도 건물은 바뀌고 있고 앞으로도 바뀔 것이다. 새로 지어지는 건물들은 높아지기도 하지만 덩치가 너무 커지지는 않기를 바란다. 일부러 쪼개고 나누어서 커 보이지 않게 설계하기를 바란다. 그렇게 쌈지처럼 작게 나눌 때 인사동 본연의 성격은 자꾸 더 커진다. 인사동의 이파리 같은 골목길 패턴이 오래가는 문화 유전자가 되기를 바라는 마음이다.

> 작게 나눔으로써 더 커지는 동네의 비결.
> 나뭇가지처럼, 뿌리처럼 자라는 길의 비결.
> 그 문화 유전자를 이어가고 있는 인사동,
> 길게 길게 그 문화 유전자가 이어지기를!

보랏빛 성수동

공장지대에서 최고의 힙한 동네로 변신하다

최고로 뜨는 동네, 성수동

 어린 시절 서울에서 반짝반짝했던 공간은 유일하게 명동이라고 했다. 지금은 너무도 많다. 산만 해도 열 손가락을 넘고, 강변과 천변 공원도 열 손가락을 넘고, 동네와 길은 수십개가 넘는다. 반짝반짝하는 건축물과 분위기 좋은 인테리어와 조경 공간은 헤아릴 수 없을 정도다. 우리 공간문화가 풍요로워지고 콘텐츠가 풍성해진다는 징표다.
 그중에서도 요즘 최고로 뜨는 동네는 단연 성수동이다. 나는 각별하게 뿌듯하다. 사반세기 전에 이 변화를 예측했기 때문이다. 21세기 초 한 신문에 '뜨는 동네를 찾아서'라는 기획물을 연재했던 적이 있다. 서울과 지방도시의 잠재력 있는 동네를 찾아서 변화 방향을 제시하는 기획이었다. 연재 후에『우리 도시 예찬』안그라픽스, 2003으로 엮었는데 그때 다루었던 인사동, 홍대 앞, 동대문, 테헤란로, 광화문광장, 성수동 등 여러 동네 중에서도 성수동의 변모는 기대 이상이다. 도시계획 지도에서 공업지역을 표시하는 색깔은 보라다. 보랏빛 성수동의 미래는 무지개색 중에서도 가장 신비한 색깔이 아닐 수 없다.

탈바꿈하는 공장지대, 뉴욕 브루클린처럼

성수동은 서울에 몇 안 되는 공업지역이었다. 신흥공업국의 수출 입국에 절대적인 역할을 한 지역으로 영등포구, 구로구, 금천구, 양천구, 강북구, 성동구 등에 지정되었다. 지금은 대부분 수도권으로 이전하고 시내에는 공업지역은 없어지고 준공업지역으로 존재해 있다. 공업지역이 공해가 심한 제조업을 담는다면, 준공업지역은 경공업과 생활기능의 혼재를 허용하는지라 흥미로운 혼합이 생긴다. 큰 공장도 있지만 작은 공장도 많고 주문 제작 판매가 한군데서 일어나는 수공업 성격의 공작소가 많다. 유통 기능도 허용되어서 길거리 상점뿐 아니라 시장도 세워지고 노동자, 특히 젊은 노동자와 외국 노동자를 위한 주거도 섞여 있다. 준공업지역의 풍경은 아주 혼합적이다. 길을 따라 수공업 가로형 건물들이 이어지고, 규모 있는 공장이나 창고는 트러스 지붕과 적은 창문의 큰 용적으로 주변을 압도하고, 원통이나 굴뚝 같은 비일상적인 형태의 구조물들이 이채로운 풍경을 만들기도 한다.

서울의 탈공업화로 공장이 비워지자 준공업지역은 위치에 따라 각기 다른 탈바꿈 전략을 구사하고 있다. 그중에도 유명한 구로공단은 완벽하게 디지털 산업단지로 전환해서 고층 오피스와 복합유통과 주상복합 건물로 채워지며 신산업 중심으로 떠올랐다. 영등포 지역은 여의도에 가까운 입지를 이용해서 고층 아파트 단지나 주상복합이 대폭 늘었고 그에 따라 대형 쇼핑몰이 들어왔고 지금도 여러 사업이 진행되고 있다. 문래동의 철공 동네가 특이한 변신을 꾀했는데 철공소 특유의 주문 제작 특성을 살려서 예술가와 연결한 '문래창작촌'이 만들어졌고, 분위기 있는 카페와 레스토랑, 술집이 들어서면서 재개발 압력에도 불구하고 창작촌 특유의 성격을 이어가고 있다.

동북권 준공업지역은 성동구와 강북구인데 다른 상황에 있다. 강북구는 아파트와 인구가 느는 반면 일자리가 늘지 않는 상황에서 벤처 단지나 특수 개발을 통해 일자리 창출을 꾀하는 전략을 세우고 있다. 성수동은 여러 점에서 다르다. 규모가 크고, 한강에 가깝고, 성수대교만 넘으면 바로 강남이고, 도심에서도 멀지 않다. 인근에 강력한 앵커 기능도 많다. 한양대, 세종대, 건국대 등의 대학 시설에 뚝섬 유원지와 서울숲은 각기 상당한 유동 인구를 유인한다. 그런데도 공장은 더이상 돌아가지 않고 창고는 비어가고 땅값도 별로 오르지 않던 지역이 성수동 준공업지역이었다.

성수동은 정말 뉴욕의 브루클린 같다. 다리 하나만 건너면 맨해튼이지만 집값은 훨씬 싸서 중산층과 노동자들이 많이 살고, 공장과 창고와 상업공간 등 싸게 임대할 공간도 풍부하다. 1980년대 이후 세계금융시장의 부흥으로 맨해튼이 새로운 전성기를 맞으며 임대료가 천정부지로 오르자 못 견딘 예술인들이 다리 건너 브루클린으로 작업실을 옮기고, 독특한 레스토랑과 카페가 따라 옮기면서 브루클린은 새로운 명소가 되었다. 이후 호텔과 에어비앤비 등 숙소도 늘면서 관광객까지 즐겨 찾는다. 마침 브루클린에 오래 산 지인이 이 과정을 고스란히 겪어서 나도 덩달아 그 변화를 목격할 수 있었다. 젠트리피케이션의 작용과 반작용이 브루클린의 새로운 탄생으로 이어지는 연쇄반응을 보면서 도시의 흥망성쇠를 절감했다.

세기말 세기 초 성수동에도 바람이 불기 시작했다. 빈 공장과 창고 등을 활용한 카페, 레스토랑과 작업실 등이 들어오기 시작하고 싼 땅값에 끌려 새 사옥이 지어지기도 했다. 내가 보랏빛 성수동의 흥미로운 미래를 예언했을 때가 이 무렵이다.

힙스터 브루클린화와 한강 벨트 강남화

지난 사반세기 동안 성수동이 겪은 변화를 보면 놀랍다. 홍대 앞이나 인사동이 젠트리피케이션의 진원지가 되어 상업화했다면, 성수동은 비상구를 찾던 사람들이 옮겨 와서 뿌리를 내렸고, 새 기회를 찾는 기업들이 찾아들었고, 기존에 있던 사업체들도 활로를 찾았고, 서울시와 성동구청 등 지자체도 적극 움직였고, 물론 호시탐탐 새로운 기회를 찾는 개발업계가 가만히 놔둘 리 없었다.

성수동의 변화에는 사실 두 얼굴이 있다. 하나는 '힙스터 브루클린화'이고 다른 하나는 '한강 벨트 강남화'다. 성수동 특유의 준공업지역 혼성 분위기와 한강 변 입지의 너른 땅 때문이다. 하나는 성수동 내부로부터 시작됐고, 다른 하나는 성수동 외곽으로부터 시작됐다.

'한강 벨트 강남화'는 2005년 이명박 시장이 뚝섬경마장과 정수장이 있던 자리를 매입하여 서울숲을 조성한 후 상업 용지를 초고가로 매각한 후에 불붙기 시작했다. 50층 초고층 아파트 개발이 연이었고, 2011년에 오세훈 시장이 한강 변에 전략정비구역을 지정하면서 기대감을 높였다. 한동안 침체했던

서울숲 바로 앞 우후죽순 초고층 개발. 이명박 시장이 만든 신개발주의 장면이다.

이 지역에 최근 다시 70층 초고층 재개발 소식이 들리면서 강 건너 압구정동 초고층 재건축만큼이나 부동산 업계에서 주목받고 있다. 지금도 서울숲에 가면 울창한 숲과 광활한 잔디밭 위로 여기저기 초고층이 우뚝 솟아올라 있어서 뉴욕의 센트럴파크와 자주 비교된다.

성수동의 '힙스터 브루클린화'는 완전히 다르다. 더 일찍

1990년대부터 시작한 움직임이다. 작게 시작해서 자꾸 번졌고 공장, 창고 등을 활용해서 등장하는 인더스트리얼 디자인의 힙한 분위기가 금세 입에 올랐다. 높은 층고, 엄청나게 큰 실내공간, 오래된 수제 유리창, 노출 콘크리트, 거친 벽돌 등 언뜻 삭막해 보이는 공간 속에 꾸민 세련된 분위기의 카페, 술집, 갤러리, 레스토랑이 워낙 매력적이라 그 자체로 구경거리인데, 음료와 음식까지 독특하니 사람이 꼬이지 않을 수 없다. 입소문과 SNS를 타고 몰려든다.

성수동 연무장길 카페 거리에 젊은이들이 몰리자 짧은 기간 히트 상품을 파는 팝업 스토어가 인기를 끌며 새로운 유행을 만든다. 최근엔 고급 브랜드의 플래그십 스토어가 줄지어 개장하고 아예 사옥까지 짓는다. 도발적이고 혁신적이고 때로는 SF적이기도 한 형태의 디자인이 눈길을 끈다. '디올' 같은 유서 깊은 해외 브랜드도 있지만 '무신사' '젠틀몬스터' 같은 신세대 토종브랜드의 부상이 반갑다. 감각적 디자인과 유통 방식으로 승부를 거는 브랜드의 사옥답게 도발적인 상상력으로 눈길을 끌고 흥미로운 도시감각을 만들어낸다. 엔터테인먼트 사옥들이 강남에서 성수동으로 옮겨 오는 트렌드가 감지되면서 또 한번 변화의 바람이 불 것을 예고한다.

성수동 분위기는 힙하지만, 홍대 앞과는 다른 분위기다. 성수동은 새로운 명품 동네로 떠오르지만, 강남의 청담동 명품가와는 다른 분위기다. 나는 그걸 '인디+언더+프리' 감수성이라 부른다. 한때는 홍대 앞이 그랬었는데 어느새 독립적인 인디 감성과 언더그라운드 감성이나 자유로운 프리 감성이 옅어지고 전형적인 상업 동네로 변한 게 아쉽다. 청담동 명품가는 처음부터 강남 상류층을 겨냥하면서 상투적이고 관습적인 고급 이미지라 별 재미가 없었다. 성수동은 다르다. 초기의 홍대 앞처럼 도전적이고 강남 명품가와 달리 훨씬 더 도발적이다. 그래서 더 흥분되고 더 흥겹다. 그게 바로 '힙스터'풍이다.

성수동의 힙한 분위기를 가능케 하는 이유는 역설적으로 공장지대와 같은 배경에 공중을 달리는 지하철 2호선의 장면 덕분 아닐까? 마치 전설의 로큰롤 영화 「스트리트 오브 파이어」에 나오는 풍경 같다. 공중을 달리는 지하철이라는 역설, 공중 지하철역의 SF적인 분위기, 어두운 다리 밑과 원색의 거리 벽화와 가게들의 대비 등이 하나같이 진기한 풍경을 만든다. 아무리 거칠어도 괜찮고, 무엇이나 들어와도 되고, 무슨 시도를 해봐도 괜찮다는 분위기다. 땀 흘려 일하는 노동자들이 토요일 밤이면 록스타에 열광하며 춤을 추고 다 같이 소리쳐 노래 부르는 그 자유롭고 야성적인 분위기가 더 새로운 콘텐츠, 더 새로운 디자인을 촉발하는 에너지로 작동하는 것이다. '오래된 미래' 또는 '아주 미래적인 옛날'과도 같은 성수동 분위기는 드라마 「응답하라」 시리즈 같기도 영화 「미키 17」 같기도 하다. 아마 SF영화에서처럼 드론이 날아다니고 자율 자동차가 날아다닌다면 성수동의 하늘부터가 아닐까?

이 진취적이고 야성적이고 힙한 분위기를 활용하고 격려하는 지자체의 움직임도 적극적이다. 성수동의 오래된 수제화 거리를 보전하고 수제 구두를 홍보하며 성수동의 브랜드를 지키려 노력한다. 여전히 운영하는 자동차 정비업과 공작소를 활용할 방법도 더 고민하면 좋겠다. 연무장길 분위기를 지키기 위해서 '벽돌 건물'에 대한 디자인 인센티브도 마련했다. 값싼 임대료를 찾는 스타트업 창업을 위한 지식산업센터도 성수동에 들여놓는다. 성수동 준공업지역의 창의력, 상상력, K-문화적 매력에 박수를 보내는 분위기는 계속되고 있다.

성수동은 SF영화의 한 장면처럼 될까?

성수동의 미래는 어떻게 될까? 모든 게 장밋빛인 것은 아니다. 불안 요소는 있다. 코로나 팬데믹 동안 잠잠하던 부동산 바람이 최근 거세게 불며 싸다는 게 강점이던 이 지역의 임대료와 땅값이 수직상승하고 있다. 성수동의 장점을 반감시키는 문제가 아닐 수 없다. 만약 전략정비구역에 초고층 아파트 단지가 잔뜩 들어서면 그 개발 압력이 준공업지역까지 치고 들어가려 하지 않을까? 지금도 쉽게 돈 되는 아파트 개발을 위해 움직이는 부동산 세력이 만만찮으니 말이다.

성수역 주변으로 뚝섬역까지, 남쪽으로도 퍼지는 연무장길의 독특한 인더스트리얼 힙스터 분위기가 지켜질 수 있을까? 서울의 힙한 동네가 젠트리피케이션으로 분위기가 바뀌고 쇠락하거나 색깔이 사라지는 현상을 여러 동네에서 이미 목격했다. 홍대 앞이 비싸고 세련된 브랜드 가게로 채워질 때 기존의 인디, 언더 문화의 토박이 주인들이 연남동, 합정동으로 밀려나는 것을 목격했고, 강남의 가로수길이 글로벌 브랜드와 비싼 가게로 채워지며 오히려 쇠락하면서 그 활력이 뒷골목의 세로수길로 옮겨지는 현상도 목격했다. 너무 고급스럽고 세련되고 비싸지면 어느덧 힙한 매력을 잃는다.

사실 21세기의 힙스터 현상은 예전과 달리 돈 많은 계층을 겨냥하여 인디, 언더, 프리 문화 분위기를 끼워 파는 성향에 편승한다. 순수한 원조 문화, 진짜를 지키는 문화를 바라기에는 이미 너무 계급사회로 가고 있는지도 모르겠다. 하지만 성수동은 21세기 동네이니만큼, 20세기적 강남의 오렌지 색깔의 문화에 물들지 말고 아주 독특한 보랏빛을 발하기를 바란다. 보라색은 무지개 중에서도 가장 신비로운 색깔이므로.

또는 동네라고 딜레마가 없는 건 아니다.
반짝 떴다가 이내 사라지는 일이 너무 많기 때문이다.
성수동의 힙스터 문화가 초고층 강남화에 삼켜지지 않기를,
공장지대에서 시작한 보라색의 신비로움을 키워가기를!

한눈에 잡히는 서울

드높은 산, 드넓은 한강이라는 대표 특성

심장을 울리는 산, 가슴에 흐르는 강

프롤로그에 소개했던 그 외국 방문객이 서울에 처음 와서 바로 짚은 대로 서울의 대표 특성은 드높은 산과 드넓은 한강이다. 공항 쪽에서 올림픽대로를 타고 들어오다 보면 북한산 자락의 스카이라인이 펼치는 장면은 압도적이다. '쾅, 쾅, 쾅, 쾅!' 내 귀엔 이런 소리가 들릴 정도다. 심장이 쿵쿵 울린다.

한강을 맛보기엔 강변도로를 달리며 남쪽을 바라보는 장면이 더 멋지다. 어떤 때는 호수 같고, 어떤 때는 바다 같고, 그러다가도 흐름이 느껴지면서 강이다 싶은 부분도 나온다. 올림픽대로 변의 한강공원 폭이 넓어서 초록색 숲과 파란색 강물이

어울리고, 늦여름 뭉게구름이 피어오르는 하늘을 배경으로 펼쳐지는 한강 모습에 마음이 밝아진다. 특히 나는 밤섬 경관을 무척 좋아한다. 몽실몽실 자란 버드나무와 하늘하늘 억새도 예쁘고 섬 언저리에 황금 모래톱이 쌓이는 모습을 보면 마음이 평온해진다. 아무리 인간이 폭력적으로 섬을 없애려 해도, 강의 힘은 훨씬 세다는 것을 그 모래톱이 말해준다.

대도시에 드높은 산이 있는 경우는 별로 없다. 하나도 아니고 연이어지는 산맥이다. 큰 도시는 대체로 평원에 세워지는지라 높은 산은 대개 멀리 있다. 일본이나 중국의 대도시들이 그렇다. 유럽의 도시들도 마찬가지다. 로마제국 시절에 토대를 갖췄으니 막강한 군사력으로 정복을 표방하고 막대한 경제력으로 시장을 만들고 주변의 자산을 활용하기 위해서 사통팔달 길을 만들기 좋고 농경지가 발달한 평원에 도시를 정했다. 산악에 세워진 도시들은 대개 크지 않은 중세도시다. 봉건 영주들의 우선순위는 방어에 있었으니 산 위의 성곽도시를 선호했다.

이런 논리로 보면 서울은 워낙 대도시가 될 생각 없이 만든 도시라 해도 무방하다. 당대 논리로는 자연스럽다. 조선 창건 시 한양의 인구는 10여만, 후기 조선 시기에도 20만이 갓 넘을 정도였다. 한양은 방어에 더 충실하게 만들어진 도시다. 내사산, 외사산으로 둘러싸여 있고, 한강이라는 외수까지 방어를 유리하게 만들어준다. 외세 침략에 대한 방어도 고려했지만, 내부의 반란이나 민란에 대비한다는 목적도 있었다. 조선 초기에 왕권이 강고하지 않았다는 점도 고려되었을 것이다.

그런데 한강은 애당초 대도시를 전제로 해도 무방할 정도로 큰물이다. 이렇게 큰물이 한반도라는 넓지 않은 형국에서 발달한 자체가 신기하다 할 정도다. 산맥이 탁월하여 북한강 수계와 남한강 수계를 굽이굽이 거느릴 수 있어서 생긴 길고도 긴 강. 한반도 특유의 여름철 집중된 강수량을 품기 위해서 생긴 넓고도 넓은 강이다. 두물머리에서 만나서 황해로 도도하게 흘러 나가는 물, 조선시대에는 경강京江, 고구려시대에는 아리수阿利水라 불렸고, 중국에서는 대수帶水라 기록되었다.

한양은 한강을 외수로 쓰고 청계천을 내수로 썼지만, 서울은 이제 한강을 내수로 품게 됐다. 폭이 1킬로미터에 달하는 넓은 강으로 한강 유역 정비를 통해 관리되지만 지금도 때때로 침수를 일으킬 만큼 위험한 여름 홍수를 품고 기후 변화를 견뎌내면서, 수도권 2,600만의 젖줄이 되고 있다. 때로는 두렵지만, 정말 고마운 강이다.

한눈에 읽히는 도시, 서울이 되기까지

드높은 산과 드넓은 강이 서울의 도시 기능에는 어떤 영향을 줄까? 기능적인 관점에서 드높은 산의 존재는 도시개발의 확장을 억제하는 효과가 뚜렷하다. 안보 이슈도 강력하게 작용했지만, 험준한 산맥의 존재가 서울 북쪽 지역 개발에 장애가 되었던 것은 분명하다. 남쪽으로 개발이 전개되었던 데에는 그만큼 뻗어갈 평지가 더 넓었기 때문이다. 강남으로 크게 확장되고 수도권 개발에서도 남쪽이 강세를 보이게 된 이유다.

드넓은 강의 존재가 한양과 초기 서울의 도시 확장의 장애가 되었던 것도 사실이다. 강을 이용한 수운水運이 발달하고 포구가 생기고 그 주변의 활력을 높이기도 했지만, 그렇지 못한 곳은 제대로 활용하기 어려웠다. 더욱이나 홍수에 대비하기 위한 강변의 영역이 크기에 드넓은 강은 도시를 강의 양변으로 나누는 존재가 되었다.

한강의 지금 모습은 1980년대에 올림픽을 준비하면서 만들어졌다. 난지도, 여의도 섬을 없애고 굽이굽이 한강에 있던 작은 섬을 없애고 W자 모양의 한강을 단순하게 정리했다. 이전의 한강 유역은 훨씬 더 넓었고 저지대가 양쪽에 많아서 홍수 때에는 잠기기 일쑤였다. 게다가 모래가 많이 쌓이는 편이라 기초를 잡기도 쉽지 않은 강이다. 전근대적 기술로는 다리를 구축하기 너무 어려웠던 이유다. 기껏해야 정조 시대에 배를 이어 붙여서 '배다리(다산 정약용의 설계)'를 만들어 쓸 정도였다. 1917년에 일제의 기술로 최초로 한강철교를 만들었을 때 얼마나 세상을 놀라게 했을지 가히 짐작이 간다. 현대 한국의 기술로 다리를 지은 게 1960년대가 되어서니 그 이후에야 대도시 서울이 시작된 것이다. 이제는 32개의 다리가 강북과 강남을 연결한다.

드높은 산과 드넓은 강이 서울의 도시 이미지에는 어떤 영향을 줄까? 서울은 '한눈에 잡히는 도시'다. 서울은 이 점에서 정말 특이하다. 이렇게 큰 도시라면 대체로 전체가 잡힌다는 느낌이 들기 어렵다. 그런데 서울은 한눈에 잡힌다. 왜 그럴까?

첫째, 일단 드높은 산의 존재가 도시의 끝을 느끼게 해준다. 아, 저기까지가 서울이구나 하는 느낌이 든다. 북한산, 인왕산, 관악산 등 시각적인 목적이 생기는 것이다. 끝이 보이므로 안정감을 느끼기도 하고 드넓음을 더욱 크게 느끼게 만들기도 한다. 둘째, 드넓은 한강의 존재가 실제로 도시를 크게 조망할 수 있게 시야를 튼다. 특히 W자의 모양으로 구불구불 방향에 따라 달라지는 한강의 이미지가 큰 역할을 한다. 드넓은 강의 존재가 주는 혜택이다.

다른 예를 들자면, 뉴욕시도 도시 이미지에서 드넓은 물의 혜택을 톡톡히 보는 도시다. 바다 쪽에서 접근하며 보이는 자유의 여신상과 뾰족하게 보이는 맨해튼섬의 이미지, 측면에서 보이는 기다란 맨해튼섬의 마천루 숲과 엠파이어스테이트 빌딩과 크라이슬러 빌딩이 만드는 숨 막히는 장면도 허드슨강을 사이에 두고 있어서 생기는 이미지다. 센트럴파크가 펼치는 넓은 조망 이미지와 더불어 그 큰 뉴욕을 한눈에 잡히게 해주는 세가지 장면이다.

산과 강이 만드는 경관 이미지는 서울의 다른 지역에도 크고 작은 스케일로 펼쳐진다. 곳곳의 산으로 인해 서울은 곳곳에서 도시를 조망하는 기회가 생긴다. 고층 건물에서 내려다보는 것과 산에서 내려다보는 조망은 느낌이 다르다. 고층 건물을 올려다보는 느낌과 산을 올려다보는 느낌도 다르다. 원경과 중경과 근경이 어우러지며 만드는 자연경관은 강렬한 랜드마크로 작동하며 도시에 명쾌한 방향감각을 준다. 게다가 서쪽의 홍제천과 불광천, 동쪽의 중랑천, 동남쪽의 탄천, 서남쪽의 안양천, 남쪽의 양재천의 지천이 쉬고 산책하는 공간을 만들어줄 뿐 아니라, 공간에 깊이를 주면서 동네를 한눈에 잡히게 만든다. 서울 곳곳에 있는 낮은 산과 작은 천이 만드는 신묘한 체험이다.

걷고 즐기게 된 산과 강이 고맙다

서울의 산과 강을 즐기는 사람들이 늘어서 아주 반갑다. 산이 없었더라면 밀도 높은 서울의 숨통이 더 조여올 듯할 것이다. 한강이 없었더라면 서울의 젖줄도 없었을 것이고 서울을 깨끗이 만들어주는 역할도 제대로 못할 것이다. 서울의 특색 중 하나가 올려다보는 풍경, 내려다보는 풍경이 곳곳에 있다는 거다. 뒷산이 없으면 기댈 데가 없는 것 같고, 저 너머 바라볼 무엇이 없으면 어쩐지 허전하다. 이런 일상적 풍경이 아마도 우리에게 입체적 감각을 키워주는지도 모른다. 서울의 호연지기를 상징하는 드높은 산과 드넓은 강에 감사한다.

서울시는 2014년부터 '서울 둘레길'을 운영하고 있다. 산책길, 트레킹길, 가벼운 등산길로 이루어진 무려 157킬로미터 길이의 둘레길이다. 서울 외곽의 수락산, 불암산, 우면산, 대모산, 구룡산, 아차산 등 알 만한 산을 다 엮고, 중간중간에 안양천과 탄천 등 지천을 엮으면서 큰 동그라미 모양으로 이루어진 둘레길에는 21개의 코스가 있다. 이외에도 숲길, 수변 길, 전망 좋은 길, 역사 문화길, 계곡 좋은 길 등 작은 산과 지천과 한강과 숲을 엮어서 148개의 산책하기 좋은 길을 정해놓았다.

시간 되는 대로 이 길들을 걸어보라. 걷다 보면 사이사이에 가슴 뛰는 장면을 많이 만날 수 있다. 산의 푸르름과 도시가 어울리는 장면, 새벽의 아스라한 안개가 피어오르는 장면, 초고층의 우뚝 선 군상이 하늘을 만나는 장면, 한옥의 기와지붕 선이 계속 이어지는 장면, 억새 흩날리는 사이로 석양이 떨어지는 모습 등, 평소에 도시 한가운데서 만나기 어려운 정경을 만나면서 서울이라는 도시의 새로운 장면을 느끼게 된다.

요즘은 세계 관광객들이 서울의 등산과 트레킹의 매력에 흠뻑 빠진다는 이야기를 듣는다. 도시 가까운 데에, 대중버스를 타고 내려서 조금만 올라가면 이렇게 멋진 등산 코스가 있다니, 이렇게 끝도 없이 이어지는 트레킹 코스가 있다니, 운동화도 빌려준다니, 가뿐하게 갈아 신고 두세시간 산길을 걷고 나면 서울이 완전히 다르게 느껴질 것이다. 서울의 자연이 주는 축복이다.

산과 강에 어울리는 서울일까?

하지만 서울이라는 도시가 탁월한 자연경관에 잘 어울리는 도시냐고 물으면 시민들은 그리 좋은 점수를 주지는 않을 것이다. 멀리 보는 경관은 아름다워도 가까이 보는 도시 경관은 영 마땅치 않은 것이다. 불만이 큰 사안은 두가지다.

첫째는 한강 변의 경관. 고층 아파트가 병풍처럼 한강을 막고 있는 게 답답하더니 최근엔 우후죽순으로 솟아오르는 초고층 아파트에 대한 불만이 늘어난다. 한강 조망권이 프리미엄으로 작동하는 부동산 시장에서 자꾸 초고층을 세우며 한강 변 경관을 사유화하는 것이 맞느냐 하는 거다.

둘째는 주요 산의 조망이 자꾸 가려지는 데에 대한 불만이다. 대표적으로 사대문 안의 내사산, 즉 남산(주변의 뉴타운 재개발), 북악산과 인왕산(청와대 부근 개발), 낙산(주변의 재개발)의 경관 보호 문제다. 산에 대한 경관조망권 보호와 미세 기후 조절을 위해 바람 통로를 확보하는 문제에 있어 정교한 배려가 필요한 사안이다.

한강과 지천에 대한 근본적인 발상의 전환도 고민해봐야 할 때다. 환경이 개선된 것은 분명하지만, 그 모습은 대부분 획일적이다. 하천구역을 좁히고 물길을 한정하고 연변에 산책길과 자전거길과 둔치를 만드는 천편일률적인 방법이라서 수변공간의 다양한 특색을 살리지 못하는 한계가 있다. 1980년대에 서울올림픽을 준비하면서 만들어진 한강 변은 홍수 대비와 주변의 개발지 확보라는 두가지 목표로만 강행되었고, 상류와 하류에 설치된 수중보로 인하여 우리가 보는 한강은 대부분 물을 담아놓은 호수와 같은 형국이다. 여울과 모래사장이 사라진 한강, 흐르지 않는 한강이 된 연유다.

한강의 역사 기록 사진을 보면, 한여름의 물놀이가 펼쳐지는 너른 모래사장이 놀랍다. 오죽하면 아예 '한강 백사장'이란 말을 썼겠는가? 우리의 한강이 인공의 때를 벗고 백사장에서 일광욕하고 멱을 감는 장면으로 부활할 수 있을까? 상상만은 아닐 것이다. 상상하면 이루어진다.

서울은 '한눈에 잡히는 도시'다.
드높은 산과 드넓은 한강 덕분이다.
그런데, 서울은 탁월한 자연경관에 어울리는 도시일까?

낙산 성곽길에서

「케데헌」의 루미와 진우가 만나다

바람 부는 날엔 낙산 성곽에 간다

늦은 여름에 태풍이 지나면 나는 두근거린다. 가볼 데가 있다. 낙산 성곽이다. 폭우 없이 바람만 지나갈 때가 최고다. 폭우가 할퀸 상처가 클 때는 경황이 없지만, 바람만 불고 나면 최고의 조건이다. 하늘은 새파랗고 공기는 투명하고 산은 또렷해지고 집들은 말끔해지고 성곽은 깔끔해진다. 어느새 낙산에 올라 있다. 단 한 장면을 보고 싶어서다. 성곽이 구불구불 이어지는 위로 우뚝 선 북한산 자락이 펼쳐지는 장면이다. 가슴이 뛴다.

왜 나는 이 장면에 유독 두근두근해질까? 서울의 첫 기억인 낙산 성곽의 달동네 기억이 내 몸속에 박혀 있어서 그런가? 혹시 내 의식 속에 남아 있지도 않은 세살 어린 시절의 내가 이 장면을 보면서 가슴 설렜던가? 그래서 이렇게 강렬하게 내 무의식에서 작용하고 있는 걸까? 그렇다고 여기고 싶다. 다시금 세살 어린아이의 마음이 되고 싶다. 이 책 1부의 서울 이야기를 낙산 성곽에서 시작하여 낙산 성곽으로 마무리하는 이유이다. 내 마음속 공간으로 돌아가고 싶은 것이다.

외국 손님에게 내가 서울을 보여주는 첫 순서가 낙산이다. 내가 사랑하는 장면을 보여주며 서울이 얼마나 근사한 무대에 자리 잡았는지 자랑하고 싶은 심정에서다. 물론 서울 전체를 조망하기 위해서다. 구석구석을 찾는 건 시간이 되는대로 하면 되지만 그전에 전체를 파악하는 게 좋다. 전체가 파악되어야 제대로 본 것 같다. '조감도'鳥瞰圖라는 말처럼 새처럼 하늘 위에서 세상을 눈에 담아보고 싶은 것이다. 공항에서 서울로 들어오면서 드높은 산과 드넓은 한강으로 서울을 한눈에 담아본 손님에게 서울의 특징을 구체적으로 설명해주기에 낙산만큼 좋은 데가 없다.

낙산 성곽에서 사대문 안을 설명하면

낙산 성곽에 오르는 길은 두갈래다. 대학로에서 동숭동을 동서로 가로질러서 언덕길을 따라 가파르게 올라가는 '낙산길'

이 하나고, 동대문 옆 창신동 동네 사이로 낙산 능선을 따라 서서히 남쪽으로부터 올라오는 '낙산 성곽길'이 다른 하나다. 한쪽으로 올라갔으면 다른 쪽으로 내려오는 게 흥미롭다.

낙산 성곽길은 동네 사이로 올라오며 동대문과 시장길과 보통 동네의 친근한 모습을 맛보다가, 오랜 건물을 독특하게 개조한 다양한 카페와 문화 시설들을 기웃대다가, 성곽을 따라 호젓하게 산책하듯 오르는 느낌이 넉넉하다. 낙산길은 대학로 변의 벽돌 건물 양식의 분위기를 즐기다가 단독주택을 개조한 레스토랑과 카페를 두리번대다가 헉헉대며 언덕길을 올라 갑자기 훤히 트이는 정상으로 오르며 분위기가 급변하는 재미가 있다.

고건 시장 시절에 낙산공원이 조성되었고, 박원순 시장 시절에 성곽길 대부분이 복원된 이후로 성곽 양옆으로 상당한 녹지공간이 생겨서 공원 분위기가 물씬 난다. 하지만 나는 오히려 이전의 모습을 무척 신비로워했다. 성곽 코앞까지 작은 집들이 다닥다닥 붙어 있고 성벽과 집들이 손에 닿을 듯한 성벽 골목길의 분위기가 마치 비밀을 가득 안고 있는 유럽 중세 도시를 연상시켰다. 철거 전 오랫동안 흉물처럼 낙산 등성이를 차지했던 시민아파트의 서민적 동네 생활이 성곽 바로 옆에서 활발했는데 성곽은 말없이 그 삶을 포근하게 껴안아주는 듯했다. 이 시절의 낙산 성곽을 서울 속 나만의 비밀공간으로 간직

했었다.

어느 쪽으로 올라오든 낙산 정상에서 만나는 시원한 광경은 그야말로 압권이다. 동서남북이 다 좋다. 내가 특히 좋아하는 북쪽으로는 성곽과 북한산 자락이 드라마틱하게 펼쳐지고, 눈길을 도심 쪽으로 돌리면 서울의 남북 산경축山景軸의 초록색 띠가 창덕궁과 종묘를 따라 흐르는 모습이 보인다. 그 남쪽에 잘생긴 목멱산남산이 또렷하고, 동쪽으로는 동대문 밖의 빼곡한 도시 풍경이 너르게 펼쳐진다. 나는 이 동서남북 풍경 앞에서 돌아가며 옛 서울의 자연적 무대와 한양의 도시 논리를 설명해주곤 하는데, 이 매력적인 풍경 앞에서 서울 이야기를 하는 사람도 듣는 사람도 가슴이 차오른다.

성곽이 복원된 후에 낙산 성곽의 야경이 명물로 등장했다. 성 밖에서 보는 장면이 가장 아름답다. 여름철 늦은 오후에 가서 성곽길을 어슬렁대며 노을로 달아오르는 '바닐라 스카이' 하늘을 즐기다가 성벽을 비추는 조명이 켜질 때까지 기다리면 밤의 마술이 눈앞에서 펼쳐진다. 보름달이 도심 위에 떠 있기까지 하면 그야말로 마술적 분위기에 사로잡힌다.

낙산 성곽까지 올라갔으면 진짜로 꼭 놓치지 않아야 할 게 있다. 그대로 돌아 내려오지 말고 성 밖으로 통하는 암문으로 나가서 혜화문까지 낙산 성곽길을 걷는 것이다. 마치 여우와 호랑이를 만날 것 같은 길이다. 호랑이까지는 지나친 과장이지만 여우는 진짜로 나타날 것만 같다. 갈대숲 사이에 숨어서 우리를 바라보고 있을지도 모른다. 이 길은 복원된 혜화문까지 성북구로 이어지는 길이다.

이 길에서 만났던 한 여성이 인상적이었다. 혜화문 밖 삼선교 동네에서 살며 동대문 근처로 일하러 가는데, 아침에는 차를 타고 대학로를 통해서 출근하고 퇴근길에는 이렇게 낙산을 넘어 운동 삼아 걸어서 집에 간단다. 2킬로미터 남짓이지만 산길이라서 한시간가량 걸리는데 하루 중 가장 근사한 시간이란다. 서울 도심 한가운데에서 이렇게 산을 넘어 통근할 수 있다니 정말 복 받은 삶 아닌가?

동대문부터 혜화문까지 낙산 성곽길을 걷다 보면 놀이터도 나오고 운동기구가 있는 마당도 나오고, 들꽃 우거진 산길도 나오고, 갈대숲 흔들리는 길도 나오고, 바로 이웃 동네로 이어지기도 한다. 그 길엔 도시여행 게스트하우스도 있고 카페도 있고 작은 전시관도 있고 레스토랑도 나온다. 동네 어르신들이 운동하고, 동네 아이들이 재잘대고, 호젓이 홀로 걷는 산책객이 있는가 하면 데이트하는 커플도 심심찮게 마주친다. "아니, 여기가 서울이란 말이야? 이런 곳이 서울에 있단 말이야? 서울 한복판에 이런 천국 같은 데가 있단 말이야?" 감탄사가 절로 나온다. 믿기지 않을 정도다.

내 마음속 깊이 이런 공간을 품은 데에 감사한다. 누구에게나 자기가 사는 도시에 그런 공간 하나쯤은 품고 있을 것이다. 당연히 품어야 한다. 어릴 적 경험 때문에, 연애 시절 경험 때문에, 그저 아름다워서, 그저 정겨워서, 그저 감탄스러워서, 너무 슬퍼서, 너무 경이로워서 천국처럼 느껴지는 곳. 그곳에 가면 마음이 가라앉고, 가슴이 채워지고, 겨드랑이에 날개가 돋는 듯하다. 마음을 치유하는 공간의 힘이 느껴지는 곳이다.

한동안 나는 낙산으로 오르는 길을 몽마르트르 언덕에 오르는 길이라 이름 붙이곤 했다. 몽마르트르 언덕은 파리에서 가장 높은 지역이다. 사크레쾨르 성당을 세워서 높게 느껴지지만 사실 그리 높지 않은 언덕이다. 그런데 평지로만 구성된 파리에 얼마나 귀한 언덕이었는지, 파리 사람들은 몽마르트르 언덕에 가지가지 이야기들을 새겨놓고 곱씹으며 주변에 퍼뜨린다. 몽마르트르 언덕에 오르는 여러 성격의 길을 만들고, 가난한 거리 아티스트가 초상화를 그려주며 푼돈을 벌고, 술집도 카페도 빈티지 가게도 만들고, 그 유명한 '물랭루주' 카바레 쇼도 만들고, 그런가 하면 영화 「존 윅」에서 남주인공이 언덕에 오르는 가파른 계단 길에서 구르고 엎어지다가 또 오르는 장면을 영화로 만들면서 파리에 오는 사람들이 꼭 찾아오게 만든다.

우리의 공간에도 그런 이야기들이 쌓여야 한다. 이야기를 덧붙이고, 자꾸 이야기해야 한다. 그런 공간을 마음속 공간으로 품어보자. 그 공간에 얽힌 이야기를 자꾸 하자. 거기에 우리의 새로운 이야기를 지어내보자.

「케데헌」에서 루미와 진우가 데이트한 이야기

이 책을 탈고할 무렵에 「케이팝 데몬 헌터스」(줄여서 「케데헌」)라는 애니메이션 뮤지컬 영화가 나왔다. 소니가 만들고 넷플릭스가 방영한 이 영화는 나오자마자 41개국에서 1위를 기록했고, 수록곡 8개가 모두 세계 음원 차트를 석권했고, 대표곡 「골든」은 빌보드 1위를 무려 8차례나 차지했다. 애니메이션 영화가 뭐 대단할까 싶었는데, 나도 그만 반해버렸다. "케이팝은 노래의 힘으로 인간의 영혼을 악귀로부터 보호한다. 팬들의 에너지가 팬덤 방어막을 만든다. 악귀는 보이그룹 '사자보이즈'를 보내 걸그룹 '헌트릭스'를 무너뜨리려 하고 영혼을 건 대결이 펼쳐진다"는 흥미로운 스토리에 귀에 감기는 멜로디, 시적인 가사, 폭발적인 가창력이 매력적이다. 케이팝이 노래로 세계를 지킨다는 개념이 은근히 뿌듯하지 않은가?

이 영화에는 서울 곳곳이 배경으로 등장하며 자연스럽게 한국문화를 느껴지게 한다는 점도 아주 설득력 있게 그려진다.

그중 주인공 루미와 진우가 만나서 칼싸움에 말싸움도 하고, 비밀을 고백하며 서로를 향한 마음을 전하는 공간이 바로 낙산 성곽길과 북촌 한옥 동네다. 루미와 진우는 낙산 성곽 위에서 살벌 달콤한 첫 데이트를 한다. 그런가 하면 한옥 지붕 위를 나란히 걷다가 사뿐히 하늘로 날아오르며 서로의 마음에 공감하며 「프리」라는 듀엣곡을 부른다.

이때 서울의 밤 풍경이 고대로 나온다. 은은한 불빛이 켜진 한옥, 차분하고 날렵한 한옥 지붕, 낙산 성곽이 그리는 곡선, 남산의 실루엣, 사대문 안의 반짝반짝 불빛, 보름달 등, 거기에 민화 호랑이 더피가 강아지처럼 따라다니는 모습까지 완벽했다. 나는 이제 낙산 성곽을 루미와 진우가 달밤에 데이트하던 공간으로 이야기하리라 싶다. 내가 지닌 낙산 성곽 이야기에 누구나 공감할 수 있는 이야기 하나가 덧붙여진 게 흐뭇하다.

바람 부는 날이면 내가 낙산 성곽에 이끌리는 것은 나의 세 살 적 아스라한 기억 때문이리라 여기기로 했다. 그 어떤 공간에 대한 애착의 정체를 정확히 알 수는 없지만, 잘 모르기에 마음은 점점 커지는 건지도 모른다. 서울 곳곳에 마음속 공간을 숨겨놓은 나는 행복하다. 그리고 그 공간에 다른 사람들이 만드는 이야기가 포개지는 것이 아주 기쁘다. 마음속 서울이 자꾸 커진다.

어린 시절에 아로새겨진 공간의 힘은 일생을 간다.
이야기를 품은 공간은 마음속에서 커진다.
서울의 이야기 공간을 나의 공간으로 품자.
내가 품은 공간을 서울의 공간으로 만들어보자.

이토록 _____ 서울

공간 · 사람 · 정치로 빚어낸 김진애의 도시 이야기

2부

'서울러'와 '서울다움' 이야기

무엇이 서울을 만드는가?

서울러 Seouler, 서울 사람

서울 사람은 누구일까?

「나의 해방일지」는 근래 드라마 중에서 가장 리얼하고 가장 우울하면서도 가장 희망적인 드라마였다. 지친 일상에서 영 벗어나지 못할 것 같고, 나락에 떨어져서 도저히 헤어나지 못할 것 같고, 하루하루 견디는 것밖에 없는 삶으로부터 해방될 수 있다니, 그런 희망은 어떻게 찾을 수 있는 걸까?

경기도 산포(내 고향 군포와 비슷한 이름이라서 괜히 더 애틋하게 다가왔다) 도농복합 지역에서 사는 평범한 집의 세 남매는 각기 악전고투하며 매일을 살아간다. 올해 안에 아무나 사랑하고야 말겠다는 겉으로만 씩씩한 큰딸, 기어코 고향에서 탈출해

서울에 살고 싶어하는 찌질한 아들, 착하고 온순하고 모범적으로 보이지만 조용하게 지쳐가는 막내딸. 세 남매는 마을버스를 타고 지하철로 갈아타 하루 네시간을 쓰면서 서울로 출퇴근한다. 불금에는 친구나 직장 동료들과 신세 한탄 술자리를 갖다가 지하철 막차를 놓치고 자정이 되면 강남역에서 만나 셋이 돈을 모아 총알택시로 귀가한다. 차만 사면, 서울로 이사만 하면 인생이 달라질 거라며 '서울은 노른자, 경기도는 흰자'라고 자포자기로 뇌까리는 오빠에게 막내는 묻는다. "서울에 살았으면, 우리 달랐어?"

당신은 어떤 답을 하겠는가? 서울에 살아서 뭐가 다른가? 서울에 살지 않아서 뭐가 다른가? 그 오빠처럼 "달랐어!"라고 말하는 '공간 결정적 생각'이 드는가, 아니면 막내딸처럼 "아니, 난 똑같았을 것 같아!"라는 '사람 결정적 생각'이 드는가? 서울 사람이 되면 뭐가 달라지나? 서울 사람이란 무슨 뜻일까? 서울 사람이란 어떤 사람을 말할까?

사실 서울에 산다는 것과 서울 사람이라는 것은 다르다. 나는 서울에서 세살부터 살았으니 엄밀하게 말하면 경기도 군포시 산본 사람이다. 나의 남편은 여덟살부터 서울에 살았으니 엄밀하게 말하면 진주 사람이다. 나의 두 딸은 서울에서 나고 자랐으니 서울 사람이라 할 수 있겠다. 하지만 '삼대는 살아야 서울 사람'이라는 정의를 들이댄다면 아직 멀었다.

아니, 요즘 시대에 이런 정의는 말도 안 된다. '한달 살이'만 해도 서울 사람이 될 수 있다. 사흘 여행, 일주일 여행자까지 서울 사람이라 보기는 좀 모자라도 한달 살이를 하면 아마도 보통 서울 시민보다 더 많은 서울 탐험을 했을 터이니 서울에 사는 서울 사람보다 더 서울을 잘 아는 서울 사람이 될지도 모른다. 아니, 이것도 말이 안 된다. 뉴욕에 한달 살이 했다고 뉴요커가 되나? 파리에 한달 살이 했다고 파리지앵이 되나?

「나의 해방일지」에서 산포에 사는 세 남매는 서울에 일자리를 가진 많은 수도권 사람처럼 자기 인생의 20퍼센트 정도를 출퇴근에 쓰면서 인생의 절반 이상의 시간을 서울에서 보내는데 서울 사람이 아니라고 할 수 있을까? 피곤한 수도권 살이라고 하지만, 세 남매의 삶을 부러워하는 사람도 많을 것이다. 너희는 직장이 있잖아? 돌아갈 집이 있잖아? 기댈 가족이 있잖아? 주말에는 한적한 시골에서 아버지 농사를 도우면서 여유로움을 찾을 수도 있잖아? 찾아갈 고향이 있잖아? 서울과 수도권을 오가는 삶이 흥미로울 수 있잖아?

서울 사람을 어떻게 정의해야 할까? 서울에 사는 서울 사람? 주민등록과 투표권이 있고 아동 수당과 복지 수당을 받을 수 있는 서울 시민? 브랜드 아파트는 아니더라도 다세대 원룸

이나 오피스텔에 살면서 싱글 라이프의 자유를 만끽하며 서울의 삶을 이모저모 탐험하는 도시 유목민? 아이들 교육 때문에 '인 서울'을 모색하는 수도권 가족? 아이들 떠나보내고 '아웃 서울' 로망을 실현해볼까 저울질하는 은퇴 가족? 서울 사람이 될 생각은 없어도 호시탐탐 강남권에 똘똘한 한채를 마련하고 가끔 서울 나들이를 하는 전국의 알부자? 영화「퍼펙트 데이즈」의 청소부처럼 다람쥐 쳇바퀴같이 반복되는 삶 속에서도 도시의 반짝이는 순간을 포착하는 직장인? 고 노회찬 의원이 외쳤던, 6411번 새벽 버스를 타고 강남의 화려한 건물의 안 보이는 곳에서 남이 피하는 일을 하는 고된 삶 속에서도 소중한 인생을 일구는 사람? 드라마「인간 실격」에서처럼 스스로 규정한 실패한 삶을 포기하려다가 다시 살아갈 실마리를 발견하는 사람들?

서울 사람은 각양각색으로 많다. 서울 시민 932만을 포함한 수도권 사람 2,600만 2025년 8월 기준이라는 숫자만큼이나 하나하나 고유한 삶이다. 굳이 서울 사람을 정의할 필요가 있을까? 한 가지 정의는 아니더라도 뭉뚱그려 볼 수 있을까? 패턴을 찾을 수 있을까? 지금 이 시대, 21세기를 사반세기나 지난 시점에 서울 사람은 어떤 시대적 심리, 마음을 가지고 살아가는 걸까?

서울 사람은 '서울러'?

그 도시 사람을 일컫는 고유 단어를 가진 도시는 그리 많지 않다. 가장 유명한 게 파리지앵, 뉴요커, 런더너 정도다. 이름만 들어도 금방 어떤 이미지가 떠오른다. 정형화되고 단순하게 상업적으로 만들어진 이미지일 테지만, 그래도 뭔가 연상이 된다. 파리지앵은 로맨틱한 분위기, 뉴요커는 워커홀릭 분위기, 런더너는 깍듯한 '레이디스 앤드 젠틀맨' 분위기다. 사실 이 이름들은 관광객에게나 긍정적인 이미지이고 그 문화 속에서는 '깍쟁이에다가 허세나 떠는 왕재수'로 여겨지곤 한단다. 뭐 그리 잘난 체, 특별한 체하느냐 하는 심리일 것이다.

서울 사람 이미지도 그다지 다르지 않다. 서울 사람이란 말이 그렇게 긍정적인 것만은 아니다. 깍쟁이에 잘난 체, 특별한 체하는 속물 이미지가 적지 않다. 사실 대도시 사람에 대한 통념적인 거부 반응이기도 하지만 서울은 전통적으로 '수도'라는 자부심에 더하여 현대 서울에 붙은 '특별시'라는 이름 때문에 은근한 특권적 자부심이 있고, 게다가 부의 쏠림 현상이 극심해지면서 상대적으로 지방도시, 최근 들어서는 수도권과도 차별화하는 심리가 내재한다는 인식이다.

자조감은 왜 생길까? 서울이라는, 세상이 기대하는 특별한 기준에 스스로 못 미친다는 데에 대한 자의식에서 비롯된다.

서울 사람이라고 다 똑같은 서울 사람이 아니라는 거다. 명시적인 계급은 없어졌어도 계층 의식은 엄연하고 서울 안에서의 경제 양극화 현상 때문에 자조감이 더해지기도 한다. 지방에서 올라와 살면서 점점 더 서울 사람 같아지는 자신을 반성하는 현상도 있다. 한때는 이런 사연이 종종 문학의 소재로 등장해서 느긋하고 정겨운 심성에서 점차 각박해지고 냉정해지는 서울 사람의 심성으로 변하는 현상을 자조하기도 했다.

물론 요즘 시대에는 공공연하게 특권의식을 내비치면 뭇매를 맞을 수도 있다. '서울 사람'이라고 하면 오히려 '촌스럽다'고 여겨지기도 한다. '아니, 서울 물 안 먹어본 사람 있나? 아니, 서울만 잘 사는 줄 아나?' 비난을 받는 것이다. 오히려 "저, 부산 사람이에요. 청주 사람이에요. 군포 사람이에요. 수원 사람이에요. 여수 사람이에요." 하고 지방도시 이름을 붙이면 정겹게 느껴지지만, 대놓고 "서울 사람이에요." 했다가는 한마디로 재수 없다고 여겨지기 십상이다.

같은 서울 사람 앞이라고 다르지 않다. 서울 사람 앞에서 서울 사람연하기란 이상하지 않나? 서울 사람은 서울 사람을 잘 모를 수도 있다. 막 서울에 와서 살게 된 사람들 눈에는 오히려 서울 사람이 더 잘 보일 것이다. 영남 사람, 호남 사람, 미국 오하이오 사람 셋이 모인 버스커버스커의 노래 「서울 사람들」가사에서처럼, 서울 사람이란 쓸데없이 바쁘고 시간은 항상 모자라고 지쳐 있고 도망가고 싶어하고 유흥의 유혹에 홀랑 넘어가면서 눈에 다크서클 드리우고, 그저 월요일도 화요일도, 수, 목, 금, 토, 일요일에도 항상 '타이어드' tired한 사람들이다. 바쁘고, 시간에 쫓기고, 항상 지쳐 있지만, 클럽에 놀러 갈 기력만큼은 충분한 사람이 서울 사람일까? 세대 차이는 있겠다.

최근에는 관광과 체류가 늘어나는 만큼 다양한 문화에서 온 외국 사람이 느끼는 서울 사람의 인상이 뉴스와 각종 미디어를 통해서 꽤 자주 등장한다. 한국인에 대한 인상이지만 서울에서 체험한 인상이 큰 부분을 차지하니 서울 사람에 대한 인상이라 해도 무방할 것이다.

첫째, '빨리빨리'가 가장 많이 듣는 말이란다. 급하다는 거다. 그런데도 잘 기다리고 항상 잘 준비되어 있다고 한다. 그러니까 성질은 급하면서도 행동은 침착하다는 건데, 이 이율배반적 태도는 무엇인가?

둘째, 무표정하고 무뚝뚝한 인상인데 의외로 친절하단다. '정이 많다, 특히 속정이 풍부하다, 감정이입을 잘한다'는 뜻이니, 이른바 츤데레 스타일이 많은가? 오지랖이 넓다는 뜻이기도 할 것이다.

셋째, 많이 수줍어하는데 프라이버시에 관한 직설적 질문을 던져서 깜짝 놀라곤 한단다. 친밀도에 따라 행동 양태가 달라진다는 뜻이겠다. 친해지고 싶다, 가까워지고 싶어한다는 욕구가 강하다는 의미일 수도 있다.

넷째, 떼창에 열광하고 온몸으로 열정을 표현한다. 이른바 '끼'가 많다는 뜻이다. 가무에 능하고 에너지 레벨이 높다는 뜻이기도 하겠다. 한마디로, '화끈하다'고 느끼는 게 아닐까 싶다.

다섯째, 옷을 잘 입는데 대개 비슷하게 입고 브랜드마저 비슷해서 이상하다고 한다. 체면을 무척 중요시하고 유행을 타면서도 튀지 않아야 안전하다고 생각해서인가? 상업적인 레디메이드 이미지에 잘 현혹된다는 뜻일까? 무리에 속해야 안전하다고 생각하나?

물론 모든 사람이 똑같지는 않겠지만, 적어도 문화가 다른 사람들 앞에 비치는 보편적 인상은 한국 사람, 서울 사람의 특징을 보여주는 반응일 것이다. 고대로 믿을 건 아니지만, 귀 기울일 만한 데가 없지 않다. 이런 특징들이 여러 문화 양식을 통해서 표현되기 때문이다.

서울 사람에 대한 이러한 고유 인상들이 있지만, 서울 사람을 칭하는 고유 단어는 별로 쓰이지 않는다. 영어 사전에 서울 사람은 '서울라이트'Seoulite라고 나와 있지만, 이 말은 좀체 대중의 입에 붙지 않는 것이다. 이명박 전 시장이 '서울라이트'라는 말을 쓴 적이 있었지만, 거창하게 글로벌해 보이려는 제스처로 느껴졌는지 별 효과가 없었다. 가수 이하이의 「SEOULITE」라는 앨범이 더 큰 히트였지만 '서울의 빛'이라 해석됐다.

최근에는 '서울러' Seouler 라는 말이 자주 들린다. 오픈 사전에만 나오는 새로 등장한 단어다. 서울러는 '혼밥러, 댓글러, 불편러'처럼 '러'를 붙이는 유행에 편승해서 만들어진 말인 듯한데, '뉴요커, 런더너'처럼 괜찮게 들려서 자주 쓰이는 모양이다.

서울러라는 말이 등장한 데에는 이 시대의 개인주의 문화와 여행과 스마트폰과 SNS 문화가 절묘하게 맞물린 트렌드가 작용했을 것이다. 맛집과 핫플과 특별한 공간을 찾아다니는 여행 문화를 즐기고, 이왕이면 잘 차려입고 독특한 분위기로 찍은 사진과 영상을 SNS와 브이로그로 자랑까지 할 수 있다니 환상적이 아닐 수 없다. 게다가 혼자서도 얼마든지 가능하다. '나 혼자 산다, 혼자서도 잘해요' 유행에 자연스럽게 올라탈 수 있다. 이른바 핵개인 시대에 소중히 여기는 프라이버시 욕구와 미디어 시대의 인정 과시 욕구가 섞여서 만들어진 새롭고도 흥미로운 현상이다.

'서울러'라는 말이 등장한 시대적 의미도 있다. 개발도상국의 수도를 표방하던 시대를 지나고, 한강의 기적이라며 수출 대국의 경제 부흥을 무작정 자랑하던 시대를 지나고, 올림픽을 치르며 선진도시로 부상한 듯한 분위기가 넘치던 시대도 지난 때다. 20세기 말에 세계화의 흐름에 들떴다가 외환위기의 위기를 겪었지만 나름 극복해냈다는 자긍심으로 21세기를 맞았고, IT산업이 뜨고 한류 엔터 산업이 후속타를 치면서 다양한 장르의 K-문화가 전세계를 휩쓸게 된 때다. '서울러'라는 말이 자연스럽게 나옴 직한 시대다.

'런더너'라는 말이 세계적으로 알려진 것은 영국의 제국주의가 기세를 떨칠 때다. 지금도 '런더너'는 정작 런던 밖에서 더 자주 쓰인다. 호텔이나 식당 이름처럼 주로 관광용인 경우가 많다. 런더너 호텔은 유명한 호텔 브랜드인데, 마카오에 있는 런더너 호텔은 무지하게 크다. 대영제국의 향수를 자극하며 관광객을 끌어들이려는 마케팅 목적이다.

'뉴요커'는 아마도 전세계적으로 가장 유명해진 이름일 것이다. 1925년부터 무려 100년을 이어오는 『더 뉴요커』The New Yorker라는 잡지도 한몫했을 터이다. 뉴욕의 정치와 문화, 사회, 출판, 행사, 예술, 인물 등에 대하여 통찰과 위트를 담은 기사와 칼럼을 실으며 문화 트렌드를 이끌어온 잡지다. 1925년이라면 제1차 세계대전 이후 미국이 본격적인 세계 패권국가로 부상하며 뉴욕이 세계도시로 뜨기 시작했을 때다.

요즘은 뉴요커가 패션 산업에 연관되어 자주 쓰이기도 한다. 워커홀릭 뉴욕 스타일을 암시하는데, 정장을 입으면서도 캐주얼하고 운동화를 신고 다니다가 직장에 들어서면 구두로 갈아 신는 쿨한 도시 남녀를 통해, 한참 유행하던 '여피'_{Yuppie,} young urban professional, 젊은 도시 직장족라는 말이 딱 적용되는 게 뉴요커다. 따뜻한 캘리포니아에서 유행하던 '보보스'_{Bobos, '보헤미안'과} '부르주아'를 섞은 스타일족과 겉모습은 달라도 지향점은 비슷하다.

정형화된 삶의 딱딱한 형식을 창의성과 상상력을 동원해서 자유로워지는 순간을 추구한다고 할까? 한편으로는 중산층의 부르주아적인 세련된 매너와 고상한 취향을 추구하는 한편, 다른 한편으로는 예술적이고 자유롭고 모험적인 보헤미안적 특성을 지향하는 것이다. 어떠하든 그 표현 수단은 지극히 물질적이다. 사고 입고 먹고 마시는 게 즉 자신이라는 건데, 상업주의 시대에 딱 어울리는 자본주의적 가치관이 삶의 곳곳에 파고드는 것이다. 그런 뉘앙스가 배어 있는 신조어가 서울러라는 말이다.

서울러의 등장이 시사하는 시대적 전환

'서울러'라는 이름의 등장을 아주 긍정적으로 본다면, 소비생활의 변화에 대한 그동안의 비판적 시각이 나름 긍정적으로 변화하고 있다는 신호이자 도시 라이프에 대한 긍정적 시각이 등장했다는 신호이기도 하다. 이전에는 지나친 소비생활을 비판하거나 자조하는 어휘들이 유행했다. 예컨대 '오렌지족'은 유학으로 미국물을 먹고 압구정동에서 원두커피를 홀짝이고 소비와 유흥에 인생을 허비하는 부유층 2세들을 빗대서 강남의 신소비계층을 비꼬는 말이었다. 그런가 하면 한동안 'X세대'라는 말이 유행했는데, 베이비 붐 세대 이후에 등장한, 돈 잘 벌고 소비에 너그럽고 놀기도 하는 라이프 스타일을 추구하면서도 전통 가치관과 갈등하는 아리송한 가치관을 가진 세대에 대해서 절반은 자조하고 절반은 긍정하는 어휘였다.

서울러의 등장은 여러가지 긍정적인 시대적 변화를 시사한다. 나는 여덟가지 특징을 주목한다. 첫째, 도시적 삶을 즐기기 시작했다는 신호다. 밀레니얼 세대가 트렌드를 이끌어가게 되었다는 신호이기도 하다. 디지털 문화를 자유자재로 즐기는 디지털 세대이자 일과 놀이의 균형을 추구하는 워라밸 가치관을 중시하면서, 자신의 삶을 긍정하는 세대의 출현이라고 해도 좋다. 행복해지고 싶고 행복해하고 싶은 세대, 마음껏 행복해해도 괜찮고 행복감을 당당하게 표현하는 세대가 등장한 것이다.

둘째, 개인적인 해석이지만, 나는 광장을 즐기게 된 세대로 서울러를 해석한다. 1부에서 광화문광장을 해석하면서 강조했지만, 2002년 월드컵 거리 응원은 현대 역사상 처음으로 즐거운 상황에서 거리를 광장으로 만들면서 행복한 시간을 같이 할 수 있음을 깨닫게 된 변혁적 사건이었다. 이전에 광장이 분노와 절망과 저항을 터뜨리는 공간이었다면, 이제 광장은 환희와 열망과 성취를 터뜨리는 공간이 될 수도 있음을 깨달은 것이다. 이후에 수많은 광장이 만들어졌고, 그 광장에서 수많은 환희의 순간이 만들어졌다. 그 황홀한 경험은 페스티벌 세대, 시위 문화 세대, '댄스 인 퍼블릭'dance in public 세대, 버스킹 세대, 촛불 세대, 응원봉 빛의 혁명 세대 등의 다양한 버전으로 진화하고 있다.

셋째, 혼자서 뭘 해도 괜찮은 홀로 세대의 등장이다. 무리 짓기에 대한 사회적 압력은 여전히 있지만, 혼자서도, 외로워하지 않으면서, 외롭지 않으려고, 소외감을 느끼지 않으려고, 내면의 목소리에 끌려서 무언가를 찾아서 하는 사람들이 늘었다. 하물며 시위에 참여할 때도 아무렇지도 않게 혼자 와서 잠시라 하더라도 뜻을 같이하고 나서는 흔쾌하게 헤어지며 다음을 기약한다. 혼자 하는 쇼핑, 혼자 하는 먹방, 혼자 하는 유튜브, 혼자 하는 여행 등, 바야흐로 혼자에 대한 당당함, 정신적으로 또 영혼 면에서 당당하게 독립한 홀로 세대의 등장이다.

넷째, 자기 삶의 기록을 통해 세계를 관찰하고자 하는, 자기 의식과 자기표현이 확고한 소통 세대가 늘었다. SNS와 블로그,

유튜브 등의 새로운 개인적 표현 매체가 다양해진 덕분도 클 것이다. 출간이나 방송이 아니더라도 자기 생각과 활동을 표출하면서 소통할 수 있게 된 시대다. 관심 주제가 다양해지고 기록과 소통 수단이 간편해진 덕분에 직접 체험을 전파하는 콘텐츠가 늘었고 간접 체험의 기회가 커졌다. 나 대신 여행, 나 대신 연구, 나 대신 탐험해주는 사람들과 공감하며 마음으로 교유한다.

다섯째, 예전과 달리 개인주의 매너가 공적 영역으로 꽤 확장되었다. 깔끔함이라고 할까, 깍듯함이라 할까, 스마트폰 때문에 생긴 자기 몰입 문화의 영향이라고 해야 할까, 노터치 문화가 늘었다. 부정적으로 본다면 거리가 멀어졌다고 볼 수도 있지만, 긍정적으로 보면 평소에는 서로의 프라이버시를 존중하다가 필요할 때는 서로 도와주고 뒤처리까지 깨끗이 하는 공공문화가 생기고 더 나아가 주변에 이런 공공 매너를 요구하기까지 한다. 이런 공공 매너 문화가 어디까지 변화할지 예의 주시할 만하다.

여섯째, 아주 재미있는 현상인데, 어른의 아이화 세대라고 해야 할까, 젊게 사는 세대화라고 해야 할까, 아이처럼 구는 사람들이 늘었다. 실질적으로 아이들의 숫자가 줄고, 아이들끼리만 다니는 장면은 꽤 줄어들어서 아쉽고 이 자체가 인구 구성적 변화이지만, 대신에 어른들은 '키덜트'kidult라 불릴 만큼 더 천진난만해지고 활력이 커졌다. 대중문화가 다양해진 덕분이다. 케이팝이 더이상 젊은 세대에 국한된 문화가 아니고 트로트 문화를 즐기는 젊은 세대 역시 늘었다. 앞으로 어른들의 놀이 문화가 점점 더 다채로워질 거라는 신호다.

일곱째, 폭발하는 에너지가 놀라운 세대다. 도대체 어디에 그렇게 흥을 감춰두고, 기를 숨겨뒀던지, 창조적이고 상상력 풍부한 활동이 곳곳에서 눈에 띈다. 똑같은 것도 다르게 하고, 다른 것도 금방 자기 것으로 만든다. 사회, 문화, 경제, 산업 그리고 정치 현장에서도 일어나는 이 에너지 폭발이 어디까지 이르게 될지 기대되는 흥미진진한 시대다.

여덟째, 사실 이 모든 변화에는 강력한 소비문화가 바탕에 흐른다. 소비를 통해 자신을 적극적으로 표현하는 시대가 된 것이다. 살고, 놀고, 찾고, 먹고, 마시고, 사고, 입고, 보고, 즐기는 모든 활동이 소비와 관련되어 있고 상품화, 상업화, 기업화 흐름과 무관치 않다. 부정적으로 보면 무차별적 상품화의 문제와 함께 기회 격차가 커질 위험에 노출되어 있고, 좋게 보면 우리의 모든 활동에 경제 활력이 동반할 기회가 커진다.

서울다움 Seoulness

서울다움이란 대체 무엇인가?

'서울러'가 사전에 없는 것처럼, '서울다움'Seoulness도 사전에 없는 말이다. 나의 첫 책 제목이 『서울性』서울포럼, 1991이었다. '서울성性'이라고 했더니 서울의 '성'이냐고 농담을 들어서 꽤 웃었던 적이 있다. 서울성이란 서울다움, 서울의 성격, 서울의 캐릭터, 서울의 개성, 서울의 특성, 서울의 특징 등을 표현하고자 붙였던 말이다. 서울다움을 느끼게 해주는 그 어떤 무엇을 말하는 것이다.

그런데 그 무엇이 도대체 무엇인가? 여기서부터 온갖 의견과 생각과 논쟁이 발생한다. 우리가 한 사람을 정의하기도 쉽지 않은데, 이 큰 도시 서울을 정의하려니 얼마나 많은 주장이 생기겠는가? 비주얼, 소리, 분위기, 날씨, 음식, 맛, 옷, 사람, 활동, 산업, 기업, 노래, 시, 춤, 역사, 이야기, 인물, 정치? 그 무엇은 범위가 무척 넓다. 비주얼이라면, 자연, 건축, 거리, 동네, 도시공간, 나무, 물, 산, 식물, 간판, 깃발, 포장, 조각, 그림, 탑, 분수, 시장, 가게, 패션, 지하철, 버스, 쓰레기통, 음수대, 버스 정류장? 그 무엇이란 세부적으로 들어갈수록 더욱 대상이 넓어진다. 건축이라면, 한옥, 중소 건물, 고층 아파트, 마천루, 상점, 카페, 식당, 탑, 궁전, 사찰, 지붕, 기둥, 담장, 광장, 마당, 성곽, 문? 그러니 그 무엇을 어떻게 정의해야 하는가?

마케팅 분야에서는 이걸 브랜드라고 통칭한다. 고유의 서울 브랜드는 무엇인가? 서울 하면 떠오르는 게 무엇인가? 특정한 이미지를 홍보하기도 하고(남대문과 남산타워가 가장 많이 쓰였다), 이름을 만들어서 홍보하기도 한다. 서울시도 공식 브랜드를 만들었다. 이명박 서울시장이 2002년에 만든 '하이 서울'Hi Seoul, 2006년 오세훈 시장이 여기에 덧붙인 '소울 오브 아시아'Soul of Asia, 2015년 박원순 시장의 '아이.서울.유'I.Seoul.U, 다시 2023년 오세훈 시장이 만든 '서울, 마이 소울'Seoul, My Soul 등이다.

그런데 서울시가 만든 브랜드(슬로건, 캐치프레이즈 등 뭐라 부르든 간에)는 하나같이 별로 다가오지 않는다. '하이 서울'은 외국인을 겨냥한 거겠지만 어법도 안 맞고, '소울 오브 아시아'에 대해서는 서울이 아시아를 대표할 수 없다고 다른 나라들의 반발도 있었다. '아이.서울.유'는 '아이 러브 뉴욕'을 본뜬 모양인데 어색하게 들리고, '서울, 마이 소울'이라니 왜 서울에서 영혼을 찾는지 관광 유치에 도움이 될지 모르겠다. 서울은 현세적이고 즉물적인 도시 체험이 특징인데, 영혼을 찾는 게 별로 와닿지 않는다.

'아이 러브 뉴욕' I ♥ NY은 1977년에 만들어져 여태껏 쓰이는 것만 봐도 정말 잘 만든 슬로건이고, 도시브랜드 유행까지 낳았지만, 다른 도시들의 브랜드가 별로 생각나지 않는 걸 보면 도시브랜드가 유명해지는 건 무척 힘든 일인 것 같다. 사실 아이 러브 뉴욕은 뉴욕시의 브랜드가 아니라 뉴욕주의 브랜드다. 이미 유명한 뉴욕시보다 뉴욕주의 관광 유치를 위해 개발한 캐치프레이즈인데, 2001년 9.11 테러 후에는 오히려 뉴욕시를 지키자는 뜻이 강렬해지면서 더욱 넓게 퍼졌다.

그나마 국가브랜드는 도시브랜드보다 상대적으로 효과가 높은 것 같다. 대한민국 국가브랜드로 '다이내믹 코리아' Dynamic Korea는 역동적인 대한민국의 이미지와 2002년 서울 월드컵과 딱 맞아떨어진 효과를 상당히 봤다. 그런데 그 외에는 바로 생각나는 브랜드가 별로 없다. 이후에 '당신의 코리아를 상상하라' Imagine Your Korea, '크리에이티브 코리아' Creative Korea가 등장하면서 시대의 코드인 상상력과 창의력을 강조했지만 별로 성과가 높지는 않았다.

최근 국가브랜드나 도시브랜드에 관한 관심은 현저하게 줄어들었다. 왜일까? 첫째 이유는, 대중관광의 세계화가 이미 대세가 됐기 때문이다. 관광 이미지가 좋은 나라와 도시들은 관광객들에게 오히려 제발 오지 말아달라고 할 정도로 코로나 팬데믹 이후에 관광 열풍이 다시 거세지고 있다. 서울에서도 북촌 주민들은 상인과 달리 관광객을 그리 반기지 않을 정도로 오버투어리즘의 후폭풍은 만만치 않다.

둘째, 문화 또는 문화산업의 세계화가 대세가 됐기 때문이다. SNS와 뉴 미디어로 더욱 가까워진 세계에서 문화산업과 엔터테인먼트 산업의 영향력은 엄청나다. 싸이의 「강남 스타일」뿐인가, BTS, 블랙핑크 등의 아이돌 팬덤뿐 아니라 영화와 드라마까지 놀라울 정도다. 월드 스타가 나오면 그의 나라에 그렇게 가보고 싶어한다는 게 요즘 여행의 추이가 되었을 정도다.

셋째, 이제는 공식적인 브랜드보다 문화산업에서 파생된 키워드가 훨씬 더 효과가 높아졌기 때문일 것이다. 'K-팝, K-드라마, K-무비, K-뷰티, K-푸드', '한류'Hallyu, Korean Wave 같은 말이 세계를 휩쓸 정도로 한국문화에 관한 관심이 높아졌다.

물론 여전히 국가 이미지와 도시 이미지는 무척 중요하다. 뉴욕의 이미지란 미국이라는 거대한 패권국가의 이미지와 결코 따로 떨어져 있지 않다. 아이 러브 뉴욕과 빅 애플Big Apple, 뉴욕의 애칭과 엠파이어스테이트 빌딩과 월가와 자유의 여신상, 브루클린 브리지와 소호와 센트럴파크 등이 뉴욕시의 대표 이미지로 쓰이지만, 사실 맨해튼 자체가 미국의 엄청난 힘을 대변하는 것이다.

빠른 실적을 내고 싶어 안달하는 정치인과 관료들은 인위적인 브랜딩 작업에 집착하면서 가시적인 건물과 공간을 랜드마크로 만들어 홍보하고자 한다. 안타깝게도 그렇게 만들어진 브랜드와 랜드마크란 것이 정말로 효과를 내는지는 의문이다. 이미지가 형성되는 데에는 시간이 걸린다. 각 개인이 자기가 사는 동네와 도시의 이미지를 머리에 구축하는 데에도 시간이 걸리듯이 한 도시의 이미지가 시민들과 관광객에게 아로새겨지는 데에는 상당한 시간이 필요하다. 물론 가만히 기다린다고 해서 이미지가 만들어지는 건 아니고 끊임없이 다양한 발신과 교류가 이어져야 한다.

서울다움을 해석하는 관점의 진화:
다양함, 일상, 세련, 스토리

최근 들어 정말 반가운 현상은 서울다움에 대한 상당히 다양한 해석이 등장한다는 것이다. 이 자체만으로도 좋은 변화다. 서울다움이 진화한다는 뜻이다. 서울과 같이 크고 복합적이고 풍성하고 다양한 도시를 어느 특정 이미지 하나로 고정하려는 시도 자체가 현명하지도 못하고 그리 효과를 거두지 못하는 데 반하여 문화 전반에 걸쳐서 다양한 시도가 일어나는 것이다. 서울다움에 대하여 어떤 인식의 변화가 일어나고 있을까? 네가지를 주목한다. '다양함, 일상, 세련, 그리고 스토리.'

첫째, 서울다움은 아주 다양해졌다. 다채롭게 표현되고 다채롭게 인식된다. 대한민국 이미지가 무척 다양해진 것과 비슷하다. 드라마「대장금」의 전통 사극만이 대한민국을 대표하는 게 아니라 영화「기생충」에 나온 반지하 주택의 삶도 궁금해진다. 조화롭고 극적인 삶만이 아니라 양극화와 갈등의 삶도 있음을 직면한다. 김치의 매운맛만이 아니라 라면의 매운맛도 있음을, 라면에도 순한 맛이 있음을 알게 된다. 경복궁의 위엄뿐 아니라 종묘의 고요한 경건함에 공감한다. 글로벌한 쇼핑몰의 화려함과 전통시장의 시끌벅적한 맛이 포개지고, '제주올레'에서 보는 압도적인 자연의 장면과 드라마「폭싹 속았수다」의 눈물샘을 자극하는 사람 사는 장면이 포개진다. 정치인들이 보여주려는 성공의 이미지와 사람들이 공감하는 행복의 이미지가 공존한다. 정말 좋은 변화가 아닐 수 없다. 문화적 다양성으로 발전할 잠재력이 훌쩍 자란 것이다.

풍성함은 다양함의 바탕이다. 서울에는 일자리만 많은 게 아니라 다닐 거리, 찾을 거리, 놀거리, 볼거리, 살 거리, 놀랄 거리, 느낄 거리가 풍성하다. 물론 예전에도 다른 도시들에 비해 풍성한 편이었지만 지금은 더 풍성해졌다. 아무리 웹과 OTT

와 배달 서비스 덕분에 대한민국 곳곳에서 온갖 상품과 오락거리를 구할 수 있어도 직접 찾아가 걷고 만지고 사고 보고 들으며 경험하는 풍성함의 느낌과 비교할 바 아니다. 지방과 중소 도시로 이주한 사람들이 아쉬워하는 게 바로 직접 체험의 기회다. 사람과의 만남, 영화와 연극, 크고 작은 공연과 강연, 각종 세일과 팝업 행사, 전시회와 축제, 남녀노소를 겨냥한 다채로운 학습과 스포츠 기회 등, 출근 전과 퇴근 후 저녁과 주말의 선택지를 넓혀주는 것이다. 규모의 경제가 낳는 풍성함, 풍성함이 촉진하는 다양한 기회가 서로 맞물리며 체험의 표면적을 키운다.

둘째, 일상이 표현되며 서울다움에 체온이 느껴진다. 가시적이고 표어적인 게 아니라 느낌과 울림이 전해지는 것이다. 표피적이고 피상적인 것만으로는 재미없다. 공감이란 쌍방향으로 교신할 때 더 깊어진다. 나의 체험, 나의 삶에 울림이 있어야 진짜 서울로 느껴진다. 멋진 홍보영상 속 풍경이 아니라 내 발로 가본 곳, 먹어본 곳, 데이트해본 곳, 아이들과 시간을 보낸 곳이 진짜 서울로 다가오는 것이다. 사람이 들어가 있는 장면, 사람의 손길이 느껴지는 장면, 추억을 건드리는 레트로 장면, 일상의 활동을 담은 장면이 등장할수록 더욱 나의 것으로 다가온다. 사람이 느껴지는 온도감은 아주 중요하다.

물론 여전히 '도회의 차가움'은 엄연하다. 도시의 본질적 속성인 익명성, 태생적인 외로움, 살벌한 경쟁, 군중 속의 고독은 도시가 커질수록 더해진다. 자본의 논리, 약육강식의 논리, 양극화의 혹독함은 자칫 도시의 삶을 삼키고도 남을 정도로 크고 거세다. 말할 것도 없이, 그 차가움을 녹이는 게 온기다. 사람에게서 나오는 온기, 관계로부터 나오는 온기, 사람과 생명체와의 교감에서 생기는 온기 등, 따뜻한 온기를 도시적 삶에서 어떻게 우러나오게 하느냐가 이 시대의 과제다. 집단적 소속감보다 개인적 삶의 가치를 더 추구하는 이 시대에, 서로 모르는 도시인들이 각기의 가치 있는 일상을 추구하면서 어떻게 온도감을 잃지 않게 하느냐가 대도시 삶의 중요한 과제가 되는 시대다. 도시 속 다른 이의 삶을 우연히 발견하면서 서로 나누는 따뜻함으로 도시 일상의 가치를 재발견하는 시대다.

셋째, 세련됨의 수준이 높아지는 서울다움이다. 수준이 높아지는 자체가 엄청난 효과가 있다. 세련됨은 고가, 고급, 서구적인 것에서만 추구되는 게 아니고 대중적이고 생활에 밀착되고 전통적인 환경에서도 자연스럽게 표현된다. 공간의 품질뿐 아니라 상품, 서비스, 콘텐츠의 질 자체가 덩달아 높아진다. 요즘 디자인 수준을 보면 혀가 내둘러질 정도다. 힙한 카페만이 아니라 전통시장의 리모델링에도, 작은 간판이나 홍보 전단 하나, 인스타그램 이미지 하나에도 퀄리티가 남다르다. 하물며 골목 가게의 진열 방식도, 서서 먹는 시장 식당의 서빙 방식도 솜씨가 일취월장하고 있으니, 이건 소비자와 공급자가 같이 만드는 수준이다. 프로들의 작업뿐 아니라 아마추어들의 작업에서도 빛을 발하니, 전반적 취향이 높아진 것이다.

세련됨이란 허영과는 다르다. 자신이 가진 것을 아끼는 것, 자기가 하는 일에 최선을 다하는 것, 담담하고 당당하게 세상을 대하는 것, 사람으로 대해주며 서로 고마움을 표하는 것, 자기 삶의 가치를 무언중에 전하는 상태가 세련됨이다. 뽐내거나 으쓱대거나 튀는 게 아니라, 스스로의 존재감을 드러내는 상태가 세련됨이다. 하나의 건축, 하나의 작은 공간, 하나의 가게, 하나의 음식, 하나의 포장이 그리 중요한 까닭은 그것이 전체적인 분위기를 자아내는 데 알게 모르게 일익을 담당하기 때문이다. 자기가 사는 삶의 방식에 자연스러워지고 스스로의 맛을 즐기는 데 익숙해지는 것이 세련됨이다. 우리 사회가 풍요로워졌다는 건 이제 이런 자연스러운 세련됨을 도처에서 만날 수 있기 때문이다.

넷째, 스토리의 힘이 서울다움 곳곳에 스며들고 있다. 사람의 이야기가 녹아들면서 감성 파워를 높이는 것으로, 가장 중요한 변화다. 이야기의 힘이란 다른 어떤 것 이상으로 크다. 감정이 이입되고 그 이야기가 어떻게 전개될지 궁금해지고 왜 그런 이야기가 나왔는지 상상하게 만들면서 애착심을 키우기 때문이다. 예컨대, 고궁의 모습도 진기하지만, 그 앞에서 일어나는 수문장 행사는 이야기를 엮는 수단이 된다. 복식과 차례와 동작이 다 진기하게 다가오며 공간의 의미를 새기게 만든다. 노래와 드라마와 영화에서 나오는 이야기들은 서울이라는 공간에서 일어나는 흥미로움을 더욱 상상하게 만든다. 여행에서 그 공간이 담은 이야기에 귀 기울이게 되는 현상이 우리 문화에서도 꽃피는 것이다.

이야기의 중심에는 항상 사람이 있다. 이야기를 만들어내는 주체도, 이야기의 중심인 주체도, 이야기를 하는 주체도, 이야기를 듣고 공감하는 주체도 사람이다. 그렇게 이야기가 될 때 우리는 기꺼이 공감하고 더욱 교감한다. 우리 도시에 쌓이는 이야기의 힘은 자꾸 커지고 있다. 문화의 힘이 최대한으로 발휘되는 단계로 발전하는 게 놀라울 정도다.

반전 있는 서울

이런 변화가 우리 주변 곳곳에서 일어나고 있다. 재미있고 의미 있는 변화다. 요즘은 유튜버 서울러가 전하는 서울 탐험 브이로그가 아주 신선하게 이런 변화를 전해준다. 아니 어디서 이런 데를 발견하고 어떻게 이런 감성을 발견하는가? 마치 은둔자가 숨겨둔 자신의 은신처를 공개하는 느낌이다. 해방촌 곳곳의 골목과 시장을 비추다가 남산 산책길의 조망 좋은 카페에서의 한잔을 소개하고, 굴다리 밑을 지나 언덕길로 오르며 색다른 풍광이 펼쳐지는 동네를 거쳐 산속으로 향하는 길을 소개하는 브이로그를 따라 나도 같이 서울 곳곳을 탐험하게 된다. '서울에 이런 곳이 숨어 있네!' 느낌표가 따라온다.

해외 여행자의 브이로그는 더 재미있다. '오, 이런 걸 신기해하는구먼! 우리는 아무렇지도 않게 하는 일상을 이렇게 재미있어하다니, 웃기는구먼!' 하는 느낌이다. 뜨끈뜨끈한 온돌방에서 엉덩이를 지지며 흐뭇해하는 장면, 뜨거운 사우나에서 구운 달걀을 톡톡 깨 먹고 식혜를 원샷하는 모습, 광장시장의 먹거리 광장에서 눈이 휘둥그레지는 장면, 산더미처럼 고명을 쌓아 올린 국수에 놀라는 장면, 한강 변 치킨 먹방이 여행 위시리스트라며 엄지척하는 장면, 한밤중에도 여자 혼자 안전하게 다닐 수 있다며 신나하는 장면, 떼창에 놀라서 감격하는 해외 가수의 공연 모습, 시위 현장에서 응원봉을 들고 노래 부르고 춤추며 시위하는 장면에 놀라며 K-민주주의는 다르다고 감탄하는 외국인들의 모습 등, 이런 장면을 보면서 우리의 일상을 다시 돌아보게 된다. '우리가 이렇게 멋졌던 거야? 우리가 꽤 재미있게 사는 모양이야! 우리 사는 게 진짜 삶의 모습이었던 거야!' 하면서 말이다.

무질서와 혼돈이라고 여겼던 것, 허름하고 촌스럽다고 여겼던 것, 경박하고 천박하다고 생각했던 것을 다시 보게 되는 이 경험은 아주 신선하다. 왜 외국 사람의 눈으로 다시 보느냐, 그것도 일종의 사대주의 아니냐, 주체성이 없는 것 아니냐는 비판이 있을지도 모르지만, 부질없는 과잉 자의식이다. 다른 문화의 낯선 거울에 비출 때 우리 문화의 맛과 멋이 새롭게 느껴지는 건 자연스러운 현상이다. 나는 이걸 반전의 경험이라고 본다. 그리고 서울은 반전을 가능케 하는 수많은 매력을 안고 있다. 이런 반전의 가능성을 깨닫게 된 거야말로 앞으로도 무한한 가능성을 내포하는 것 아닐까?

최근 세계를 휩쓴 「케이팝 데몬 헌터스」가 높은 인기를 얻은 주요 요인 중 하나는 진화하는 서울다움의 네가지 특성을 고대로 담고 있다는 것이었으리라. '다양하고, 일상이 담겨 있고, 세련됐고, 스토리가 있'는 것이다. 노래의 힘, 소리의 힘으로 팬심을 모아서 세상을 악귀로부터 지키는 비밀을 지닌 걸그룹의 케이팝 스토리는 그야말로 반전이 아닐 수 없다. 그런데 그 찬란하게 빛나는 영웅들이 김밥과 순대와 새우깡에 진심이고 3분 라면에 목숨 건다는 일상은 또 얼마나 즐거운 반전인가? 남산이 화려한 서울 한가운데서 맑은 기운을 내뿜어내고, 낙산 성곽과 한옥 동네가 진심과 비밀을 고백하는 자유와 해방의 공간으로 그려지고, 민화에서 튀어나온 호랑이와 까치가 초고층 아파트의 베란다에 홀연히 나타나고, 거리에서 들려오는 흥겨운 멜로디와 비트를 따라가보니 보이그룹의 길거리 버스킹을 만나고, 이 세상 어딘가에서 어두움을 무찌르려는 영웅이 지금도 도시 곳곳에서 열심히 싸우고 있다는 믿음이 너무 흥미롭지 않은가?

「강남 스타일」로부터 진화해온 반전의 매력이 「케데헌」에 이르러 최고조에 달하면서 자유로운 해방감의 절정에 달했다는 느낌이다. 「강남 스타일」은 시니컬한 가사와 우스꽝스러운 춤 동작과 뮤비에 나온 대비적인 서울 장면이 여러 감정을 불러일으켰었다. 우리 안의 이중성을 꼬집으면서도 이렇게 유쾌할 수 있다니, 우리의 양면적 모습을 고대로 드러내면서도 이렇게 유머러스할 수 있다니, 말춤이라는 어정쩡한 동작에 별로 세련돼 보이지 않는 싸이의 외모에도 불구하고 뇌섹남을 자랑하는 우쭐함이 이리도 기분 좋을 수 있다니, 통속적인 서울 장면에 대한 통찰을 이렇게 웃음으로 버무릴 수 있다니, 나는 감탄했었다. 누구도 그렇게 히트칠 줄 몰랐던 노래가 전세계를 강타하자 우리 사회를 흔들었다. 「강남 스타일」에는 눈부신 강

어지러운 간판이라고? 서울 같아 보인다, 대한민국으로 보인다.

남을 배경으로 조폭 유머와 화장실 유머, 목욕탕 유머가 나오고, 촌티 나는 화려한 의상을 차려입고 아무 데서나 '강남 스타일 오빠'라 자처하는 스스로를 조롱하는 그야말로 통렬한 '현타'의 지혜가 번득인다.

2012년 「강남 스타일」에서 2025년 「케이팝 데몬 헌터스」까지, 불과 13년 동안 우리의 문화 전반이 진화해온 것을 보면 너무도 놀랍다. 우리 문화의 힘은 어디까지 발산될 것인가? 이야기의 힘, 세련됨의 힘, 일상의 힘, 다양함의 힘은 어디까지 커질 것인가?

서울이라는 잡종, 혼종, 변종 그리고 유일한 종

　이런 서울다움에 대한 인식 변화가 서울이라는 도시공간에는 어떤 영향을 가져오고 있을까? 서울의 도시공간도 다양해지고, 일상이 배어 나오고, 세련되어지고, 스토리가 풍부해지고 있을까? 도시공간과 건축이란 서울다움이 빚어지는 배경이자 무대다. 도시의 주인공인 사람이 만들어가는 이야기가 펼쳐지는 무대가 도시공간이다.

　진화하는 서울다움이 유독 뿌듯한 것은, 나는 우리 도시의 특성인 잡종성, 혼종성, 변종성을 적극적으로 끌어안고 서울 고유의 도시성으로 보자고 주장했는데 그게 드디어 실현되고 있는 현상이 무척 반갑기 때문이다. 사반세기 전, 『우리 도시 예찬』에서 우리 도시의 이런 특징을 강조하면서 나는 '순종純種 콤플렉스나 신종新種 콤플렉스를 벗어던지자!'고 주장했다. 매력적인 도시 라이프, 질서정연하며, 건축물은 웅장하고, 거리는 아름답고, 전통이 잘 보전되어 눈에 보이는 하나하나에 짧게는 200~300년에서 길게는 2천년 역사의 내공이 느껴지는 유럽 도시들에 대한 동경에서 대표적으로 드러나는 순종 콤플렉스, 휘황찬란한 외형으로 눈을 사로잡고, 화려함과 신기함으로 세계 최초, 세계 유일, 세계 최고를 뽐내며 신세계를 지향하는 뉴욕, LA, 두바이, 싱가포르 같은 도시에 대한 선망에서 비롯되는 신종 콤플렉스에서 벗어나자고 한 것이다. 오히려 잡종이 가지는 유연성과 강한 생명력, 혼종이 만들어내는 변이의 가능성, 변종에서 튀어나올 수 있는 즉흥성, 순발력, 복잡성, 창의성, 상상력을 환영해야 마땅하다는 뜻에서였다.

나는 이렇게 썼다. "나는 서구 콤플렉스도 없고 질서 콤플렉스도 없다. 유럽에 대한 품격 콤플렉스, 전통 콤플렉스도 없고 미국 도시에 대한 대형 콤플렉스, 호화 콤플렉스도 없다. 이른바 선진사회의 도시들도 모두 장단점을 가지고 있으며, 그 사회, 그 문화의 소산일 뿐이다. 담담하게 그 속을 들여다보고 배울 점은 찾되, 무작정 따라 하려 들거나 막연히 동경하는 것만은 이제 벗어날 만도 하다."(『우리 도시 예찬』, 286쪽)

이제는 확실히 말할 수 있다. 나는 우리 사회가 순종 콤플렉스나 신종 콤플렉스에서 상당히 벗어났다고 본다. 물론 유럽 도시에 대한 동경은 여전히 존재하고 신종 만들기에 대한 선망도 작동하지만, 열등의식에서 비롯되는 상대 비교나 자기 비하 현상은 크게 줄었다. 막무가내로 '우리 것이 최고'라고 으쓱대는 국수주의적인 행태도 꽤 줄었다. '우리 것'을 좁게 규정하고자 하는 배타적인 성향도 많이 줄었다.

한때 '한국성이란 무엇인가'라는 주제로 수많은 논쟁을 벌였다. 인문 분야에서는 물론 예술 분야, 건축 분야에서도 마찬가지였다. 외양만 베끼는 무비판적인 서구화에 대한 비판, '왜색'에 대한 비판(일본 유학 건축가의 작업에서 나타나는 특질에 대한 비판), 전통 건축의 수준 낮은 복제와 표절에 대한 비판, 무미건조하고 성의 없는 싸구려 상업 건축에 대한 비판, 한국성이란 무엇인가에 대한 추상적 논쟁 등이 있었다. 한국성이란 형태인가, 구성인가, 구조인가, 분위기인가, 장식인가, 요소인가, 정신인가 하는 논쟁도 벌어지곤 했다.

이런 비판이나 논쟁은 어느덧 사라졌다. 제기되었던 문제에 대한 해답이 생겨서 사라진 건 아니다. 그런 논쟁이 더이상 필요치 않을 정도로 다양한 작업이 나오고, 개방적인 분위기가 형성되고, 문화적 수준이 올라가고, 무엇보다도 전반적인 품질이 높아졌기 때문이다. 시장 개방과 더불어 해외 건축가들의 활동이 많아지면서 다양한 작업을 선보이고, 유학파들도 특정 나라에 편향되지 않고 전세계적으로 넓어지면서 다양한 문화적 감성을 들여오고, 세계화 분위기 속에서 국내파와 유학파를 가리지 않고 글로벌 트렌드에 민감해졌고, 어릴 때부터 우리 문화를 즐기며 자라는 과정에서 전혀 거부감없이 우리 문화를 현대적으로 표현하는 데 과감해졌고, 그만큼 상상력과 창의력을 표출하는 데 자연스러워졌다. 대한민국 경제력의 향상과 함께 전체적으로 소비 수준이 높아진 만큼 공간 투자도 활발해졌고 건축환경의 전체적인 품질 향상을 가져온 것은 부인할 수 없는 기저 효과다.

성과는 가시적이고 체감 효과는 확실하다. 요즘은 전통 건축의 복원 작업에서도 고증까지 철저하게 할 정도로 수준이 높아졌다. 여러 유형의 복원뿐 아니라 전통 건축의 계승 발전에도 의미 있는 시도가 이어진다. 2층 한옥의 변형이 다양하게 이루어지고, 큰 규모의 건축에도 한옥의 현대적 기술 적용이 시도된다. 바로 이거다. 우리 힘으로 근대화를 이루었더라면 진즉 백여년 전 근대화 시기에 다양하게 시도되었을 창의성을 이제야 제대로 발휘하는 것이다. 가만히 고여 있는 전통이란 없다. 새로운 기술과 새로운 상황에 따라서 끊임없이 새로운 변화의 시도가 있는 게 자연스럽다.

해외의 스타 건축가들이 그들이 다른 데에서 짓던 '시그니처 건축(특정 건축가의 특정 스타일)'을 우리나라에서 고대로 반복하는 걸 보면 눈살이 찌푸려지지만(이건 사실 그들의 문제라기보다는 그렇게 주문하는 발주자의 문제가 더 크다), 해외 건축가의 작업을 직접 체험하게 된 효과는 있다. 우리 건축가의 역량은 놀라울 정도로 늘었다. 글로벌 문화와 한국문화를 고루 습득하고 자유자재로 상상력과 창의성을 발휘하는 건축물을 보는 것은 무척 즐겁다. 내가 예측했던 대로다. 콤플렉스를 넘어서야 비로소 자유를 얻는다. 요즘 건축가들의 해방된 상상력을 보는 자체가 흐뭇하다. 다른 분야에서도 그렇지만 건축 분야에서도 해방된 상상력과 일취월장한 기술력이 합해져서 나오는 탁월한 작업에 감탄하지 않을 수 없다.

그렇게 해서 진화하고 있는 공간이 바로 뭐라 일컫기 어려운, 잡종과 혼종과 변종이 섞여 있는 유일한 종인 우리 도시, 서울이다. 서울을 보면 온갖 스타일이 등장한다. 모던풍(강남대로와 테헤란로), 미니멀풍(명품가 등), 퓨전풍(대중 상업 시설), 빈티지풍(이태원 등), 레트로풍(사대문 안과 각종 리모델링), 인더스트리얼풍(문래동, 성수동 등), 데코풍(홍대 앞, 합정동 등), SF풍(산업단지, 성수동 등), 전통한옥풍(북촌, 서촌 등), 마켓풍(전통시장에서 느껴지는 풍성한 맛), 골목풍(가게와 간판과 상품의 가득함) 등 다채로운 스타일이 섞여 있다. 한 동네에 여러 스타일이 뒤섞여 있는 경우도 허다하다.

여러 방향이 한꺼번에 존재하고 모든 게 동시적으로 작동하는 시대다. 캐주얼하고 자유로운 분위기의 동네들이 등장하고,

모던하고 글로벌한 분위기의 동네들이 등장한다. 그런 동네 안에서도 색다르게 등장하는 다른 스타일의 건물들이 눈을 사로잡기도 한다. '가장 한국적인 것이 가장 세계적'이라는 말도 유효하고, '가장 지역적인 것이 가장 세계적'이라는 '글로컬 glocal 이란 말도 유효하다.

건축 역량도 높아졌지만, 리모델링 역량이 출중해졌고, 특히 인테리어 디자인 역량이 일취월장해져서, 감각적인 디자인 성취가 바로 느껴진다. 핫플레이스 동네에 가면 미국풍도 일본풍도, 중국풍도, 동남아풍, 유럽풍, 터키풍도 곳곳에 보이고, 좀 더 구체적으로 여기가 플로리다인지, 뉴욕인지, LA인지, 후쿠오카인지, 오사카인지, 파리인지, 남프랑스인지, 아주 다채로운 디자인 레퍼런스도 등장한다. 표절이라고 보기에는 순수하게 즐기고 응용하는 경지에 이르렀다는 것이 흥미롭다.

서울에 등장하고 있는 다문화가 궁극적으로 크로스 문화에까지 이르게 될지는 모르겠으나 여러 가능성이 등장한다는 것만으로도 또는 다양한 문화를 즐기는 주체성이 확실하다는 것만으로도 더 좋은 변화를 기대하게 된다. 나는 이런 도시 감성의 변화를 긍정적인 시각으로 본다. 서울의 유전자를 유지하면서도 새로운 시도를 그치지 않는 열린 에너지 자체가 활력을 준다. 변화하지 않고는 살아남지 못한다. 다양해지지 않고는 진화도 돌연변이도 나오지 않는다. 도시란 변화하는 환경에서도 끊임없이 살아남고자 하는 생명체이기 때문이다.

물론 비판하자고 들면 하나하나 비판할 거리는 수없이 많다. 여전히 획일적이고 배타적인 아파트 단지, 공공이 나서서 짓는 홍보성 구조물의 과잉 디자인, 공공공간을 점거하는 불필요한 장치물 등은 대표적인 비판 주제다. 개선해야 할 사안들도 수없이 많다. 하지만 전체의 에너지를 보자면 긍정적인 데가 훨씬 더 많고 더욱 발전할 모습도 기대된다. 자유로움, 다양성, 상상력과 창의성이 담긴 끊임없는 실험, 새로운 기술에 대한 열린 태도, 과감한 채택, 그리고 무엇보다 이러한 활력을 즐기는 태도, 서울에 흘러넘치는 에너지다.

개인적으로 서울에 온 외국인들, 해외 전문가들, 오래 떨어져 있다가 다시 찾아온 사람들과 대화할 기회가 자주 있는 편이다. 나도 궁금해서 묻는다. 뭐가 좋냐고? 여러가지로 표현하는데, 대표적인 두가지로 수렴된다. '넘치는 에너지와 케어care를 받고 있다는 안전감'. 그래서 자유로우면서도 보호받는다고 느낀단다. 언뜻 무질서해 보이기도 하지만 눈에 보이지 않는 질서가 돌아가고 있음을 느낀단다. 이들이 전해주는 말 이상으로 행동을 관찰해본다. 그렇다. 에너지의 자극을 받는 한편 안전함을 느끼는 사람들이 하는 행동들이다. 여기저기 찾아보고,

많이 물어보며 호기심을 발동하고 있으며, 이것저것 사면서 신기해하고, 늦은 밤거리를 쏘다니고들 있다. '그래, 아주 잘하고 있다. 제대로 즐기고들 있다.'

이들의 이야기를 듣고 행동을 관찰하면서 도시에서 하드웨어 이상으로 소프트웨어가 얼마나 중요한지 새삼 깨닫곤 한다. 우리가 당연하게 생각하는 안전한 거리, 시간을 지키는 지하철과 버스, 쓰레기가 쌓이지 않는 거리, 문제가 생기면 바로 도움을 얻을 수 있으리라는 믿음, 무언의 약속을 서로 지킨다는 기대가 작동하는 것은 정말 중요하다. 도시가 케어되고 사람이 돌봄을 받고 있다는 느낌을 받는 것이다.

사람들이 사랑하는 도시, 가고 싶어하는 도시들의 특색은 문화적 다양성, 풍요로운 일상성, 세련된 표현, 풍부한 스토리가 담긴 도시다. 잡종성, 혼종성, 변종성이 만들어내는 유일한 도시 서울의 진화하는 문화성을 받아들이고 또 마음껏 즐기자.

'더 서울러'가 만드는 서울 장면 Seoul Scenes

'더 서울러'들이 쓰는 해방일지

만약 이 시대에 『더 서울러』The Seouler라는 잡지가 나온다면 어떤 내용을 다룰까? 100년 전 뉴욕에 등장한 『더 뉴요커』와는 꽤 다르리라. 일단 종이 잡지가 아니라 유튜브와 쇼트폼 short-form과 SNS를 통해 나올 가능성이 높다. 설마 상업지 같은 아이템을 다룰 것 같지는 않다. 아무리 소비주의와 물질주의가 새로운 서울러의 등장을 재촉하는 버팀목이라 하더라도 부동산, 명품과 예능을 다루는 것은 '허영의 시장市場'에 맡겨두면 된다. 『더 서울러』는 시대정신과 문화 지향점을 읽고, 삶의 고민과 갈등 속에서도 서울이라는 도시에서 의미와 행복을 추구하는 자기만의 비법을 시도하는 서울러가 만들어내는 장면이 핵심 콘텐츠가 되지 않을까?

서울러는 하나의 이미지로 고착되지는 않을 것이다. 서울이 그런 것처럼, 서울다움이 그런 것처럼, 천태만상 삶을 담으면서도 일상의 서울러가 지향할 법한 이야기들을 담으려 하지 않을까? 어떤 서울러일까? 그들이 만드는 서울의 장면은 어떤 것들일까?

노벨상 작가이면서 북촌의 작은 한옥을 고쳐 살고 작은 서점을 운영하면서 과거와 현재와의 의미 있는 대화의 실마리를 찾으려는 사람일지도 모른다. 자라나는 아이들을 앞세우고 서울 성곽길을 차근차근 다 둘러본 엄마 아빠일지도 모른다. 재건축과 재개발의 변화 속에서 사라져가는 서울을 글과 사진으로 기록하는 사람일지도 모른다. 외국인이면서도 오래된 한옥의 정취에 반해서 쓸고 다듬고 고쳐가면서 살고 있는 사람일지도 모른다. 일주일 중 하루는 혼자 서울을 쏘다니는 날로 정하고 산과 강으로 광장과 동네로 탐험하는 사람일지도 모른다. 한달에 한번은 동네 부엌에 모여 요리해 먹으며 외로움도 덜고 새로운 맛을 탐험하는 사람들일지도 모른다. 이들 모두 내가 듣고 보고 목격한 서울러들이다.

　서울러도 끊임없이 진화할 것이다. 수많은 '동네러'가 나올지도 모른다. 전통문화의 색깔이 강한 '북촌러'나 '서촌러'라는 말이 생길지는 모르겠으나, 이미 색깔 풍부한 동네들이 꽤 많으니 그 동네러가 등장하지 않을 이유가 없다. 최근 '잠실러'라는 말이 자주 등장하는 걸 보면 잠실이 그만큼 찾아볼 공간이 많다는 의미일 것이다.

　'강남러'도 다 똑같은 강남러가 아니다. 두 딸이 중고생 시절에 국제 펜팔을 할 때 강남에 산다고 하면, "너희 부자인 모양이네!"라는 멘트가 나온다고 너무 웃긴다고 했다. 그게 벌써 21세기 초 일이다. 그동안 '캥남'Kangnam이 '강남'Gangnam이 된 것은 다행이다. 청담동과 논현동은 너무 다르고, 가로수길과 영동시장은 너무 다르고, 논현 1동과 논현 2동은 너무도 다르다는 걸 사람들이 잘 모른다고 툴툴대던 두 딸은 「강남 스타일」 노래 이전과 이후의 강남이 너무 다르게 느껴진다고 한다.

'강남 스타일'로 서울을 알고 왔다가, '사대문 안 스타일'의 서울, '강남 속의 사대문 안 스타일'을 발견하는 건 엄청난 축복일 것이다. 로제의 「아파트」 노래를 통해서 고층 아파트 가득 찬 서울로 알고 왔다가, '다가구·다세대 주택'의 올망졸망 동네의 맛을 알아가도 좋고, K-뷰티의 성지로 명동을 찾아 '잠깐 명동러'가 되어서 모던 보이·모던 걸의 맛과 멋을 다시 찾아보는 일도 즐거울 것이다.

'당근러'도 서울러로 부상하지 않을까? 일상생활의 지혜로 '나눔'한 물건을 잘 쓰고 있는 당근러들이 동네에서 다양한 모임을 기획하는 걸 보면 웃음이 절로 나온다. 환경과 이웃을 생각하는 마음씨를 장착한 당근러들이 부담 없이 모여서 뭔가 같이 배우고 같이 걷고 요리도 해 먹고, 잠시 마음을 나누는 시간을 가지면 살아가는 데 얼마나 힘이 될까? 일상의 즐거움이 자주 일어날수록 행복의 크기는 커진다.

'주말엔 진짜 서울러'가 되어보면 또 어떨까? 주중엔 일하느라 서울을 잘 모르는 사람들이 많으니 말이다. '주중 수도권 직장 서울러'도 '주중 서울 직장 수도권러'도 힘들긴 마찬가지다. 하루 서너시간을 길 위에서 보내고 파김치가 되어 어쩌다 가족과 맛집이나 한번 들르고 쇼핑이나 한번 하고, 소파와 침대에서 구를 뿐이다. 이게 서울러의 삶이라고 하기엔 안쓰럽다. 주말에 탐험 계획을 지닌 서울러로 변신할 기회는 언제나 있다. 매일매일, 매 주말, 365일 동안 하루도 그치지 않고 어딘가에서 전시회와 공연과 강연과 토크쇼와 영화와 스포츠가 일어나는 도시 서울의 재미를 놓치며 살기는 너무 아깝지 않은가?

'자전거 서울러'가 될 만한 체력을 가진 사람이라면 더할 나위 없다. 서울 도심이 독일 프라이부르크처럼 자전거 천국이 될 만큼 자전거 타기 좋은 환경은 아니지만, 한강과 지천을 품고 있는 서울은 자전거 서울러에게 서울을 종횡으로 누비며 서울의 산과 강을 한눈에 파악할 기회를 준다. 가슴이 시원해질 것이다. 물론 '지하철 서울러', '버스 서울러'만 되어도 서울 곳곳을 맛볼 기회가 생긴다. 서울의 대중교통은 완벽하다고 할 만할 정도다. 대중교통을 이용하는 도시인이야말로 진짜 도시인이다. 한 정거장 먼저, 또는 한 정거장 지나서 내려서 평소 안 가본 데를 들러보는 서울러라면, 아주 세련된 도시인이라 아니할 수 없다.

자기만의 서울러 콘셉트를 개발하는 것도 좋을 것이다. 점심시간을 알뜰하게 이용하는 '런치타임 서울러', 가끔은 반차 휴가를 내고 혼자서 정처 없이 헤매는 '반차 여행 서울러', 밤새워 일해야 하는 신세지만 덕분에 아무도 없는 새벽의 고요를 찾아내는 '새벽 서울러' 등, 색다른 서울러들이 각기 나름의 방법으로 서울 장면을 만들어내는 아이디어는 무궁무진하다.

최고라면 '해방된 서울러'다. 드라마 「나의 해방일지」에서 아무도 나를 봐주지 않고, 아무도 나를 사랑하지 않고, 나의 사랑스러움을 확인하려 다가갔다가 나의 볼품없음만 확인하는 잔인한 도시의 삶에서 지쳐가던 막내딸과 서울의 퇴폐와 타락에 빠졌다가 나락에 떨어져 산포 마을에 숨어들어 매일 밤 소주 두병을 비우며 허탈하게 먼 산만 쳐다보고 낮에는 싱크대 공장에서 땀 흘려 노동하면서 꾸역꾸역 살아가는 구 씨는 서로 쳐다보지도 않다가 "나를 추앙해요"라는 한마디에 자극받고 서로의 나약함을 핥아주고 어떤 상황에서도 상대를 받아들인다는 마음이 되면서 스스로 자유로워졌다.

이런 해방일지가 서울 어딘가에서 분명 쓰이고 있을 것이라 믿는다. 스스로 자신을 해방해야 서로를 추앙할 수 있는 마음이 된다. 그렇게 스스로 자유스러워져야 서로의 의미를 알아볼 수 있는 마음이 된다. 행복이란 결코 엄청난 스펙터클을 통해서 만들어지는 게 아니다. 일상의 발견, 일상의 체험, 일상의 만남을 의미 있게 해주는 그 자체가 행복의 시작이다. 도시는 그런 행복을 자주 느끼게 해주는 역할을 해낼 수 있다. 성곽에서, 남산 위에서, 북촌 한옥 담장에서, 카페에서, 지하철역 앞에서, 대중목욕탕에서, 명동 거리에서 그 어떤 만남, 그 어떤 발견, 그 어떤 자유의 순간, 그 어떤 행복의 순간을 맞을 수 있는 것이다.

이 시대 최고의 에토스: 걷고 싶은 서울러

특정 시대의 사람들이 무의식적으로 공유하고 바라는 그 어떤 에토스$_{ethos}$를 시대정신이라고 표현한다. 이 시대 서울러가 공유하는 에토스라면, 각박하고 치열한 도시 속에서 숨 쉴 곳을 찾아내고, 무질서해 보이는 도시 속에서 자신의 질서를 찾아내고, 불안한 가운데에서도 즐거움의 순간을 찾아내고, 글로벌한 분위기와 전통문화의 분위기를 자유롭게 넘나들고, 자칫 차갑고 빠르고 경쟁적인 디지털 문명 속에서 따뜻함과 기쁨이 솟아나는 아날로그적 순간을 찾아내고자 하는 소망이 아닐까 싶다.

그렇게 될 수 있게 만드는 으뜸 활동으로 나는 걷기를 꼽는다. '걷는 서울러'가 되는 거야말로 이 시대 서울러의 에토스를 담은 활동이라 할 만하다. 걷기 예찬은 한없이 가능하다. 건강의 이유만이 아니다. 발바닥을 땅에 부딪치면 머리와 가슴도 자극된다. 규칙적인 움직임에 마음이 가라앉고 이윽고 평온이 찾아온다. 사람, 물건, 건물, 나무, 풀, 생명체, 냄새, 소리, 사건 등 걸으며 발동하는 모든 감각, 걸으면서 만나는 모든 접촉이 호기심을 자극한다. 밖의 세계와 자기 안의 세계가 평행 세계처럼 돌아가며 상상력을 자극한다. 생각은 솟아오르다 파도처럼 밀려오다가 잔잔해지다가 어느덧 갈피가 잡힌다. 걸으면서 몸과 마음과 정신, 모든 에너지와 탐험 정신과 상상력, 그리고 영혼까지 다 가동되는 것이다. 걷고 싶어서 걸을 때 그 효과는 더욱 커진다.

걷기는 직립 동물, 인간이 가진 최고 능력 중 하나다. 빨리 뛰지는 못해도 오래 걸을 수 있는 능력이 야생의 세계에서 인간이 최고의 생존력을 발휘할 수 있게 했다. 도시를 짓고 도시에 살면서도 오랫동안 요긴하게 써온 걷기 능력이다. 걷기를 일과로 삼아 자신의 힘을 최대한으로 끌어올렸다고 토로하는 사람들은 무수하게 많다. 지식인, 예술인, 기업인, 사상가, 철학자, 시인, 작곡가 등. 자동차와 온갖 탈것이 난무하는 현대 도시에서 자꾸 잃어버리는 능력이 걷기다. 우리가 지닌 힘을 찾고 키우고 발휘하려면, 일상의 삶 속에서 행복의 순간을 자주 찾으려면, 상상력과 창의력을 최대한 끌어올리려면, 걷기 능력을 다시 찾아내어 걷기를 일상의 한 부분으로 만들어야 한다. 매일매일 잠깐의 여행을 한다는 기분으로 걷기를 일상으로 만들면, 삶이 확 달라진다.

'걷고 싶은 도시가 최고의 도시'라는 이야기를 한 지도 꽤 오래됐다. 이 철학에 공감하는 사람도 많이 늘었다. 최근엔 걷기 예찬에 동참하는 사람이 많고, 여행 열정과 더불어 걷기에 관한 관심도 늘었다. 내가 이름을 지어주어 뿌듯한 '제주올레'가 크게 성공했고, 걷고 싶은 길을 만들겠다는 지자체도 늘고, 걷고 싶은 길이라고 이름을 지어준 길도 많이 생겼다. 그렇다고 더이상 걷고 싶은 도시의 필요를 주장하지 않아도 될까?

그렇지는 않다. 일상에서의 걷기가 즐거운 서울이 되기 위해서 아직 갈 길이 멀다. 이렇게 생각해보자. 등산화보다 트레킹화가, 트레킹화보다 조깅화가, 조깅화보다 워킹화, 워킹화보다 뒷굽 편한 구두가 인기가 높아지면 많은 사람이 걷기를 즐기고 있다는 증거가 될지도 모른다. 서울은 등산을 즐기기에 정말 최고의 도시다. 동서남북에 산이 있고 뒷산도 앞산도 있다. 서울은 트레킹을 즐기기에도 최고의 도시다. 산과 언덕이 연이어져 있어서 아주 적격이다. 서울은 조깅하기에 꽤 좋은 도시가 되고 있다. 한강 변과 지천 변의 산책길이 길어졌고, 공원이 그만큼 많아졌다는 징표다. 실제로 서울의 녹지율은 드디어 30퍼센트를 넘었고 자치구마다 꽤 큰 공원이 적어도 하나 이상 생겼다.[10]

그렇다면 서울은 걷기 좋은 도시인가? 이건 아직 물음표다. 걷기 좋은 길이 있는 도시가 걷기 좋은 도시라는 뜻인데, 서울의 길이 걷기 좋은 길인가? 대부분은 아직 아니다. '걷고 싶은 길'이라고 홍보하는 길이 많지만, 진짜 필요한 걷기 좋은 길은 내가 매일 걷는 길, 통근하는 길, 점심 먹고 잠깐 걸을 수 있는 길, 저녁 산책을 할 수 있는 길, 즉 일상의 길이다.

걷기 하면 제주올레처럼 자연 속에서 걷는 걸 금방 연상하지만, 도시 걷기는 자연 걷기와 꽤 다르다. 자연 걷기에서는 걷기 자체의 즐거움과 자연 속에 몸을 싣는 즐거움에 방점이 찍히지만, 도시 걷기에서는 걷기 자체보다는 걸으면서 마주치는 체험의 즐거움에 방점이 더 찍히기 마련이다. 운동 삼아 걷는 게 아니라면, 우리의 흥미를 끌어내는 그 무엇이 있어야 걷고 싶은 마음이 우러난다.

그래서 도시 걷기에서는 길보다 동네를 먼저 생각하는 게 훨씬 더 유리하다. 동네란 우리의 관심을 끄는 그 어떤 콘텐츠를 담고 있기 때문이다. 삶의 생기를 느끼게 하는 활동과 장면들, 우연히 만나는 장면들, 예기치 않게 만나는 즐거움들, 그런 것들을 만나리라는 기대가 동네에 담기고, 그런 동네에는 어김없이 흥미로운 길이 있기 마련이다. 골목길, 작은 길, 꼬부라진 길, 미로 같은 길이 있는 동네에 사람들이 꼬이는 까닭도 바로 이런 즐거운 기대 때문이다. 커다란 시설보다 작은 가게, 작은 전문점, 작은 식당이 모여 있는 동네에 사람들이 꼬이는 이유도 이런 기대 때문이다.

도시 속 걷고 싶은 길의 요건으로 나는 '자유롭다, 구경거리가 많다, 앉을 데가 있다'라는 세가지를 꼽는다. 차의 위협으로부터 비교적 자유로우면 걷고 싶은 마음이 절로 생긴다. 가게가 많고 건물 앞이 정답고 걷는 사람이 많으면 자연히 구경거리가 많아진다. 앉을 데가 있다는 건 아주 중요하다. 꼭 벤치가 아니라도, 돌이든, 건물 앞 계단이든, 카페 앞 의자이든 잠깐 앉을 수 있으면 된다. 앉으면 마음이 너그러워진다. 잠깐의 여유를 자아내는 비법이 잠깐 길에 앉는 행위다. 빠른 도시일수록 이게 참 중요하다.

우리가 북촌의 여러 동네나 종로와 을지로의 뒷골목이나 이화마을 같은 달동네나 전통시장에 가서 기분이 좋은 이유는 그곳이 우리를 걷고 싶게 만들기 때문이다. 아예 차가 들어올 수 없는 좁은 길에 가게든 주택이든 사람 손길이 닿아 있는 게 느껴지고 여기저기 걸터앉을 수 있는 담벼락과 계단이 있고 여차하면 가게 의자에 잠깐 앉을 수 있다. 이런 요령을 잘 파악해서 설계한 차 없는 길이나 쇼핑몰에 사람들이 바글바글한 것도 바로 사람들이 원하는 재미와 호기심과 여유를 제공하기 때문이다.

손녀가 아장아장 걷기 시작한 이후로 나는 서울을 새삼 다른 눈으로 발견하고 있다. 정확하게 말하자면, 손녀의 아빠인 사위의 눈을 통해서이다. 외국인인 사위는 진즉 서울의 특성을 파악했다. "서울에서 왜 자차가 필요한가? 버스와 지하철로 어디든 갈 수 있는데?" 요즘은 내비게이션이 노선과 역까지 세세히 가르쳐주고 영어로도 일러준다는 걸 무척 놀라워한다. 장거리가 필요하면 차를 빌리면 된단다. 어딜 가려면 꼭 차를 타야 해서 자기 차량 없이는 꼼짝 못하는 나라에서 살다가 서울에 오니 완전히 천국 같다고 한다. 버스 서너 정거장 정도는 걸어서 다니고, 자전거로 출퇴근하는 걸 즐기기도 한다. 이런 아빠의 딸답게 손녀도 잘 걷고 자기가 타고 다니는 '내 버스'를 알아보며 신나하고 지하철역을 최고의 놀이터로 생각한다.

이 아빠와 어린 딸의 서울 지도에는 목표지가 많다. 맑은 날, 비 오는 날, 눈 오는 날의 루틴도 다르다. 들를 데를 하나하나 다 찾아보고, 놀 수 있는 어린이놀이터의 위치를 파악하고, 아파트 단지의 어린이놀이터는 "못 가!" 하면서 서운해하고, 서로

손자 손녀와 외국인 사위는 손을 맞잡은 채 서울 거리 누비기를 즐긴다.

다른 공원과 산과 강을 비교하기도 한다. 이렇게 어릴 적부터 부모와 길 걷기 체험을 공유하며 자라는 아이들은 어떤 도시인으로 클까 궁금해진다. 이들은 벌써 최고의 '걷는 서울러'가 되었다.

이 아빠와 딸처럼, 지금도 많은 서울러들이 자신만의 걷고 싶은 길을 찾아내는 묘수를 부리고 있을 것이다. 유모차를 끄는 엄마 아빠는 평평한 보도를 찾아다니고, 앞을 못 보는 사람은 점자블록이 있는 길을 찾아내고, 나의 아버지처럼 걸음이 느린 노인은 엘리베이터가 있는 지하철역 출구와 충분한 시간을 주는 건널목을 찾아내고, 꼭 붙어서 걷고 싶은 연인은 북촌 골목처럼 좁은 길을 찾아다니고, 우리 부부처럼 반려견과 산책하는 집사들은 조금이라도 흙이 있는 길을 찾고 있을지도 모른다.

이 모든 걷는 서울러들을 위한 걷고 싶은 길이 서울에 필요하다. 서울의 모든 길이 걷고 싶은 길이 될 때까지, 이래서 걷기 좋고 저래서 걷기 좋은 길이 될 때까지, 걷고 싶은 길 때문에 그 동네를 좋아하게 될 때까지, 서울에 할 일은 참 많다. 서울 시민 모두가 '걷고 싶은 서울'에서 실제로 '걷는 서울러'가 되기를 정말 바란다.

알게 모르게 그 도시와 그 도시 속의 사람은 닮아간다. 우리는 도시를 만들고 도시는 또다시 우리를 만든다. 사는 집을 보면 그 사람이 더 잘 보이는 것처럼, 그 도시를 보면 그 사람이 더 잘 보이는 이치다. 서울과 서울러는 닮아간다. 그렇게 수많은 서울러는 자기도 모르는 사이에 수많은 서울 장면을 만들고 서울다움이 가득한 서울을 만들 것이다.

서울을 쏘다니는 서울러?
서울러 당신은 자기도 모르게 서울 장면의 하나가 된다.
그렇게 서울다움이 만들어진다.

쉬어가는 코너

서울을 그려보자,
그려보면 더 잘 보인다

메타포로서의 서울 그림지도

서울은 아주 크다. '사대문 안'에서 '성저십리'로, '강남'으로, '수도권'으로 팽창해왔다. 이제 서울의 속살이 채워지고 기존 공간들이 시대 변화에 따라 새로운 변신을 꾀하며 수많은 '제3의 동네'들을 통해 재탄생하고 있다. 이 큰 서울을 그린다면 어떤 그림이 나올까?

지도 보는 게 취미인 내가 좋아하는 지도는 정보성 이상으로 상징성을 담뿍 담은 지도다. 기술적으로 완벽한 지도는 측량, 건축과 도시계획, 전쟁에는 필수적이지만, 지리 기술이 크게 발전하지 못했을 때 만든 지도가 훨씬 더 아름답고 흥미롭다. 내가 사대문 안을 그린 수선전도에 홀딱 반했던 것도 그림 자체로 아름다워서다. 지리적 사실 이상으로 사람의 인식 대상으로서 자연과 도시를 표현하는 게 너무 흥미롭다. 고지도에 이런 그림지도가 꽤 많은데, 한양 고지도와 통영 고지도는 각별하게 아름답다.

이런 점에서 최고의 지도는 중세와 르네상스 유럽의 도시를 그린 그림지도다. 평면 지도만이 아니라 아예 건물까지 입체적으로 그리며 강조하고 싶은 부분을 부각한다. 지도 주변에 잔뜩 그림을 그려 넣기도 하는데 자기 도시의 상징이나 인물, 산업이나 수호신을 그려서 그들의 소망을 짐작하게 한다. 특히 피렌체나 베네치아를 그린 그림지도가 많은데 그만큼 당대 르네상스를 대표하는 도시의 욕망과 성취가 높았다는 뜻일 것이다. 도시국가 전성시대를 누렸던 이탈리아는 국토 모양이 돌을 차는 장화 모양인 데다가 개성적인 도시도 많고 각 도시를 대표하는 건축물이 많은지라 다채로운 그림지도를 그려낸다. 도시 이름만으로, 건축물로, 파스타 모양으로 이탈리아를 그린 그림지도가 정말 재미있다.

개성적인 형태의 한반도에도 다채로운 그림지도가 나올 만하다. 요즘 도시 관광을 위한 그림지도가 많은데, 공간을 고유한 이야기로 해석하는 시도가 아주 흥미롭다. 서촌 통인시장

같은 전통시장, 통영 동피랑·서피랑 벽화마을, 부산 감천문화마을, 군산 신흥동 말랭이마을 등은 최근 보면서 웃음 지었던 그림지도의 공간들이다. 다양한 콘텐츠와 건축물의 특색을 포착하는 디자인 솜씨가 대단하다. 그림지도가 아름다우면 들르고 싶은 마음이 커진다.

서울 꽃, 서울 별자리, 서울 조각보

수선전도에 반한 후에 나는 서울을 어떻게 그리면 좋을지 자주 생각하게 됐다. 도시를 무엇에 비유할 수 있을까 상상도 한다. 그러다가 너무도 아름답고 뜻깊은 그림지도를 만났다. 한반도를 그림으로 표현한 것이다. 흔히 호랑이로 그린 한반도 지도가 유명한데, 이건 무궁화로 표현한 한반도 지도다. 일제강점기에 나라를 되찾고자 하는 간절한 마음으로 유행처럼 번졌다는 손 자수로 수놓은 한반도 그림지도 1914년 작. 태백산맥을 굵은 가지로 그리고 작은 가지들이 뻗어 나오는데 가지마다 무궁화가 피어나며 한반도를 가득 채우는 그림이다. 이 무궁화 지도를 보자마자 마치 도시들이 꽃처럼 피어 있다는 연상을 했다.

도시는 꽃이다. 꽃이란 뜻의 이름인 피렌체만 꽃의 도시가 아니다. 르네상스의 대표 도시인 피렌체만 꽃처럼 아름다운 도시인 것은 아니다. 모든 도시는 인간이 만드는 최고의 문화라는 의미에서 모두 꽃이 아닐 수 없다. 뿌리를 내리고 줄기를 올리고 잎이 자라고 꽃망울을 맺고 꽃잎이 벌어지며 활짝 피어나는 도시라는 꽃, 그 꽃 속에 우리의 문화가 온전히 담긴다.

이런 마음으로 무궁화 한반도 지도를 들여다보니 '서울 꽃'이 갑자기 보였다. 서울에 관한 책 표지를 구상하다가 퍼뜩 떠오른 이미지다. 활짝 핀 무궁화꽃이 서울과 비슷해 보이는 것 아닌가? 그려봤다. 서울 윤곽은 활짝 핀 꽃 모양에 딱 들어맞았다. 하늘하늘 꽃잎을 서울 윤곽에 맞춰 한장 한장 그리고, 사대문 안의 길과 뻗어나간 길을 암술과 수술처럼 그려 넣고, 파란 한강을 살포시 얹자 정말 서울처럼 보였다. 한강은 서울을 서울처럼 보이게 하는 가장 중요한 요소다. 나의 첫 책인 『서울性』의 표지 디자인은 그렇게 탄생했다. 무궁화 한반도 그림지도에 활짝 핀 서울 꽃이 박힌 그림이 됐다. '도시문화시대의 서울을 기리는 책'이라는 부제를 붙였다. 서울에 대한 나의 소망을 담고 있는 '서울 꽃' 그림이다.

'서울 별자리'를 그릴 수도 있다. 불빛 환한 서울에서 별을 보기란 쉽지 않지만, 서울 안에 다양한 별자리가 있다. 우리를 화려하게 유혹하는 공간을 반짝반짝하다고 표현했는데 그렇게 별같이 빛나는 공간을 이으면 별자리가 만들어진다.

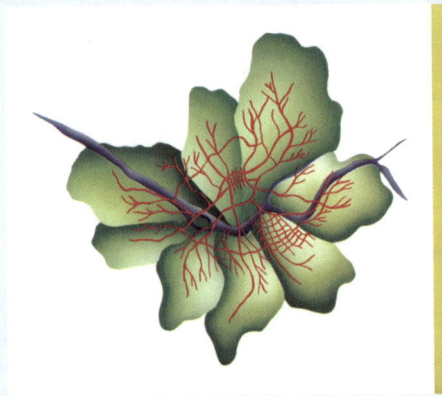 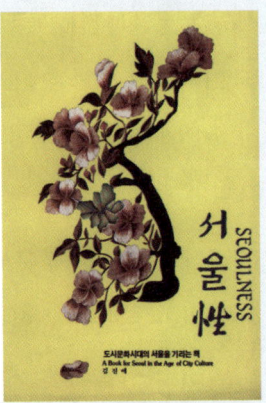

'서울 꽃' 그림(왼쪽)을 내 첫 책 표지(오른쪽)의 무궁화 한반도 그림지도 한가운데에 넣어두었다.

여러 종류의 서울 별자리가 가능하다. 반짝반짝하는 중심을 이어서 만드는 서울 별자리는 대표적이다. 서울의 3개의 중심, 사대문 안 도심CBD, 강남 도심GBD, 여의도·영등포 도심YBD을 잇고, 광역 중심인 용산, 마곡, 상암, 가산·대림, 청량리, 창동·상계, 잠실 7개를 잇고, 지구 중심인 신촌, 마포·공덕, 불광·연신내, 미아, 망우, 성수, 목동, 봉천, 사당, 수서·문정, 천호·길동 12개 등 총 22개의 중심만 연결해도 그럴듯한 서울 별자리가 생긴다.

다른 기능으로 서울 별자리를 그릴 수도 있다. 전통시장 별자리, 골목 상권 별자리, 박물관 별자리, 미술관 별자리, 동네 별자리 등 어떤 기능으로 이어서 어떤 의미를 부여하느냐에 따라 별자리가 그려진다. 우리 가족의 동선을 따라 만드는 동네 별자리는 어떨까? 버스 정류장, 지하철역, 마트, 학교, 구멍가게, 세탁소, 공원, 병원, 유아원, 약국, 맛집, 카페 등, 평소 다니는 공간들을 연결하면 어떤 별자리가 만들어질까? 하늘 전체가 수많은 별자리로 꽉 차 있는 별자리 지도처럼 서울에도 우리가 그리는 수많은 별자리가 꽉 차 있다.

서울만 이렇게 별자리를 만들 수 있나? 대한민국의 도시 별자리를 그릴 수도 있을 것이다. 나는 한동안 '세계도시 별자리'를 그리곤 했다. 별자리 그림의 효과는 서로 어떤 관계로 이어지느냐를 볼 수 있다는 거다. '아, 여기에 이렇게 몰려 있구나, 이렇게 서로 떨어져 있구나!' 알게 된다. 만약 인구나 GDP 규모로 도시 별의 밝기를 표현한다면 도시 간에 엄청난 차이가 있다는 것도 알 수 있다.

최근에 아주 좋은 그림 메타포를 발견했다. '서울 조각보'다. 서울시 산하의 연구기관인 서울연구원은 서울을 요모조모로 분석하면서 살기 좋은 서울을 만드는 기본 자료를 내놓는데, 서울의 생활권을 동북권, 서북권, 서남권, 동남권, 도심권의 5개 광역 생활권과 116개의 기본 생활권으로 분석했다.[11] 시민들의 통근, 통학, 쇼핑, 놀이, 휴식 동선을 분석해서 만든 것이다. 행정동이 426개이니 우리 대부분의 일상은 서너개 동에 걸친 동네생활권에서 일어난다는 사실을 알 수 있다. 이 분석의 목적은 기본 생활권의 삶을 개선하는 정교한 도시계획을 세우기 위해서다. 어느 생활권에 어떤 시설이 부족한지 또는 과잉인지 분석할 수 있다. 그런데 생활권 분석에서는 5개 권역별로 색깔을 정하고 짙음과 옅음으로 동을 구분하니까 마치 같은 권역은 비슷한 성격이라 생각하게 만든다. 실제로는 그렇지 않다. 같은 권역 안에서도 상당히 다른 색깔의 동네가 섞여 있다.

이런 다양한 색깔을 보여주는 아주 흥미로운 후속 연구가 나왔다. 서울연구원이 서울의 공간성격을 분석하기 위해 '서울씬' scene, 장면으로 426개 행정동을 분석한 것이다.[12] 다섯가지의 성격 분류를 썼는데, '전통주의 traditional scene, 화려함 glamour scene, 보헤미안 bohemian scene, 에스닉 ethnic scene, 글로벌 global scene'이다. 한옥과 전통적인 삶이 보이는 전통주의적 장면, 현대식 생활양태를 보여주는 화려함의 장면, 자유분방하고 젊은 분위기를 지향하는 보헤미안적 장면, 다문화가 섞여 있는 에스닉 장면, 글로벌 기업을 포함하면서 세계 경쟁력을 지향하는 글로벌 장면이 그것이다. 이 분석의 틀로 426개의 행정동을 분석하니 그 결과로 나온 그림은 마치 426개의 조각보를 이어 붙인 듯한 그림이 되었다.

바로 이거다. 서울은 이제 전반적으로 발전하면서, 각기 동네의 특색을 발휘하고 경쟁하면서 서로 비슷해지기도 또 달라지기도 한다. 물론 부동산 가격이나 개발 상황에 따라 양극화 현상도 생기고 생활권마다 부족한 복지도 있지만, 전체적으로는 상당한 수준으로 향상되면서 선진도시의 면모를 갖춰 가는 것이다. 서울 조각보의 의미다. 전통 조각보를 보면 하나하나 조각은 아주 귀하기도 하고 흔하기도 한 것들이 섞여 있지만, 전체로 한땀 한땀 이어 붙여 그렇게도 품격 있고 아름답고 눈에 즐거운 이 세상에 하나밖에 없는 작품이 탄생한다. 우리 서울도 그렇게 아름다운 '서울 조각보'로 탄생하고 있는 중 아닐까?

 서울을 상징하는 그림은 나도 계속 구상할 것이다. 소설가도 시인도 역사가도 화가도 디자이너도 영화감독도 싱어송라이터도, 그리고 모든 시민이 아름답고 뜻깊은 서울 그림을 그려가며 많은 작품이 세상에 태어나기를 바란다. 풍성한 서울 이야기에 비해서 작품화된 이야기나 비주얼 작업은 아직 많이 부족하고 할 일이 태산이다. 유튜브와 기록영화, 그림지도와 온갖 디자인, 드라마와 극영화, 노래와 음악 등의 작품 속에서 서울을 모티브로 하고 서울에 상상력을 자극받은 서울 이야기가 더욱 풍성하게 태어나기를 바란다.

지도마다 보이는 게 다르다

요즘은 내비게이션으로 길을 찾으니 정말 편리하다. 지도가 뜨고 점이 찍히고 갈 길을 하나하나 가르쳐준다. 전체를 보는 게 아니라 당장 가야 할 데만 찾아 그저 코앞만 보고 따라만 가면 된다. 그런데 이건 정말 문제다. 너무 편한 내비게이션은 우리의 공간감각을 퇴화하게 만들기 십상이다. 전체를 모르면서 좌표만 찍히니 위치감각과 방향감각이 줄어들고 거리감각도 점점 더 무뎌진다. 전문가에게만 공간감각이 필요한 게 아니다. 일상을 살아가는 안전감각과 입체적 감각을 키워주는 게 공간감각이다. 삼차원적 공간감각이 생길수록 창의성과 상상력이 높아질 가능성이 높다. 물론 감수성도 따라서 높아진다.

박정희 대통령이 경부고속도로를 낼 때 직접 지도에 도시와 도시를 잇는 직선을 긋고, 헬리콥터를 타고 그린벨트를 지정했다는 전설 같은 이야기가 전해져 온다. 어디까지 사실인지는 모르겠으나 '무엇을 보고 국토계획을 하느냐, 어떤 속도에서 보며 도시계획을 하느냐'에 따라 접근 방법은 상당히 달라질 수 있음을 시사한다. 좀더 세심했더라면 그렇게 무작스럽게 노선을 긋고 여러 도시에 대해서 그린벨트를 그렇게 획일적으로 치지는 않았을 거다.

지도는 다 똑같지 않다. 사진도 다 똑같지 않다. 어떤 거리에

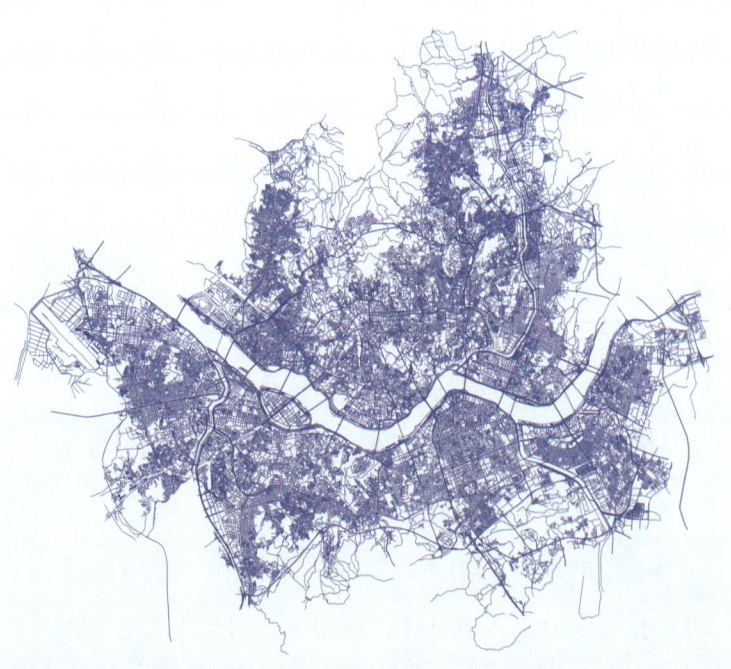

서울의 모든 길을 파랗게 표시한 지도. 길 조직만으로도 서울 형태가 보인다.

서 만드느냐, 무엇을 표현하느냐, 무엇에 중점을 두느냐에 따라 다 다르다. 요즘은 지도 검색에서도 도로와 건물을 그린 일반 지도, 산의 높낮이까지 보이는 지형 지도, 건물과 나무와 차량도 고대로 찍은 인공위성 사진까지 골라서 볼 수 있다. 보이는 게 각기 다르다. 길을 찾겠다면 일반 지도만 보겠지만, 주변을 자세히 알고 싶으면 지형 지도나 인공위성 사진을 찾아볼 것이다. 더 알고 싶으면 거리뷰를 찍은 동영상도 찾아볼 거고, 제대로 알아볼 거면 현장에도 가봐야 한다.

현장에 가서 보는 것보다 지도를 통해서 알 수 있는 것도 많다. 그렇게 많은 전문 지도를 만드는 이유다. 건물만 나오는 지도, 도시의 비어 있는 공간만 표현한 지도, 공원과 녹지와 나무만 표현한 지도, 지하 매설물만 표기한 지도, 싱크홀 위험지를 표기한 지도, 상하수도를 표시한 지도, 지하철 노선만 표시한 지도 등 각 지도는 그 무언가를 분석하기 위해 만든 지도다. 현실 세상은 너무도 복잡하고 수많은 변수가 겹쳐 있기에 전문적 지도를 통해 특정 기능을 분석하는 것이다.

사진은 어떨까? 사진은 흔해 보이지만 통상적이지 않은 시각으로 찍은 사진은 완전히 다른 것을 보여준다. 높은 곳에서 찍는 사진이 대표적이다. 직업상 건물 옥상에서 사진을 찍는 기회가 많은데 내가 정말 새가 되는 기분이다. 그러다가 헬리콥터를 타고 찍으니 완전히 달랐다. 박정희의 시각이 이러했던가? 세상을 주름잡는 기분이랄까, 신처럼 세상을 마음대로 조정할 수 있을 듯한 느낌마저 들었다.

처음으로 항공사진을 접했을 때의 충격이 기억난다. 우리가 지상에서 복닥복닥, 아웅다웅, 온갖 궁리와 고민을 하면서 만드는 집과 도시가 완전히 하나의 패턴으로만 보이는 게 어찌나 신기했던지 모른다. 우리 한옥 동네가 그렇게 질서정연하게 'ㄱ자, ㄷ자, ㅁ자'를 그리며 모여 있는 모양이 꼭 판화를 보는

북촌 항공지도. 한옥 지붕이 마치 판각처럼, 패턴처럼 보인다.

느낌이었다. 항공사진에서는 뉴욕의 격자형 도시 패턴도, 바르셀로나의 팔각형 블록 패턴도, 로스앤젤레스의 커다란 격자 패턴도, 암스테르담의 동심원 패턴도, 우리 달동네의 곡선 패턴도 꼭 땅에 새겨놓은 판각처럼 보이는 게 너무 신기하다.

여러 종류의 지도와 사진에 꽤 능숙해진 편인데도 인공위성이 찍은 도시 야경은 완전히 새로운 경험이었다. 가장 유명한 사진은 한반도를 찍은 사진이다. 휘황찬란한 빛이 가득한 남한과 평양의 점 딱 하나만 빼고는 완전히 깜깜한 북한의 대비가 충격적이었다. 이 인공위성은 여러 세계도시의 야경을 찍었는데, 그동안 이미 잘 알고 있던 거대도시들의 모습이 빛의 패턴을 통해서 더 확연하게 보였다.

격자형으로 퍼져나가기로 유명한 라스베이거스와 토론토가 선명한 도로 격자 빛을 보여주는 게 오히려 이상해 보였는데 환한 도로 외에는 그만큼 개발 밀도가 낮다는 뜻이다. 그린벨트 없이 성장한 도쿄 수도권이 도시개발이 끝없이 연이어진다는 건 잘 알고 있었는데, 이 빛의 사진에서는 마치 조가비 패턴처럼 모든 방향으로 방사상 빛이 퍼져나가는 모습이 확연하다. 그린벨트 원조로 유명한 런던은 도심만 빼고는 전반적으로 도시가 점점이 퍼져가는 모습이 선명하게 보인다. 빛의 뭉치가 그리 확연치 않게 뿌옇게 마치 우주의 성운처럼 퍼져 있는 도시들이 많다는 사실도 아주 흥미로웠다. 찬란한 빛의 뭉치가 가운데에 있고 빛줄기가 몇가닥으로 퍼져나가다가 다시 빛의 뭉치가 나타나는 게 수도권 서울의 야경 사진인데, 그린벨트를 피해 가며 개구리 뜀박질하듯 도시개발이 일어났다는 형태를 고대로 보여준다.

외계인이 있다면 그 외계인은 우주에서 우리 도시들을 빛의 뭉치로 보면서 빛의 속도로 이 도시 저 도시로 순식간에 날아다닐지도 모른다. 지금은 KTX나 GTX를 타고 중심에서 중심

인공위성 사진 속 빛의 뭉치. 반짝반짝 남한과 암흑의 북한.

으로 이동하고 비행기를 타고 이 세계도시에서 저 세계도시로 이동하지만, 혹시 먼 미래에는 광속 우주선을 타고 이 빛의 도시 뭉치에서 저 빛의 도시 뭉치로 인터스텔라 비행을 하게 될지도 모른다. 이동 속도가 빨라질수록 빛이 뭉치려는 성향이 더 커지는 것 아닐까? 그때는 도시라는 개념이 완전히 달라져

버릴지도 모르겠다. 정말 별자리처럼 오직 중심과 중심만 있는 그런 도시체계가 될지도 모른다.

사대문 안을 그려보자

이렇게 다양한 지도들을 보면서 도시에 대해 이모저모 깨달음을 얻는 것도 흥미롭지만, 자기 손으로 도시를 직접 그려보면 또 다른 깨달음이 온다. 이건 무척 중요한 과정이다. 내 머릿속에 새겨져 있는 서울이라는 도시를 표현하는 것이다. 서울이라는 도시를 다른 사람에게 그려준다면 어떤 그림을 그리게 될까? 제일 쉬운 방법은 도시를 어떤 순서로 만들었나, 어떻게 성장해왔는지 차례차례 그리는 것이다.

사대문 안 그리기는 의외로 간단하다. 수선전도를 머릿속에 떠올리면서 나는 다음의 순서로 사대문 안을 그린다.

1. 북쪽의 북한산을 제일 먼저 그린다. 제일 강렬한 랜드마크다. 그리기도 쉽다. 수선전도에 나오는 모양대로 삼각산으로 그리면 된다.
2. 북악산-남산-인왕산-낙산의 내사산을 북남서동 순서로 그린다. 북쪽의 주산을 먼저 그리는 게 남향을 지향하는 풍수지리 철학에 맞다.

3 성곽을 그린다. 아주 쉽다. 내사산을 따라서 동그라미를 그리면 되는데, 달걀을 거꾸로 세운 모양으로 그리면 한양성곽 모습에 가장 근접한 형태가 된다.

4 동서 운종가종로와 남북 육조거리와 종각-남대문을 남북으로 연결하는 세개의 도로를 그린다. 그 끝에 광화문과 남대문, 서대문과 동대문을 그린다.

5 명당을 그린다. 경복궁이 가장 중요한 궁궐이므로 제일 먼저다. 그리고 창덕궁, 종묘, 창경궁, 사직단, 경희궁, 덕수궁 등 다른 주요 명당도 그려 넣는다. 다 북촌에 있고 남향이라는 명당의 특징이 있다.

6 청계천을 그린다. 이때 성곽 밖에 한강을 그린다. 청계천은 내수, 한강은 외수다.

7 다른 도로는 원하는 대로 넣되 실핏줄처럼 자연발생적인 패턴으로 그리면 된다.

8 북촌과 남촌의 영역을 그린다. 북촌은 궁과 궁 사이의 남향 동네로 이른바 지체 높은 왕족과 양반이 살던 동네이고, 남촌은 상대적으로 지체가 낮거나 궁핍한 양반, 중인, 상민들이 섞여 살았던 동네다.

거대도시 서울을 그려보자

사대문 안은 수선전도라는 전범이 있기에 그리기 쉽다. 그렇다면 거대도시 서울은 어떻게 그릴까? 서울만도 큰데, 수도권까지 포함한 거대도시 서울을 그릴 수 있을까? 수도권 서울이 만들어진 순서대로 그리면 서울을 이해하는 방식이 잘 보인다. 수없이 그려보고 수없는 시행착오를 거친 후에 나는 거대도시 서울을 다음 순서로 그린다.

1   W자 모양의 한강을 그린다. 한강은 거대도시 서울의 젖줄이자 서울의 가장 강렬한 얼개다. 네개의 큰 지천과 청계천을 그려 넣으면 완성이다. 서울의 수경축水景軸이다.

2   외사산과 내사산을 그린다. 서울이 자리 잡은 영역에 대한 감이 잡힌다. 서울은 그렇게 그릇이 크다. 서울의 산경축山景軸이다.

3   강북의 사대문 안을 둘러싼 성곽 모양의 달걀형 동그라미를 그린다. 서울의 시작은 동그라미다. 그 안에 주요 도로와 경복궁 명당을 살짝 그려도 좋다.

4   강남의 격자형 구조를 그린다. 강북의 동그라미와 대비되는 구조다.

5   한강의 네개 지천 변에 성장하는 서울의 동서남북 동네 영역을 그린다. 크고 작은 산등성이를 차지했던 달동네를 점점이 그려 넣어도 좋다.

6   서울 밖으로 뻗어가는 도로와 철도를 그린다. 서쪽 인천 방향, 남쪽 경부 방향이 큰 줄기다. 간선도로 중심의 방사상 도로와 순환도로가 주요 뼈대가 된다.

7 그린벨트를 뛰어넘어 수도권 주요 도시들과 계획 신도시들을 점 찍는다. 1기 신도시와 2기 신도시 정도는 그릴 만하다.

8 수도권으로 뻗는 방사상 도로와 수도권 외곽의 순환도로를 그린다. 이제 외사산 밖까지 포함하는 거대도시 서울이 그려졌다.

이렇게 그리고 보니, 거대도시 서울도 그리기 그리 힘들지는 않아 보인다. 물론 어렵다. 전문가라는 나도 수없는 시행착오를 거쳐서 알아낸 그림이다. 이 지혜를 공유하고 싶어서 한 전시회에서 수선전도와 '거대도시 서울'을 그리는 차례를 단순화해서 목판으로 찍으며 전체 지도를 완성하는 작업을 시도해 봤다. 관람객들이 직접 자기 손으로 한지에 지도를 찍어서 기념품으로 가져가는 거였는데, 대히트였다. 그 경험 자체가 신기했던 모양이다.

독자에게 서울을 꼭 그려보라고 강요하는 것은 아니다. 다만 우리가 살고 있는 도시를 아는 대로 다른 사람에게 그려서 알려주는 기술감각을 잃지 말자는 뜻이다. 내비게이션이 없던 시절에 우리는 모두 약도를 대충 그리며 내가 어디 사는지, 일하는 데는 어디인지, 만날 장소는 어떻게 찾아가야 하는지 스스로 알아내고 또 알려줬다. 그리지 않더라도 말로 풀어낼 수 있었다. 대여섯살 무렵에 내가 동네를 탐험하면서 아로새겼던 이미지맵의 효과는 내가 특이해서가 아니라 모든 사람이 무의식적으로 머리에 그리며 사는 공간감각인 것이다.

이렇게 무의식적으로 작동하는 공간감각을 우리 시대에 맞게 찾아냈으면 좋겠다. 아무리 내비게이션이 도와주고 AI가 여러 설계를 도와주고, 아무리 스마트폰으로 도시의 스냅사진을 수없이 찍어대고, 아무리 인공위성 사진과 각종 기능적 지도가 발달하더라도 땅에 발을 붙이고 사는 사람의 눈으로 도시를 읽고, 보고, 이해하고, 자유자재로 쓰고 즐기는 공간감각을 장착하면 사는 게 훨씬 더 흥미로워진다. 서울 그려보기는 잠자고 있는 우리의 공간감각을 일깨우는 방식 중 하나다.

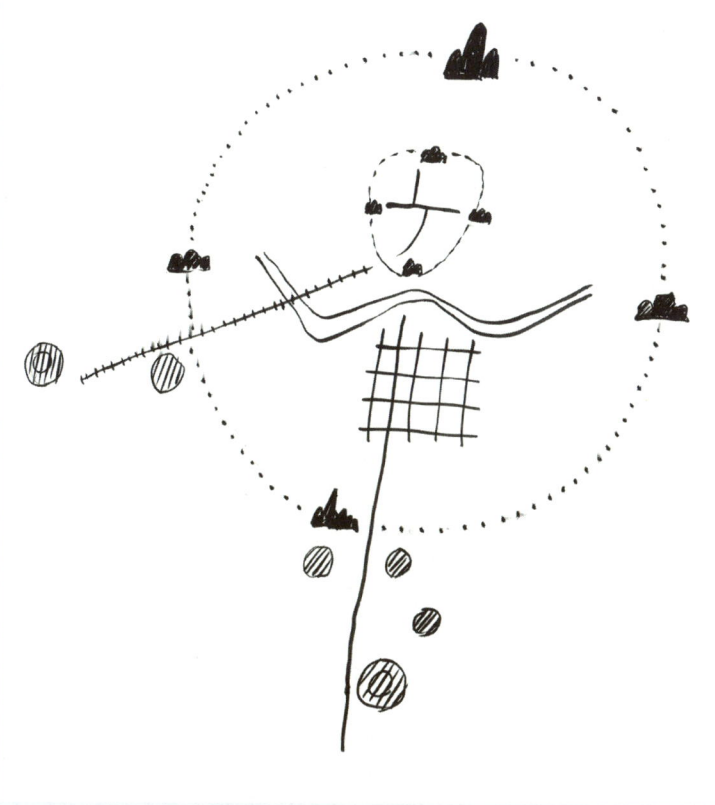

서울의 공간구조 특징을 보여주는
한강과 내사산, 외사산을 그리고,
사대문 안을 그리고, 강남을 그리고,
지천 변에 펼쳐지는 서울 윤곽을 그리고,
신도시로 뻗어나가며 거대도시 서울을 그린다.

이토록 _____ 서울

공간·사람·정치로 빚어낸 김진애의 도시 이야기

3부

서울시장 이야기

시대정신을 담는 도시 리더십

서울과 서울시장

　서울은 내 인생 주제 중 하나다. 다녀본 만큼 좋아지고, 이야기하는 만큼 재미있어지고, 들여다본 만큼 흥미로워지고, 그리고 정책 결정을 볼수록 흔쾌함과 아쉬움을 오간다. 서울올림픽이 개최됐던 1988년에 유학을 마치고 돌아온 후 여러 프로젝트에 참여하기도 했고 전문가로서 서울시 정책과 사업에 관여했다. 선거 때는 물론이고 평시에도 각종 자문과 심의에 자주 참여하는데 보람찬 일도 많지만 속을 끓이는 일도 잦다. 세상에 변화를 실천하기란 참 어렵고 내 힘이 너무 모자람을 뼈저리게 느끼곤 한다.

　역사에 가정은 없다지만, '이렇게 했었더라면?' 하는 생각이 불쑥불쑥 드는 건 어쩔 수 없다. 아쉬움과 함께 미래에 대한 기대 때문일 테다. 서울에 대해서도 마찬가지다. 좋은 방향으로 변화하는 것도 많지만 아쉬운 점도 적지 않다. '그때 진즉 다른 방향을 모색했더라면, 다른 방책을 썼더라면, 다른 선택을 했더라면!' 하는 생각이 드는 것이다.

서울에 대한 꿈을 자주 꾼다. 유학 시절에 가장 자주 꿨다. 그리움 때문이기도 하지만, 내가 배우는 다른 도시들에 비추어 서울을 다시 보는 경험 때문이었을 것이다. 해외 도시여행을 다녀오고 나면 또 서울 꿈을 꾼다. 다른 도시와 대비하며 서울을 떠올리는 심리가 작동하는 거다. 요즘은 광장에서 열리는 행사에 다녀오면 또 서울 꿈을 꾼다. 광장 속 시민들의 에너지를 느끼면서 서울의 미래를 그리게 되어서 그런 듯싶다. 꿈이란 때로 상상을 촉발하는 단서가 된다.

현실 서울은 꿈속 서울보다 훨씬 더 복잡한 변수들이 얽혀 있다. 쉽게 풀리지도 않고, 이걸 풀면 저게 문제가 되고, 하나를 잘못했다가 그 잘못이 전체로 퍼져버리고, 그런가 하면 잘한다고 했던 선택이 나중에 장애가 되기도 한다. 서울은 역경과 고난 속에서 어려운 선택을 해오며 오늘의 서울이 됐다. 어리석기도, 현명하기도, 근시안적이기도, 장기 비전을 품기도 했던 선택들이었다. 그 중심에 시장市長이 있었다.

관선 시장이라는 중앙 권력 대리인

물론 관선 시장은 그 역할에 상당한 한계가 있었다. 조선시대 한양에 주목할 만한 시장이 별로 없었던 것은 한성 판윤判尹, 시장이 임명직이었고 더 높은 관직을 가기 위한 통과직 정도로 여겨졌던 때문일 것이다. 자주 바뀌어서 재임 기간도 짧았고 눈여겨볼 실적이 있는 경우도 별로 없었다. 그만큼 한양에 별 변화나 혁신이 없었기 때문이기도 한데 왕권을 유지하는 기능에 중점을 두었다는 뜻이다. 18세기 정조 시대에 수원 화성에 새로운 행정도시 건립이 추진되고 한양의 상업 기능이 대폭 확장되었을 때, 또한 19세기 말 대한제국으로 전환하는 시기에 인구가 폭증하고 전차가 도입되는 등 도시 기능에 큰 변화가 있었을 시절에도 조정의 결정이 더 큰 변수로 작용했다.

1945년 해방부터 1995년에 본격 지방자치가 시행될 때까지 반세기 동안 서울은 관선 시장을 두었다. 첫 민선 서울시장으로 조순을 기억하는 사람들이 많지만, 첫 민선 시장은 4·19 혁명이 일어났던 1960년 말에 시행된 첫 지방선거에서 당선된 김상돈1960. 12. 30.~1961. 5. 16. 재임이다. 불과 다섯달 만에 5.16 군사정변으로 인해 쫓겨났다. 50년 동안 29대에 27명의 관선 서울시장이 있었으니 재임 기간이 평균 2년이 안 된다. 권력의 입맛에 따라, 비리 등 문제가 발생할 때 여론에 대응하느라, 또는 정치 구도상 시장을 자주 바꿨다. 그나마 장기간 서울시장을 했던 사람은 14대 김현옥 1966. 3. 31.~1970. 4. 15. 재임, 15대 양택식 1970. 4. 16.~1974. 9. 1. 재임, 16대 구자춘 1974. 9. 2.~1978. 12. 21. 재임, 20대 염보현 1983. 10. 15.~1987. 12. 29. 재임으로 4년가량, 그러니까 지금 민선 임기 정도로 했다. 1960년대 중반에서 1970년대까지 서울의 확장적 도시계획이 결정되고 지하철 등 주요 인프라가 건설되던 시절에 또한 올림픽이라는 역대 최대의 행사를 준비하며 각종 도시개발이 추진되었을 시절에 중앙 권력이 설정한 과제를 상대적으로 효율적으로 수행했다고 평가받았기 때문일 것이다.

관선 시장 시대는 명실상부한 서울의 팽창 시대였다. 한강의 기적이라 불릴 정도로 서울이 급성장하고 주요 인프라가 건설되고 경제적 몸집을 키우며 서울의 외형적 틀을 갖춰간 기간이다. '강남으로의 도시 확장, 주요 공단 도입과 토지구획에 의한 주거지 확산, 서울시의 행정구역 확대, 30여개의 한강 다리와 남산의 3개 터널 건설, 여의도 개발, 지하철 건설 출범과 전 서울로의 확대, 아시안게임과 올림픽과 한강 종합개발, 대단위 아파트 지구 지정과 재개발, 테헤란로를 시범으로 시작된 도시설계 제도 도입' 등 굵직굵직한 정책 사업들이 그것이다.

이 시기에 김현옥 같은 악명 높은 시장은 나왔어도 존경받는 시장이 나오지 못한 것은 중앙 권력의 대리인이라는 인식 때문일 것이다. 국가 발전, 경제개발의 도구로 서울의 도시개발이 이용되었음은 부인할 수 없는 사실이다. 불가피한 측면이 있었음을 인정하더라도 그 결과 부정 축재와 부패·비리의 온상이라는 불명예를 안게 되었고 '복마전'이라 불릴 정도로 도시행정은 엉망이었다. 인프라 건설, 강남 확장, 개발 인허가, 재개발과 재건축 등의 이권과 연루된 사안과 관련하여 관선 시장 여럿이 부정적으로 연루되어 물러났던 것도 역사적 사실이다.

자치 시대의 민선 서울시장

지방자치 시대가 본격적으로 시행된 지 30년이 되었다. 시작할 때 기대와 우려가 공존했다. 경제 규모가 커졌고 민주화가 진행되었고 시민 의식이 높아졌으니 시민이 직접 뽑는 시장과 지방의회 의원으로 지방자치를 행할 충분한 역량이 있다는 판단과 함께 지자체 상황에 필요한 서비스를 높이고 지방분권을 통해 새로운 성장을 이룰 수 있다는 기대가 있었다. 반면, 혹시나 지역의 경쟁적 개발이나 지역 이기주의가 극성을 부리게 되지나 않을지 오히려 지역 간 차이가 더 극명해지지 않을지 우려도 있었다.

30년이 지난 지금, 그 기대와 우려는 모두 틀림이 없다는 것을 알 수 있다. 주민을 위한 서비스는 부인할 수 없게 일취월장했다. 유권자의 표를 의식하게 된 만큼 당연한 결과다. 복지 서비스가 늘고 문화 투자도 늘었다. 그런가 하면 이른바 표를 겨냥한 '포퓰리즘'대중영합주의이 작동하는 것도 부인할 수 없는 사실이다. 문화복지 확대, 세금 깎아주기, 단체장의 치적 사업 등, 그로 인해 지방재정이 불안해지기도 한다. 재산세 수입을 올리고 싶은 지자체와 토지주들의 개발 이해가 맞아서 무분별하게 개발을 부추기는 부작용이 있는 것도 사실이다. 자치단체장의 치적 욕망을 제어하기 쉽지 않다는 문제도 있다. 각기 경쟁하다 보니 지자체들이 비슷비슷해지고 왕왕 중복 투자가 생기는 문제도 발생한다. 하지만 지방자치는 거스를 수 없는 흐름이자 더욱더 발전적인 모습으로 성장해야 한다.

서울시장이 각별하게 주목받는 이유는 서울이 대한민국에서 가장 크고 권한도 막강한 지자체이기 때문이다. 외형적으로는 재정 규모로나 인구 규모상 경기도가 가장 크지만, 실제적인 도시계획권과 사업 추진권 면에서는 서울시장의 권한이 훨씬 더 크고 실질적이다. 게다가 서울시장은 광역단체장에서 유일한 장관급으로 국무회의에 배석할 수 있다. 관선 시장 시대의 유산이기도 하지만, 수도 서울을 대표하는 책임이 그만큼 막중하기 때문이다.

본격 지방자치 시대의 서울시장은 1995년 30대부터 2025년 현재 39대까지인데, 30년 동안 조순, 고건, 이명박, 박원순, 오세훈 시장(이후에는 직함을 빼기로 함) 다섯이다. 평균 재임 기간이 6년이니 관선 시장 재임 기간의 3배다. 조순, 고건, 이명박이 1선이고, 박원순이 3선, 오세훈은 4선이다. 민주 계열 시장이 셋으로 16년, 보수 계열 시장이 둘로 14년을 운영했다. 고건, 이명박은 임기 4년을 다 마쳤으나, 다른 셋은 중도 사퇴하거나 낙마하는 사건도 생겼다. 조순은 2년 만에 조기 사퇴했고, 박원순은 3선 임기 중 '미투' 의혹이 불거지며 생을 버렸고, 오세훈은 재선 임기 중 무상급식을 반대하다가 주민투표의 무산을 이유로 사퇴했고 10여년 후, 보궐선거에서 부활하여 시장직을 다시 맡았다.

시장의 출신 배경은 시장직 수행에 영향을 미칠까? 물론 그럴 것이다. 조순은 정통 경제학자 출신, 고건은 중앙정부의 관록 있는 행정가 출신, 이명박은 레전드급의 건설 기업인 출신, 박원순은 법조인 배경의 시민운동가 출신, 오세훈은 법조인으로 방송 셀럽 출신이다. 이런 배경을 가진 각 민선 시장이 어떤 특정 사업과 정책을 강조했던 건지 연관성이 없지 않다. 어떤 성장 배경인지, 특히 어떤 경력을 거쳐 어떤 일을 해왔는지는 한 사람의 철학과 의식과 가치관과 지향점, 특히 업무 스타일에 지대한 영향을 주기 때문이다. 사람은 자신이 하고 싶은 일을, 할 수 있는 방식으로 하게 마련이다. 뒤에서 자세히 보겠으나, 각 시장의 업무를 보면 각기의 성향이 고스란히 드러나는 것을 알 수 있다.

다섯 시장의 공통점이라면 무엇일까? 모두 대통령을 꿈꿨던 사람들이다. 그중 이명박은 대통령이 됐다. 조순은 대선 출마를 위해 중앙정치를 한다며 중도 사퇴했고, 고건은 임기 동안 또한 이후에도 유력 후보로 거론됐었다. 박원순 역시 유망 후보로 지목되었으나 지지율이 뜨지 않아서 스트레스로 작용했다는 후문이 있다. 오세훈은 자진 사퇴 이후에 10년의 야인 생활을 거치고 기적적으로 2021년 보궐선거에서 당선되고 2022년에 4선 시장이 된 이후로 대선 행보를 했으나 2025년 윤석열 탄핵으로 시행된 조기 대선에서 출마를 접었다.

서울시장을 대통령이 되는 디딤돌로 여기는 현상을 나는 꽤 못마땅해한다. 물론 시장직을 잘해서 대통령감으로 떠오르는 현상을 마다할 이유는 전혀 없다. 다만 서울시장이 되자마자 대선 후보로 거론되거나 아예 대선 교두보로 시장직을 여기는 건 마땅치 않다. 두가지 이유에서다.

첫째, 시장의 필요 역량과 대통령의 필요 역량은 성격이 다르다. 서울시장은 현장 추진력이 상당히 필요하고 대통령은 거시적인 정책력이 무척 필요하다. 물론 두 역량 다 필요한 것이지만, 현장 추진력이 있느냐 아니냐가 시정의 추진력과 장악력, 정책의 집중과 균형에 영향을 미친다. 둘째, 대통령이 되겠다는 목표를 삼으면 서울시장으로서 실적 쌓기에 마음이 급해진다. 당연히 서울시장직 수행에 부정적인 영향을 끼칠 위험성이 높아진다. 홍보성 사업에 치중하거나 지지자 규합을 위한 정책과 사업을 펼치게 될 위험도 커진다. 서울시의 예산을 허투루 쓰는 위험은 저절로 따라온다.

이를 극명하게 보여주는 사례가 이명박이다. 내가 이명박에 상당히 비판적이라고 알려져 있지만, 그의 시장직 수행에 대해서는 긍정적인 부분이 꽤 있다고 평가한다. 건설 기업인 출신으로서 현장 추진력이 강했기 때문일 것이다. 이명박 시장이 추진한 대중교통체계 개편은, 공영제의 재정적 문제 개선이라는 과제를 남겼지만, 도시교통 효율성과 시민의 이용 편이성 측면에서 성공적 사업이었다. 반면에 사업 추진에 능한 이명박은 대통령이 된 후에도 정책에 대한 세심한 배려보다 사업 위주의 국정을 벌였다. 이는 그의 근본적인 한계가 아닐 수 없다.

이제 각 민선 시장의 행적을 들여다보면서, 이들이 어떤 시대적 과제를 설정했는지, 어떤 성공을 거두고 어떤 시행착오를 거쳤는지 돌아보자.

민선 서울시장 다섯

본격 민선 첫 시장, 조순(1995~1997)

1995년 조순 시장의 등장은 일단 큰 기대를 모았다. 보수 정권의 대통령으로 1993년 취임한 김영삼은 평생 민주화운동을 했던 인물답게 군사정권을 청산하고 문민정부를 표방하면서 하나회 숙청, 금융실명제 전격 실시로 크게 환영받았고, 일제강점기 청산을 기치로 추진한 광화문 조선총독부 건물 해체에 대한 호응도 높았다. 조순은 민주당 후보로 당선됐지만, 합리적 중도 보수로 여겨졌던 인물이어서 점진적 개혁을 이루며 김영삼 정부와 호흡을 같이할 것으로 기대됐다. 하얀 눈썹으로 '포청천'이라는 별명으로 불렸던 조순 시장은 당선되자마자 발생한 삼풍백화점 붕괴 참극의 수습으로 직을 시작해야 했지만, 오랜 관선 시장 시대 동안 뒤처진 서울시 개혁을 추진하기에 적합한 타이밍에 등장했다.

조순 시장은 그동안 간과되었던 복지정책, 환경정책, 그리고 안전정책에 중점을 두었는데 이것은 이후 서울 시정의 기본으로 자리 잡았다. 전국 최초로 사회복지조사를 시행했고 그 자료를 바탕으로 시민복지 5개년 계획을 세워서 체계적 정책 수립의 전범을 보여줬다. 특히 '환경기본조례, 환경헌장, 서울의제21' 등의 환경정책 수립은 획기적이었다. 환경 보전에 대한 시대적 관심을 선언에 그치지 않고 구체적 시행 단계로 나아가게 만들었다는 점에서 의미가 크다. 한강 다리 등 도시 시설의 안전을 전반적으로 점검하고 당산철교 재시공을 결정한 것은 도시의 안전을 중시한 정책 기조 변화였다.

'민선 시장의 공원녹지 프로젝트' 전통은 조순 시장 때부터 시작되었다고 봐도 무방하다. '공원이 부족하다, 공원을 만들면 인기가 높아진다'라는 일종의 공원 신화가 태동했던 시점이다. 이후 모든 민선 시장이 자신의 공원 프로젝트를 내세웠다. 조순 시장의 대표적 공원 프로젝트는 여의도광장의 공원화였다. 군사독재의 유산이라는 부정적 평가를 받던 여의도광장을 공원화하는 것에 호응이 높았고 문민정부의 방향과도 코드가 맞았다.

삭막했던 여의도광장의 공원화에 반대할 시민은 전혀 없었지만, 실제 설계는 미흡한 점이 많다. 아무리 30년 전 설계라지만 지나치게 밋밋하다. 공원화라는 큰 목적만 있었고 '어떤 캐릭터의 공원'이라는 구체적 콘셉트 자체가 없다. 크기는 엄청나게 커서 여러 종류의 공원을 그 안에 두었는데 그래서 오히려 성격이 불분명해졌다. 나중에 조성된 샛강공원이 성격 분명한 생태공원으로 자리매김한 것에 비해서 크게 아쉽다. 또 다른 공원 프로젝트인 영등포공원은 일제강점기 시절부터 있던 맥주 공장을 서울시가 매입해서 공원화한 것인데, 조순 퇴임 이후에 완성되었다. 토지 매입에 상당한 비용이 들었는데, 들인 비용에 비해서 지나치게 밋밋하다. 요즈음의 일취월장한 조경 디자인 감각으로 보면 캐릭터가 불분명하다는 게 아쉽다.

조순은 본격적인 첫 민선 시장으로서 좋은 스타트를 보여줬고 큰 흐름에서 문민정부의 노선과 결을 같이해서 안정감을 주었지만, 시장직 수행 측면에서는 상대적으로 밋밋했던 편이다. 경제학자로서의 거시경제 마인드로 조순은 시정보다 국정에 더 큰 열정을 가졌던 듯도 싶다. 그의 밋밋한 캐릭터 때문에 대선 후보로 부각하지 못한 측면도 있을 것이고, 대선 행보에 신경 쓰느라 시정 행보가 밋밋해진 면도 있을 테다.

민선 첫 시장으로 각인된 조순이 대선 출마를 위해 시장직을 중도 사퇴하는 사례가 된 것은 두고두고 아쉬운 일이다. 서울시장직을 대통령이 되는 징검다리로 여기게 만들었다는 점에서 좋지 않은 선례를 남겼다. 시장직을 사퇴한 후 조순은 보수정당과 손을 잡았지만 대선 후보가 되지 못했고 이회창 후보의 손을 들어주면서 쓸쓸한 뒷맛을 남겼거니와 진영을 넘나드는 행보가 그리 석연치 않았다는 그림자를 남기기도 했다.

시스템 시장, 고건 (1998~2002)

고건 시장은 1988~1990년에 관선 서울시장을 역임한 경력이 있다. 노태우 정권에서 세상을 떠들썩하게 만들었던 한보 그룹의 수서 비리 사건에서 특혜 분양을 거부하다가 잘렸던 정황이 밝혀지면서 청렴한 공직자 이미지가 형성되어 있었다. '행정의 달인'이라는 별명이 붙을 만큼 노련한 행정가로서 막 출범한 김대중 정권과 함께 IMF 외환위기를 극복하기에 적합한 인물로 보였고 이런 인식에 힘입어 당선되었다. 그리 알려지지 않았지만, 고건은 서울대 환경대학원 도시계획과 석사 학위를 받으며 체계적으로 도시를 공부했던 전력도 있다. '공직자로서의 훈련된 마인드, 서울시장 역임 경험, 체계적 도시 공부'라는 세가지 배경은 고건을 행정 개혁 시장 또한 종합적인 시스템 시장으로서 자리매김하게 했다. 불안했던 시대적 상황에서 고건 자신의 신중한 캐릭터가 안정감을 주기도 했다.

고건 시장 이전의 서울시 행정은 복마전이라 불리곤 했다. 인허가권을 가진 서울시 특성상 크고 작은 비리가 끊이지 않았고 자체 사업에 얽힌 부정부패 사건도 끊이지 않았다. 고건은 반부패를 기치로 '투명 행정, 공개 행정, 참여 행정'이라는 목표를 세웠고, 실제적으로 '민원 처리 온라인 공개시스템, 청렴 계약 옴부즈만, 전자수의계약' 제도를 도입해서 안착시킴으로써 복마전이라는 오명을 씻어내는 첫걸음을 떼는 데 상당한 효과를 봤다.

외환위기에서 비롯된 저성장을 벗어나기 위해서 신성장을 갈구했던 시기였다. 고건은 서울의 도시경쟁력을 키우는 사업에 주력했고, 김대중 정부의 적극적인 IT 정책과 2002년 월드컵 경기 준비 작업이 촉매가 되었다. 고건 시대의 대표적인 미래 개발은 상암동 DMC 단지와 마곡산업단지다. 관선 시장을 했을 때 서울의 새로운 미래 개발지로 설정했던 '용산, 뚝섬, 상암, 마곡, 여의도' 중 두개 지역이었다. 허허벌판 강서구에 마곡역을 배치하며 향후 개발에 대비했고, 상암 DMC 개발이 단순히 택지 분양 사업으로 전락하지 않도록 도시설계 틀과 개발 원칙을 세우며 미디어 신산업 유치의 기초를 다졌다.

시스템 시장답게 고건은 각종 도시 인프라 수준을 올리는 과제에도 매진했다. 2기 지하철을 추진했고, 북부간선도로와 순환도로를 착공했고, 빗물펌프장 증설과 쓰레기 소각장 건립 등 인프라 시스템도 강화했다. 버스와 지하철 환승체계를 최초로 도입했는데 시민 호응도가 높아지면서 이후에 이명박 시장의 대중교통체계 개편의 단초가 되기도 했다.

김대중 정부와 고건 서울시 정부는 임대주택과 저소득층을 위한 주택 공급에 심혈을 기울였는데, 외환위기를 극복하기 위한 부동산 경기 활성화와 국민임대주택의 공급 확대라는 두마리 토끼를 잡기 위해서 호흡을 맞춘 결과였다. 재개발을 활성화하고 저밀도 아파트 단지의 고밀 재건축을 촉진하기 시작한 것이 고건 시장 시대다. 재개발·재건축 사업에 있어서 임대주택 공급 비율을 도입하고, 다가구 주택을 매입해서 임대주택으로 활용하고, 저소득계층에 대한 임대비 지원을 시작한 것도 주거복지 측면에서 고건 시장이 시작한 것으로, 이후에 다양한 형식으로 안착한 정책이다.

고건 시대의 대표적 공원 프로젝트는 난지도 월드컵공원과 선유도공원이다. 흥미롭게도 두 공원 모두 '재생'이 테마다. 쓰레기 매립장이었던 난지도 일대가 하늘공원, 노을공원, 평화공원 등 다섯개의 테마 공원으로 재탄생했고 급증하는 쓰레기 처리를 위한 마포 자원회수 시설을 착공했다. 선유도공원은 일제강점기부터 사용되던 정수장 시설을 고대로 보전하며 생태공원으로 재탄생시킨 독특한 콘셉트의 공원인데, 이후 서울의 공원 설계 수준을 선도한 모범사례가 되었다. 고건의 '생명의 나무 천만그루 심기' 사업은 학교 숲 가꾸기에 대한 관심과 작은 손바닥 공원을 유행시켰다. 작은 땅이라도 찾아서 나무를 심는 노력은 꾸준하게 이어져야 할 흐름이고 시장의 관심은 트렌드 세팅에 도움이 된다.

서울의 역사 도심 살리기와 걷고 싶은 도시 만들기 사업을 통해 월드컵 경기를 준비하면서 세계화 시대의 도시 관광을 열게 된 것도 고건 시장 시절이다. 새로운 밀레니엄 시대를 기대하는 희망적 신호였다. 인사동, 대학로, 북촌 등의 역사 문화 동네가 주목받으며 새로운 도시 명소로 떴고, 각 자치구의 차 없는 거리 만들기에 상당한 영향을 미쳤다. 이런 유행이 2002년 월드컵 거리 응원을 만든 토대가 되었다.

고건의 시장직 수행은 행정가 시장으로서의 모범이라 할 만하다. 외환위기 이후의 안정된 도시성장관리를 위해서 무리하지 않는 한편 미래 성장을 대비하는 도시 인프라를 마련했고, 권력을 과시하지 않으면서 공공성을 높이려 노력했고, 서울시의 행정 혁신으로 시스템 개혁을 이루었고, 공공임대주택을 늘리는 주택 복지정책을 펼쳤고, '시민과의 토요데이트'를 통해 민원을 제기하는 시민과의 소통으로 신뢰를 쌓으면서, 세계도시 서울과 역사도시 서울, 문화도시 서울, 생활도시 서울의 균형을 이루는 성과를 거두었다.

다만 고건 시장이 간과했던 게 있다. 바로 민간의 끓어오르기 시작한 개발 욕구다. 당시 김대중 정부는 각종 부동산 규제를 철폐하면서까지(가장 강력한 조치는 분양가 자율화와 분양권 양도 허용이었다) 외환위기로 직격탄을 맞은 부동산 경기를 활

서울의 마인드를 획기적으로 바꿔놓은 사건, 2002 월드컵 거리 응원

성화하려 했고, 그 효과가 시장에서 서서히 꿈틀거리기 시작했던 때였다. 고건은 공공의 역할을 강조했던 반면 민간 개발에서 일어나는 움직임에 상대적으로 민감하지 못했던 편이었다. 폭락했던 부동산 가격이 다시 요동쳤고 개발 욕구는 당연히 서울에서부터 출발하기 마련이었는데 그에 적극 대비하지 않았던 것은 크게 아쉬웠던 점이다. 그때 기성 시가지에 적용할 수 있는 새로운 개발 방식을 마련했어야 했다. 그 빈틈을 영리하게 파고든 것이 차기 이명박 시장이다.

불도저 사업 시장, 이명박(2002~2006)

2002년 이명박 시장의 등장은 어느 정도 예상되었던 바다. 두번의 민주당 출신의 서울시장 후에 변화가 감지될 시간이었다. 모를 일이지만, 만약 고건 시장이 다시 시장직에 나섰더라면 별 무리 없이 재선되었을 것이다. 민주 진영에서는 낙관론 속에 젊은 세대를 대표하는 김민석 후보가 나섰고, 보수 진영에서는 기업 CEO 출신의 이명박을 후보로 내세웠다.

'이명박' 하면 떠오르는 말이라면? 단연 '사업'이다. 이러기도 쉽지 않다. 서울시장이나 대통령이라면 보통 그 사람의 지향 가치나 정책 목표가 떠오르는 게 정상이다. 부동산 CEO 출신 트럼프 대통령 경우에도 '아메리카 퍼스트' '메이크 아메리

카 그레이트 어게인'MAGA, 마가 같은 목표를 떠오르게 한다. 이명박 시장은 초지일관하게, '청계천 사업, 버스 체계 개편, 서울광장, 서울숲, 뉴타운' 같은 사업을 떠올리게 한다.

의도적으로 그렇게 설정했고, 성향상 그렇게 설정했고, 그게 대중적으로 먹혔고, 한번 먹힌 시도는 계속 반복되었다. 선거 공약으로 들고나온 '청계천 복원 사업'이 대표적이다. 이 사업은 논쟁을 불러일으키며 대중의 눈길을 끌었고, 현대건설 출신다운 사업으로 여겨지며 선거에 우호적으로 작동했다. 당선되자마자 이명박 시장은 상인들의 반발과 교통혼잡 등 복잡한 문제들이 얽혀 있음에도 불구하고 돌관공사를 밀어붙였고 취임 1년 후 착공, 3년 후에 완공해서 대중에 공개했다.

청계천 사업은 대중적 성공을 거둔 사업이다. 단일 사업이 그렇게 주목받았던 적도, 그렇게 대대적으로 홍보되었던 적도 없다. 수많은 시민이 방문했고, 셀럽의 방문기가 이어졌고, 서울시가 후원해서 해외의 '디스커버리 채널'에서 다큐멘터리까지 만들었다.[13] 도심 한가운데 물이 흐르는 공간에 시민은 환호했고 그 환호 속에 본질적인 비판은 묻혔다. 복원으로 포장됐지만 당초 계획인 지하수도 아니고 실제로 한강 물을 끌어다 흘려보내며 연간 평균 77억 원의 물값이 들어가는 인공하천 사업이고,[14] 청계천을 빙자로 도심 용적률을 1,000%까지 올린

개발사업이 됐고,[15] 쫓겨난 상인들을 입주시킨 송파구의 가든파이브는 실패했고,[16] 청계천로의 교통체증이 을지로와 종로까지 넘쳤고,[17] 공사 중 발굴된 청계천 문화유적이 방치되었다[18]는 사실은 묻혔다.

청계천 사업에 대한 나의 비판 지점은 크게 두가지다. 첫째, 수많은 인공하천 사업을 유행시켰다는 사실이다. 대부분 단체장의 치적 사업이 되거나 관리가 힘든 애물단지로 전락하기도 했고 여러 민간 사업에 도입되며 공사비를 높이는 요인이 됐다. 둘째, 청계천 사업은 대통령 출마를 위한 서울시장 사업이었고, 이후 '한반도 대운하' 그리고 다시 '4대강 사업'이라는 국책 사업으로 확대되었다는 사실이다. 하나의 사업이 던진 나비효과치고 사회적 비용을 너무 크게 치렀다.

이명박의 다른 사업들도 비슷한 패턴이다. 화려하게 등장하고 거창하게 홍보되고 고가의 주변 대형개발로 번진다. 공공재원을 들여 민간개발에 큰 이익을 안겨주는 신개발주의적 발상이다. 대표적인 것이 이명박의 공원 프로젝트인 '서울숲'이다. 오랫동안 버려졌던 공간을 생태 숲으로 만든 서울숲은 콘셉트도 좋고 시민들도 좋아한다. 2,352억 원의 세금을 조성비로 들일 만한 프로젝트다.[19] 그런데 따라온 것은 주변의 초고층 민간개발이다. 이명박은 서울숲 부지 일부를 상업지역으로 용도 변

경해서 초고층 주상복합용으로 팔았고, 후임 오세훈 시장은 인근에 초고층 전략정비구역을 지정했다. 이명박, 오세훈 시장 시대에 초고층 대형 사업이 많아진 게 우연이기만 할까?

이명박 특유의 뚝심으로 밀어붙인 광장 만들기, 고가도로와 육교 철거, 보행 건널목 복원은 서울시청광장, 남대문광장 등의 공공공간을 넓힌 과감한 사업이었다. 전임 시장들이 하고 싶어도 여러 민원 때문에 추진하지 못했던 사업이다. 도로를 없애고 교통 노선을 바꾸면서까지 공간을 확보했는데, 도심 차량 속도를 낮추고 보행 편이성을 개선하는 역할을 했다. 효과가 낮았던 도심의 자전거길 외에 이명박의 교통 관련 사업들은 보행 중심의 교통으로 바꾸려는 다양한 조치들로 확대되었다는 성과를 낳았다.

그중에서도 이명박의 버스 체계 개편은 획기적이었다. 서울만큼 지하철과 버스가 정교하게 발달한 도시도 없다. 다만 서울이 급성장하는 과정에서 민영 버스의 임기응변적인 운영에 의존하는 한계가 있었다. 전임 고건이 환승 인센티브를 제공하는 점진적 서비스 개선을 추구했다면, 이명박은 아예 전면적 구조 개편을 시행했다. 버스를 광역, 간선, 지선, 순환 버스의 네 종류로 나누고, 버스 중앙 차로를 도입해 운행속도를 개선하면서 지하철과의 전면 환승체계를 도입했다. 서울시와 버스조합이 공동 운영하는 준공영제를 도입해서 매년 서울시 보조금이 늘어나는 재정 문제가 있으나 20여년째 운영되고 있는 대중교통체계 개편은 메트로폴리스 서울의 대표적인 구조적 혁신이라 인정받을 만하다.

교통 분야에서 거둔 성과에 비해서 이명박은 주택개발 분야에서는 재앙적인 유산을 남겼다. 당선 몇달 뒤에 내놓은 '뉴타운' 사업이다. 초기의 세개 시범 사업은 용인할 만했다. 은평 뉴타운은 그린벨트를 풀어서 새로 만드는 사업이고, 왕십리 뉴타운과 길음 뉴타운은 이미 재개발지구가 여러 곳 지정되었던 지역을 묶어서 추진하는 시범 사업이었다. 문제는 시범 사업을 과잉 홍보하다 보니 개발 욕구에 불을 질러서 부동산 광풍으로 번져버린 거다. 김대중 정부가 촉진했던 부동산 경기회복이 노무현 정부에 와서 과열되면서 부동산 가격이 급등했던 때였다. 이 부동산 광풍에 무한 땔감을 제공한 것이 뉴타운 사업이다.

2002년 3개 시범 사업 지정 후, 2003년 12개, 2005년 11개 지구가 추가 지정됐는데, 그 규모가 지난 30년 동안 진행했던 재개발 규모의 2.4배에 달했다.[20] 뉴타운은 오세훈 시장 재임 기간 중 더 늘었고, 이명박 대통령 당선 이후에는 전국의 도시로 확대됐다. 강남·북 균형개발이라는 초기에 표방했던 목표는 사라지고 부동산 거품을 키우는 수단이 되어버렸다.

뉴타운 자체의 문제의식은 나쁘지 않다. 단위 사업만으로 도시 인프라를 개선하기에는 역부족이니 큰 지역을 지정해서 도로, 상하수도, 전기, 가스 등의 도시 인프라를 민간 기여로 개선하고 각종 교육, 문화, 복지 공간을 확대한다는 셈법이다. 문제는 그 여파가 너무 심각하다는 것이다. 지구 지정만 되면 땅값이 뛰고 투기꾼들이 모여들고 원주민이 떠나고 건축 행위가 금지되어 동네는 점점 낙후되고, 목 놓아 재개발만 기다리는 상황으로 밀리고, 개발되더라도 추가 분담금을 감당하지 못해서 떠나는 주민을 양산한다. 더구나 뉴타운을 너무 많이 지정하니, 될 개발도 안 되게 만들었다. 결과적으로, 이명박의 뉴타운 사업은 복잡한 우리 도시에 쾌도난마식 해법을 쓰겠다는 자체가 문제였다. 속으로는 부동산 욕망을 부추겨서 정치적 지지를 넓히자는 속셈이 있었고 실제로 선거에서 그 효과를 톡톡히 봤다.

이명박의 또 다른 주택개발 브랜드인 '보금자리주택'도 비슷한 경로를 보였다. 그린벨트를 풀어서 주택을 싸게 공급함으로써 집값을 안정시키겠다는 것인데, 초기에는 당연히 효과가 나타난다. 땅값이 덜 들어 분양가와 임대가도 낮아지니 특히 강남권 그린벨트를 풀어서 만든 보금자리주택은 반응이 좋았다. 이명박 시장은 대통령이 된 후에 보금자리주택을 전국적으로 확장했는데, 과대 공급이 집값을 떨어뜨리고 부동산 경기가 떨어지면서 '하우스 푸어'를 양산하는 요인이 되었고[21] 막무가내 그린벨트 해제로 인한 환경 훼손 문제도 컸다.

대통령을 목표로 삼았던 이명박은 시장직을 두번 하겠다는 생각도 안 했겠지만, 해서도 안 될 사람이다. 마치 분양 사업처럼 속전속결로 사업을 벌이고 '먹튀'하듯 열매를 따 먹고 떠났다. 어떤 시장이든 공과가 있게 마련인데, 이명박은 임기 중에는 호의적 평가가 많았으나 그의 과는 후대 서울이 떠안게 되었다. 뉴타운은 대표적인 실패작으로 상흔이 가장 오래 갔다. 서울시 전역뿐 아니라 대한민국의 다른 도시에까지 그 영향을 드리웠고 차기 오세훈 시장은 임기 중에 뉴타운 후유증을 심각하게 겪었다.[22]

신개발주의와 신자유주의가 휩쓸던 시대에 "부자 되세요!" 유행에 편승한 이명박 시장에게 서울시장직은 원 없이 사업을 추진하는 자리로 보였던 것 같다. 한번 사업이 설정되면 목표가 무엇이었는지 잊을 정도로 사업 추진 자체에 온 시정이 사로잡혔다. 무분별한 개발욕구와 이명박의 권력욕이 만나서 생긴 결과다. 이러한 비판에도 불구하고 이명박이 서울 시정을 통해 남긴 긍정적 측면도 있다. 내가 평가하는 점은 두가지다.

첫째, 이명박은 도시의 구조적 혁신을 고민했다. 그가 제시한 해법이 만능은 아니었지만, 서울처럼 복잡다단한 대도시에서 구조적 혁신을 추구한다는 것은 어려운 일인데 그것을 결단하고 감행한 것이다. 준공영제의 재정적 문제를 해결해야 하는 문제가 남아 있지만 대중교통체계 개편은 다행스럽게도 긍정적 해법이 되었고, 광역적 재개발로 도시구조를 바꾸겠다는 과욕 때문에 벌였던 뉴타운은 불행하게도 부정적인 해법이 되어버렸다. 하지만 구조적 혁신을 고민했다는 사실 만큼은 평가할 만하다.

둘째, 이명박은 '공공시설도 돈을 써야 품질이 좋아진다'는 평범한 사실을 입증했다. 전임 시장들은 여러 비판에 주저했었는데, 이명박은 공공시설 디자인과 제작에 과감한 재정투자를 했다. 눈을 즐겁게 해야 마음을 얻는다는 걸 잘 아는 마케팅 감각이다. 예컨대, 이명박 시대에 만들었던 버스 정류장은 이십 년이 지난 지금도 잘 쓰일 정도로 모던한 디자인과 튼튼한 내구성을 증명하고 있다. 이명박 시장이 서울시의 공공시설 투자에 대한 시각을 달라지게 했다는 긍정적 측면이 확실히 있으나, 불행히도 이 점은 오세훈 시장에 이르러 지나친 화려함과 허세로 이어졌다.

겉멋 디자인 시장, 오세훈(2006~2011)

2006년 오세훈 시장은 마치 신데렐라처럼 등장했다. 이명박 전임 시장의 인기가 높아지고 유망한 차기 대선 후보가 되면서 후광효과를 드리웠고 당시 노무현 정부에 대한 지지가 흔들렸던 때였다. 깜짝 후보가 된 오세훈은 민주당 강금실 후보를 상대로 61퍼센트라는 역대 최고 득표율을 기록했고, 구청장과 시의원까지 싹쓸이했다.

오세훈은 뭐든 원하는 대로 할 수 있는 환경이라 봤었던 것 같다. 이명박의 사업을 벤치마킹하듯 더 화려한 사업을 구상했고, 사업 브랜드화를 시도하며 대대적으로 홍보했고, 연이어 랜드마크 사업을 내놨고, 현실성과 거리가 먼 사업을 구상하기도 했다. '세계도시'와 함께 당시 유행했던 '창의도시(다양성과 복합성이 있는 도시의 혁신 경쟁력이 높다는, 리처드 플로리다 교수가 주창한 개념)'를 모델로 삼아서 임기 초부터 세계도시 10위 안에 들겠다는 스펙 경쟁을 목표로 '창의 시정'이라는 모토를 내세웠다.

해외 기관이 선정하는 세계도시 순위를 의식했던지 오세훈은 글로벌 행보를 강조했다. 여성이 행복한 도시를 지향한다는 '여행女幸 프로젝트'는 국내보다 오히려 해외에서 적극 홍보되었고, WDC세계디자인수도 국제컨퍼런스를 최초로 유치했고, 국제설계

경기를 내세워 해외 스타 건축가를 유치했다. 이런 행보에 힘입었던지 임기 내에 처음으로 세계도시 순위 13위에 올랐다. 그렇게 선정했던 해외 기관은 일본의 민간 단체인 모리 재단 도시경쟁력 연구소였다.

하지만 오세훈이 추진했던 사업은 세금을 투입하는 서울시 재정사업 외에는 줄줄이 실패하거나 좌초했다. 청계천 사업을 모델로 한 '한강 르네상스' 사업을 내세워 한강 변 조경을 완전히 뒤바꿔놨지만, 이용자 없는 수상택시[23]와 동작대교의 한강 카페는 재정 낭비 사업으로 결론 났고, 논쟁 많았던 '세빛둥둥섬'은 활용도가 의문시[24]되었고, 경인 아라뱃길을 연결해 한강 운하를 활성화하겠다며 기획했던 마곡 워터프론트 서울항은 결국 취소[25]되었고, 노들섬의 오페라하우스 건립 역시 무위로 끝났다.

제일 황당했던 프로젝트는 한강 르네상스 핵심으로 추진했던 용산 국제업무지구 계획이었다. 솔직히 그렇게 무모한 계획은 내 전문가 인생 중 처음 봤다. 용산 정비창 부지는 규모와 위치상 최고의 전략개발 지역인데, 한강 변에 항구를 조성하겠다며 서부이촌동 민간 아파트를 부수고 사업에 편입하고, 100층 마천루를 중심에 만들라고 강제하고, 용산전자상가 전체를 사업에 포함한다고? 이렇게 무리하게 추진하니 사업성을 확보할

재간이 없었고, 코레일과 민간기업과 서울시가 '드림허브'라는 별도 법인까지 만들었지만 결국 부도가 나며 무산되었다.[26]

'디자인 서울'이라는 기치로 오세훈은 수많은 건축 사업을 추진했다. 잠실 롯데타워를 무리하게 허가했던 이명박 정부와 보조를 맞추려는 것이었을까? 오세훈 시장 시기에 강남 화물 터미널 부지에 추진했던 파이시티 개발은 특혜 허가 문제가 불거지며 이명박 대통령의 형과 오세훈 측근이 연루되는 사건으로 얼룩지며 결국 무산되었다. 세빛둥둥섬 사업에는 1,390억 원이 투입되었고 그중 128억 원을 SH공사가 투자했는데[27] 민간 협력업체로 이명박 사돈인 효성 그룹이 개입된 특혜 의혹이 제기되기도 했다.

오세훈은 특정 사업에 서울시 재정을 과도하게 투입하기도 했다. 대표적으로 동대문의 DDP동대문 디자인 플라자다. 우주선 같은 형태의 이 건축물 사업비는 당초 2,300억 원에서 세번의 증액을 거쳐 완공 5,000억 원으로, 설계비는 당초 79억 원에서 최종 168억 원이 됐다.[28] 해외 건축가의 설계가 아니었더라면 이런 일이 가능했을까? 국제 설계경기 초청이라는 명목으로 해외 건축가 넷, 국내 건축가 넷을 지명했는데, 전 과정이 영어로 진행되는 황당한 상황에다가 심사위원 일곱 중 넷이 외국인이어서 불공정한 결정을 자초했다는 구설에 오르기도 했다. DDP

는 시공 중 발굴된 '이간수문'二間水門 서울성곽 문화유적을 소홀하게 다루었다는 비판과 동대문의 도시적·역사적 맥락을 무시한 설계라는 비판을 받아왔다. 무엇보다 기능적으로 DDP는 동대문 패션 산업의 앵커 역할을 제대로 하는지, 최근 활기를 잃어가는 이 지역에 새로운 도시활력을 불어넣을 가능성이 있는지 의문이다. 대표적인 외화내빈 사업이다.

서울시청사를 최종적으로 현 위치의 재건축으로 확정한 시장은 이명박이었고, 턴키 사업으로 결정 내린 시장은 오세훈이었다. 2006년 당선된 삼성 컨소시엄과 오세훈 시장은 설계안을 다섯번 바꾼 후에도 또다시 설계를 공모하는 비정상적 추진으로 구설에 올랐다. 그 과정에서 철거 불가한 등록문화재인 본청 건물을 철거했는데 본청 일부를 재건축하는 조건으로 문화재청이 등록을 취소하는 것으로 무마됐다. 이런 우여곡절이 있었음에도 시청사에 대한 평은 그리 좋지 않다. 곡선 유리 형태가 쓰나미를 연상시키고 서울시청사에 걸맞은 디자인이라 보기 어렵다는 중평이다.

이래저래 오세훈 시장이 펼쳤던 건축 사업들은 '스펙 쌓기'와 '외형적 랜드마크 만들기'에 치중했다는 비판을 피하기 어렵다. 마치 재벌 2세가 가문의 재산을 믿고 화려한 사업을 벌이는 것과 비슷하다고 할까? 광화문광장 조성 사업도 마찬가지다. 1부에서 지적했던 바와 같이, 화려하게 홍보하며 조성했지만, 도로로 둘러싸인 중앙분리대 같은 공간이 제대로 쓰일 거라고 판단한 자체가 문제가 있었다. 각종 이벤트로 광장을 채우고 경복궁 앞에 겨울철 스노보드장 계획까지 세웠으니, 광장의 본질적 의미보다는 홍보용 행사공간으로 보는 인식을 드러냈다.

외형적 치적을 추구하는 성향의 오세훈 시장은 복잡다단한 서울의 구조적 현실 개선에 관해서는 관심이 낮거나 대응이 부실했다. 특히 주택개발과 재해 방지 분야에서 한계를 드러냈다. '시프트'shift라 불렸던 장기전세주택은 규모 있는 임대주택에서 전세로 살게 한다는 점에서 이목을 끌었지만, 저소득층 주택 수요가 많은 서울시에서 과연 우선순위가 높은 정책이 되어야 할까? 특히 뉴타운은 오세훈 시장의 골칫거리가 되었다. 전임 시장이자 당시 이명박 대통령이 추진했던 뉴타운 사업을 적극 받아들였지만, 지구 지정 때 받았던 호응과 달리 부동산 불황과 함께 찾아온 개발 부진과 동네 쇠락으로 인하여 지구 해제를 요구하는 원주민의 원성이 자자해졌다.

2011년 여름에 중부권 폭우가 쏟아지며 강남에 우면산 산사태가 발생해서 사망 16명, 부상 40명이 발생하는 초유의 사태가 일어났다. 한해 전인 2010년에는 추석 전날에 닥친 폭우로 광화문 네거리와 강남역 일대가 침수되는 믿지 못할 사건까지 발생했다. 한강 르네상스 치장에 그렇게 돈을 쓰면서 수해 방지를 소홀히 했던 오세훈 시장에게 '오세이돈'이라는 별명이 생겼다. 서울시 예산이 이를 증명하는데, 수해 방지와 하수 관리 예산이 2005년 641억 원이었는데 오세훈 시장 임기 중 계속 줄어들더니 2010년에는 66억 원으로 내려갔다. 반면 인공 생태하천 조성 예산은 크게 늘어서 2006~2008년에 약 600억 원이던 예산이 2009년 1,724억 원이 되었다.[29] 한강 르네상스 사업 자체에도 총 5,940억 원이 들었다.[30]

오세훈은 재선을 겨냥한 듯 '동북권 르네상스, 서남권 르네상스, 남산 르네상스, 한강 르네상스' 등 다양한 르네상스 사업을 발표했는데, 향후 10년간의 소요 사업비가 50조 원으로 추산되었다. 매년 서울시 예산의 사분 지 일을 쏟아부어도 될까 말까 싶은 계획이었다.[31] 그중 실현된 것은 '북서울꿈의숲'으로 오세훈 시장의 대표적 공원 프로젝트다. 한때 명소였으나 폐업한 '드림랜드' 부지를 사들여 공원화한 사업으로 토지 매입을 포함하여 총 3,439억 원을 들여 임기 내 완공을 서둘렀다.[32] 서울에서 세번째로 큰 공원으로 쓸 만한 녹지가 없던 동북권에 활력을 주는 공간이 되었고 이후 주변에 고층 아파트 개발이 추진되었다.

오세훈 시장이 가장 잘한 일을 꼽는다면, '120다산콜센터'다. 2007년 9월 설립 이후 18년간 운영되고 있는, 가장 생명력이 긴 사업이다. 종합민원센터이자 시민상담센터인데, 365일 24시간 어떤 사안이든 전화 하나로 해결해준다는 목표로 시작되었다. 운영 초기에는 직원에게 지나친 노동을 강제한다며 노동인권에 대한 비판이 있었으나, 2017년 박원순 시장이 재단화하여 전 직원을 정규직화하면서 조직 안정성이 높아졌다. 이후 스마트폰의 보편화, SNS와 각종 앱의 활성화, 최근에는 AI와 챗봇까지 등장하면서 편이성과 신뢰성이 더욱 높아졌다.

2010년에 민주당 한명숙 후보를 박빙으로 이기고 재선된 오세훈 시장은 시의회에서 여소야대, 민주당 출신 구청장의 우위 등 정치적으로 수세가 되면서 초선 때와 완전히 다른 상황에 맞닥뜨렸다. 더욱이나 부동산 경기 침체로 인한 개발 부진, 뉴타운 지구 주민들의 빗발치는 해제 요구, 용산 국제업무지구 추진 부진, 노들섬 오페라하우스 무산, 휴먼타운 등 재개발 부진, 르네상스 프로젝트에 대한 시의회의 견제, 유네스코 경고에 따른 종묘 앞 세운상가 재개발 계획 좌초 등 여러 면에서 수세에 몰리게 되었다. 이런 상황에서 2011년 가을에 오세훈은 무상급식에 대한 주민투표 무산을 이유로 시장직을 중도 사퇴했고 서울시장으로서 또 정당인으로서 무책임하다는 비판을 받았다.

시민의 시장, 박원순(2011~2020)

박원순 시장은 무소속 후보로 당선된, 아주 희귀한 사례다. 통상적 선거였으면 불가능했을 일이다. 보궐선거였던 데다가 당시 인기 높던 안철수의 전폭적 지지, 민주당 박영선 후보와의 단일화 등 우여곡절 끝에 당선됐다. 재선부터는 민주당 후보였으나 인권변호사, 시민 활동가의 행보를 쌓아온 박원순은 시민의 시장 캐릭터 그 자체였다. 당시 시대정신에 딱 맞아떨어지는 인물이 박원순이었다. 이명박, 오세훈을 거치며 개발 거품에 질렸고, 무상급식 거부에서 나타난 계급 의식에 대한 거부감도 컸다. 4대강 사업, 뉴타운 등 이명박 정부가 강공했던 물질주의와 환경파괴에 대한 반발이 컸고, 사람이 존중받는 사회에 대한 갈망과 함께 노무현 정부가 다 이루지 못한 꿈에 대한 공감이 커졌던 시대였다.

시정 패러다임을 바꾼 단 하나의 시장을 꼽으라면 단연 박원순이다. '사람의 도시, 시민의 도시'라는 패러다임으로 서울뿐 아니라 자치행정 전반에 발상의 전환을 불러왔다. 민선 시장 시대에서 복지와 교육과 돌봄, 교통, 환경 등 시민의 삶에 직접적 영향을 미치는 사안에 관심이 커졌고 전임 시장들도 시민참여를 강조했지만 대체로 공급자 주도적인 태도가 우세했었다. 박원순은 발상 자체가 달랐다. 공급자 주도가 아니라 시민 주도, 시혜가 아니라 기본 권리로서의 시민참여가 보장되는 사회를 추구했다.

복지 확대 공약으로 당선된 박원순 시장은 다양한 복지정책을 추구했다. 교육 복지로 친환경 무상급식과 국공립어린이집 확대(2011년 658개에서 2020년 1,749개)[33], 청년 복지로 반값 등록금과 청년 수당 도입, 서울형 시민복지 기준(최저와 적정) 도입, 중장년층의 인생 이모작을 지원하는 50+ 사업 등을 펼치면서 2011년에 21.4퍼센트였던 복지 예산 비율이 취임 2년 만에 처음으로 30퍼센트를 넘어섰고 2015년에는 34.6퍼센트가 되었다.[34] 근본적인 변화다.

박원순은 시민참여 방식을 다각적으로 시도했다. 시민이 직접 참여하는 도시계획(계획 수립과 시민 서비스 사업 등), 주민 스스로 사업을 제안하는 주민 참여 예산, 시민이 경제주체가 되는 사회적 기업을 촉매로 하는 사회적 경제, 시민 의식과 삶의 패턴을 면밀하게 조사해서 도출하는 생활 서비스 등이다. 그런 과정을 통해서 탄생한 프로그램이 공유 자전거 '따릉이', 잠들지 않는 도시라는 서울 특유의 속성을 반영한 심야 운행 '올빼미 버스', 지역협동조합과 문화복지 시설을 운영하는 조합 등이다.

그중에서도 나는 박원순의 첫 임기에 마련한 '2030 서울플랜'에 녹아 있는 생활권 계획에 주목하고 싶다. 생활권 계획은 이전부터 있던 개념이었지만 2030 서울플랜에서 상당히 구체화됐다. 법정 계획인 도시기본계획, 도시관리계획은 관 주도로 하향식으로 세워지는 경우가 많은데, 생활권 계획은 시민의 활동 패턴(통근, 통학, 쇼핑, 휴식 활동 등)을 심층 조사해서 지역생활권과 권역생활권을 파악하고 그에 필요한 교육, 복지, 교통, 병원, 공원, 일자리 등의 서비스를 정교하게 계획할 수 있다.

사람과 복지를 강조하는 박원순 시장이 재임 초기에 '서울 건축 선언'을 발표해서 의외였는데, '역사도시 서울의 보전과 재생과 미래 유산'이라는 개념을 강조한 것이었다. 새로운 랜드마크만이 아니라 오래된 서울의 기존 건축물과 역사적 공간과 문화적 가치를 미래에 잇고자 하는 정책이다. 전통공간뿐 아니라 근대기와 현대 초기에 만들어진 공간에도 적용됐는데, 이런 개념을 정책화한 시장은 박원순이 처음이다.

'아무것도 하지 않은 시장으로 남고 싶다'라는 말을 했으나, 박원순 시장이 만든 공간들은 꽤 많다. 대개 동네에 녹아 들어가는 크지 않고 리모델링한 공간이 많다. 그중 가장 인상적인 공간은 석유비축기지를 리모델링한 상암동의 '문화비축기지' 아닐까 싶다. 엄청난 규모의 원통형 공간에 들어서면 석유를 저장했던 산업 시설이 완벽하게 예술적 놀라움으로 채워진 게 무척 인상적인 공간이다. 그 외에도 작은 기념관과 미술관 등의 문화공간, 커뮤니티 센터, 다가구·다세대 주택을 리모델링한 청년주택, 공공미술 작업 등 보석 같은 공간이 많다.

최근 도시 산책과 동네 탐방 활동이 부쩍 늘고 북촌, 서촌, 이화동 벽화마을, 성수동, 해방촌 등 서울의 오래된 동네의 재탄생이 이루어진 데에는 이런 배경이 있다. 관광자산을 넓히려는 자치구의 노력이 더해지면서 서울의 문화콘텐츠가 풍부해졌다. 내가 각별하게 고마워하는 공간은 1부에서 묘사한 낙산 성곽길을 포함한 서울 성곽길의 복원과 서울 둘레길이다. 시민 삶의 시각으로 서울을 세밀하게 들여다봤기에 다시 탄생할 수 있었던 공간들이다.

박원순이 만든 가장 큰 공간은 '서울식물원'으로 그의 대표적인 공원 프로젝트다. 오세훈 시장이 계획했던 마곡지구 워터프론트 사업이 무산된 후에 대형 실내식물원과 함께 공원을 조성해서 서남권 서울의 명소가 되었다. 박원순 임기 중 완성된 '경의선숲길'도 독특한 명소가 되었다. 20여년 동안 여러 시장을 거치면서도 당초 구상이 일관되게 실현되었다는 점에서 경의선숲길은 서울시의 정책적 성공을 입증한 프로젝트가 아닐 수 없다.

그렇다고 박원순의 공간정책에 모두 찬성하기는 어렵다. 논란 많았던 '서울로7017'에 대해서는 나도 찬성하지 않았다. 보행 공원화한 고가도로에서 도시를 조망하는 체험은 신기하지만 일상화할 만하기는 쉽지 않다. 볼거리, 쉴거리, 놀거리가 없어서 별 재미가 없고 그래서 생명력이 의문스럽다. 벤치마킹했다는 뉴욕의 하이라인파크가 폐선 철도를 보행 공원화하면서 도심의 여러 건물과 직접 연결이 가능했다는 것과 크게 다르다. 서울역 일대의 재탄생과 함께 큰 그림을 그렸어야 한다는 게 내 생각이다.

'아파트 35층 높이 규제'도 나는 찬성하기 어려웠던 정책이다. 경관 보전을 위한 높이 규제는 필요하나 일률적인 제한은 지나치다는 생각이다. 초고층 프리미엄을 노리는 무분별한 재건축 경쟁이 있는 게 현실이지만 높은 시공비 장벽 역시 현실이므로 현장 조율이 필요하다는 생각이다. 게다가 한꺼번에 누르면 후임 오세훈 시장이 하듯이 확 풀어버리고 추진하는 부작용도 생기게 된다.

전임 시장의 사업과 정책을 어떻게 대하느냐는 정책적·정무적으로 예민한 문제가 아닐 수 없다. 전체적으로 부정하는 것도 매몰비용이 아까워서 그대로 진행하는 것도 각기 문제다. 게다가 항상 이해집단이 존재하기 때문에 쉽지 않은 결단이다. 박원순 시장은 논란이 많았던 '서울시청사, 동대문 DDP, 세빛둥둥섬, 양화대교' 등은 보완하여 완성하는 쪽으로 방향을 잡았다. 홍수 대비를 위한 빗물 터널은 시공성을 고려하여 양천구 한 곳만 추진하는 쪽으로 결정했다. 크게 방향 전환을 한 것은 세운상가와 뉴타운이다.

세운상가 일대에 대해 전임 오세훈 시장은 전면 철거 재개발하고 종묘와 남산을 잇는 녹지 축을 만들겠다는 계획을 세웠으나, 박원순 시장은 유네스코가 문제를 제기했던 종묘 앞 고층 건물을 규제하는 원칙을 지키면서 세운상가를 리모델링하는 것으로 바꿨다. 이명박 시장이 철거했던 보행 육교를 복원하고 다양한 청년 스타트업 창업과 청계천의 산업 생태계 복원을 지원하면서 '다시, 세운' 프로젝트의 성공을 꾀했다. 그러나 아무리 환경을 개선하고 지원을 강화해도 무너진 산업 생태계를 다시 일으켜 세우기란 어렵다는 게 현실이다. 나중에 컴백한 오세훈 시장은 이 일대의 초고층 재개발을 다시 추진하겠다고 선포해서 종묘 앞 초고층 논쟁을 다시 일으켰다. 정책 급변침은 도시 발전에 해롭다. 이 일대는 지금도 미래가 불투명하다.

뉴타운 해제 요구는 박원순 시장이 임기를 시작하며 맞닥뜨린 가장 절박한 이슈였다. 이명박, 오세훈 시절에 과도하게 지정됐던 뉴타운은 2008년 금융위기 후 거의 멈춰진 상태였다.

개발이 진전되지도 않고 땅값만 높이고 주민은 떠나고 동네는 비어가고 장사도 안 되고 재산권 행사도 제한되면서 해제 요구가 더욱 거세졌다. 방법이 없어서 애를 먹다가 국회가 일정 비율 이상의 주민 찬성으로 해제할 수 있는 한시적 입법을 한 후에 2012년부터 지난한 과정을 거쳐서 뉴타운 26개 지구 내 683개 정비구역 중 386개 구역이 해제되었다.[35] 해제 구역에 대해서 다른 개발 방식이 모색되기도 하였고 나중에 재지정되기도 하였다. 부동산 경기에 따라 방향타가 달라지는 재개발 문제는 정말 주민을 괴롭힌다. 신속하게 추진할 수 있는 데는 촉진하고, 그렇지 못한 곳은 지구 지정부터 신중해야 할 사안이다. 뉴타운은 뼈아픈 교훈이 되었다.

박원순의 주택 프로그램 중 가장 높이 평가할 만한 정책 사업은 '역세권 청년주택'이다. 1인 가구가 느는 추세에 대응해서 여러 종류의 공유 청년주택을 기획했는데, 그중에서도 역세권에 민간임대주택 사업자와의 협력을 통해 청년임대주택을 공급한 것은 호응을 얻었고, 이후에도 확대되는 추세다. 이 사업은 수요 면에서, 청년 복지 측면에서, 공공과 민간의 협력체제 구축 측면에서 지속되어야 할 정책이다.

사람 중심, 삶 중심의 시정 패러다임을 공고히 한 시장으로 박원순을 높이 평가하지만, 그의 한계도 뚜렷하다. 박원순이 품었던 도시 모델은 서울이라는 거대도시에 적합했던 걸까? 박원순은 유럽 도시와 마을 공동체 전통이 이어지는 작은 도시들을 자주 거론했다. 그런데 서울이라는 대도시에서 마을 공동체라는 말을 대입하는 자체가 합당한 걸까? 이런 점에서 나는 박원순이 강조했던 마을 만들기 사업에 대해서 상당히 비판적이었다.

물론 '도시재생'은 아주 좋은 도시개발 방식이다. 다만 더 효과적인 방식이 필요했다. 도시재생에 필요한 핵심은 '인프라 개선, 일자리를 유지하고 만들기, 그리고 주택 환경의 실질적 개선', 세가지다. 부동산 먹튀를 억제하고 자기 동네에서 더 편히 살면서 생업을 이어가게 하는 방식이 도시재생의 핵심이다. 실제로 오래된 유럽 도시들이 많은 시행착오를 겪은 후 세운 도시재생 원칙이다. 박원순의 도시재생은, 물론 당시의 도시재생 관련 법이 공간 개선에 치우치게 만들어졌다는 이유도 있었지만, 동네의 공공공간을 꾸미는 데 치우치면서 '벽화만 남는 마을 만들기'라 비판받기도 했다. 사진 찍는 관광객은 늘어도 주민의 생활 불편은 나아지지 못했다는 비판을 피하기 어렵게 된 것은 마을 만들기 도시재생의 한계다.

박원순 시장이 도시경쟁력 강화라는 목표에 소홀했던 건 아니다. 2030 서울플랜을 계획하면서 동북권과 서남권의 산업

앵커 지구를 설정했고, 양재 R&D, 홍릉 바이오 특구 등을 지원하기도 했다. 하지만 시행 과정에서 충분한 투자나 개발 인센티브가 미흡했다. 씨앗은 심었지만 꽃을 피우진 못했던 거다. 이런 미흡한 추진력의 한계가 박원순 세번째 임기에 드러났다. 게다가 야심 차게 준비했던 대형 사업들, 예컨대 여의도개발이나 삼성동 GTX 역사 개발도 여러 반대에 부딪히면서 추진이 지지부진해졌다. 박원순 시장 자신의 돌파 의지가 부족했던 것은, 그만큼 도시개발에 대한 능동적 열정이 없었기 때문이라는 생각이 든다.

뒤돌아보면, 박원순이 대선 후보로 거론되지 않았더라면, 또는 대통령직에 도전하고 싶었더라면 차라리 세번째 시장직을 관두고 집중하는 게 더 낫지 않았을지 하는 생각도 든다. 박원순의 죽음은 느닷없어서 너무 놀랐거니와 미투 고소 직후 떠났다는 사실이 알려지며 더 충격이었다. 아무리 힘들었어도 박원순 시장이 진실을 맞닥뜨리고 밝혀야 하지 않았을지 하는 생각이 문득문득 든다.

세상을 뜰 때까지 박원순 시장은 높은 지지율을 구가했다. 내가 살고 있는 도시가 잘 돌봐지고 있다는 안도감을 시민들에게 주는 데에 성공했다. 믿고 맡길 수 있는 시장, 내 삶을 낫게 해주려고 열심히 일하는 시장이 있다는 미더움을 주었다.

재임 동안 큰 인명 피해 사고도 없었고 큰 수재가 일어나지 않았다. 시장이 나서서 배수구의 낙엽을 치울 만큼 꼼꼼했던 덕분에 현장 공무원들도 따라서 성실할 수밖에 없었다. 비리와 특혜 문제가 크게 불거진 적도 없다.

박원순이 중시했던 가치들, 즉 '사람과 삶, 시민참여, 기본 인권, 문화 자산, 복지, 돌봄, 평생 교육, 미래 자산, 청년 일자리와 골목 상권 보호' 등은 여전히 소중하다. 무엇보다도 '사람이 먼저, 시민이 우선'이라는 가치관은 면면히 이어져야 할 가치관이다. 그의 정책과 사업에 관해서 찬성하기 어려운 것도 있었고 적극적 도시개발이 미흡했다는 비판을 할 수도 있지만, 박원순 시장이 지향한 시정 패러다임은 온전히 존중되고 면면히 이어져야 마땅하다.

컴백한 겉멋 시장, 오세훈(2021~현재)

오세훈 시장은 2021년 보궐선거에서 기적적으로 생환했다. 시장직 사퇴 후 10년 동안 국회의원, 당 대표 선거에 도전했다가 실패하며 야인 생활을 한 후다. 당내 경선에서 1위를 한 것도 안철수 후보와의 단일화에서 승리한 것도 기적이라 했는데, 이 기세를 몰아 민주당 박영선 후보를 꺾고 2021년 당선되었고 연이어 2022년 지방선거에서 송영길 후보를 이기며 4선 서울시장이라는 진기한 기록을 세우게 됐다. 처음 두번의 선거에서 이명박 효과를 누렸다면 10년 후 두번의 선거에서는 윤석열 효과를 누렸는데, 정치인에게 운과 때란 것은 확실히 중요한 변수다.

컴백한 시장에 대한 시민의 기대는 어떤 것일까? 해봤던 경험으로 더 능숙하게 일하고, 심기일전해서 실패로부터 교훈을 얻어서 더 잘하리라 기대하지 않을까? 컴백한 시장은 어떤 태도로 직에 임할까? 시행착오를 되짚고 같은 잘못을 되풀이하지 않으려 할까, 아니면 자신이 옳았었다는 것을 입증하려는 무리수를 둘까? 예전에 하지 못했던 것을 더 하려고 들까 아니면 더 나은 방식을 모색하려고 할까?

시민의 기대와 오세훈의 행보는 달랐다. 10년 만의 시장직 복귀라는 기적을 이뤘다는 자만심 혹은 대선 야망 때문인지 무리한 행보를 이어갔다. 2021년 당선되었을 때는 그나마 신중해 보였으나 2022년 4선 선출 이후에 시의회의 구도가 유리해지고 윤석열 당선으로 여당이 되어서인지 예전의 본색을 다시 드러냈다.

오세훈은 15년 전에 추진했던 화려한 사업들과 부동산 사업들을 오히려 더 키웠다(랜드마크 사업과 부동산 규제 완화 속도 등). 오세훈의 많은 결정이 정치적 지지를 규합하려는 동기에 쓰였다(TBS 교통방송 지원 폐지, 광화문 태극기 게양대 구상, 시민단체에 대한 공격, 박원순 정책 폐기 등). 겉멋에 치우친 사업에 비해서 도시 안전 인프라와 공공성 높은 사업 추진은 부진했다(폭우 대비 시설관리, 쓰레기 소각장 설치[36], 공공임대주택 공급 부진[37] 등). 윤석열 정권 눈치를 보며 서울시 입장을 제대로 대변하지도 못했다(용산 대통령실 이전 사안, 이태원 참사 수습 등).

좀더 상세히 보자. 부동산 시장과 오세훈 시장의 어긋난 만남은 되풀이됐다. 오세훈의 등장 시점은 부동산 기대가 높을 때라는 변수가 개입된다. 첫 등장 2006년은 부동산경기가 살아나며 뉴타운에 대한 기대가 높을 시점이었고, 재등장했던 2021년은 서울의 부동산 거품이 한껏 부풀던 시점이었다. 예전엔 뉴타운 거품을 방치하다가 개발이 진행되지 않자 거센 해제 민원에 부딪혔었고, 재등장 후에는 '신속통합기획(신통기획)' 제도 등을 통해 다수 지정하고 높이 규제를 풀어서 재건축 초고층 경쟁을 일어나게 했지만, 시간이 지나면서 부동산 침체와 공사비 급증 상황이 되면서 개발이 지체되는 상황을 맞았다. 거기다가 2025년 초 탄핵 정국 와중에 오세훈은 갑자기 '토지거래허가제'를 해제해 집값이 폭등하는 사태를 초래했다가 한달 만에 다시 토지거래허가제를 확대 지정하는 혼선을 드러내기도 했고, 이재명 정부의 9.7 수도권 주택공급 정책에 반대하며 '2031년까지 한강 벨트 20만호 착공'이라는 발표로 다시 서울발 부동산 급등에 기름을 끼얹었다. 오세훈의 정치적 셈법에 부동산 거품이 개입된다는 현상은 무척 씁쓸하다.

컴백 후 오세훈의 랜드마크 사업은 이전보다 훨씬 더 많아지고 규모도 더 커졌다. '한강 르네상스'는 '그레이트 한강 프로젝트'라는 이름으로 부풀려졌고, 투입 예산 규모가 커졌을 뿐 아니라 회사 이름을 바꾸면서까지 SH공사를 사업 추진에 동원했다. 실패했던 수상택시를 만회하려는 듯 김포와 서울을 연결하는 '한강버스'를 도입하겠다며 맞춤 배를 제작하고 선착장을 설치하여 2025년 가을에 개장했으나 안전 문제 등으로 운영 중지되며 효용성이 의문시되고 있다. 반포대교와 잠수교 사이의 공간에 핑크빛 야외 전시 및 보행 공간을 설치하겠다는 황당한 안을 만들었다가 안전 문제로 취소되었고, 잠수교를 보행전용교로 만들겠다는 구상으로 바꿨다. 런던에 이어 세계 두 번째로 큰 대관람차를 세우겠다며 '서울링'을 상암 월드컵공원에 추진해왔는데, 당초 4천억 원 예산이 1조 원 대로 증가하고 민간기업을 동원하는 패턴이 세빛둥둥섬 사업을 확대 재현한 것이다.[38]

그레이트 한강에 관련된 프로젝트들은 이외에도 여의도공원에 제2의 세종문화회관 건립, 노들섬의 글로벌 예술섬 공중

정원 프로젝트, 한강 관광용 벌룬 기구 사업, 세빛섬과 비슷한 한강 수상호텔 운영, 잠실종합운동장 주경기장의 리모델링과 주변 민자유치 재건축, 뚝섬 삼표레미콘 부지의 77층 초고층 사업 등이 있다. 이외에도 남산 곤돌라(제2케이블카), 상암동 서울링과 선유도를 잇는 곤돌라 사업 등 이루 다 거론하기 힘들 정도다.

컴백한 오세훈 시장이 확실히 달라진 점은 크게 두가지다. 하나는 보수 지지층에 대한 구애, 다른 하나는 박원순 시장 정책 뒤엎기다. 사실 이 두가지는 같은 맥락으로 정치적 지지세의 규합을 목적으로 한다. 그렇다 하더라도 그 첫 시도가 TBS 교통방송의 폐지였다는 건 기이한 일이다. 아무리 일부 프로그램이 오세훈에 대해 비우호적이었다 할지라도 그건 방송 자율성에 관련된 사안이다. 오세훈은 4선 선거 과정에서 시의회가 다수가 되면 교통방송을 교육방송으로 전환하겠다고 했고, 2022년 선거에서 실제 다수가 된 시의회가 교통방송 재단에 대한 지원을 끊는 의결을 했고 오세훈 시장은 그에 따르는 형식을 취했다. 기능을 전환한 것도 아니고, 지자체가 나서서 산하 방송을 스러지게 만든 기이한 사건이 되어버렸다.

시민사회단체 활동에 대한 오세훈 시장의 공격은 의아할 정도다. 서울시 지원을 받는 시민사회단체의 예산 남용을 지적했던 적도 있었으나 조사 결과 그런 일은 없었다. 그 이후에도 오세훈은 시민단체 위탁 사업을 상당히 줄여왔을 뿐 아니라 종국엔 '서울혁신파크'를 폐쇄하는데 이르렀다. 은평구 녹번동에 조성된 서울혁신파크는 지역 혁신과 사회적 기업 혁신의 구심점 역할을 해왔는데, 60층 초고층 단지로 서북권의 창의 산업 중심으로 조성하겠다고 하다가 사업성 문제로 추진이 힘들어지자 토지 매각으로 방향을 바꿨다.

오세훈 시장의 시민사회단체 활동에 대한 부정적 시각은 정말 유감이다. 돌봄과 교육과 환경 등 필요한 공공 서비스 수요는 점점 더 늘어나나 모든 걸 서울시가 충족하는 건 불가능하다. 그 공백을 메울 수 있는 제3의 주체가 사회시민단체이고, 이것이 선진사회에서 일어나는 흐름인데 왜 선진사회로 가는 방향을 부정한단 말인가?

'박원순 공간정책 뒤집기' 역시 다양한 이유로 시행되었다. 앞에서 거론했던 바와 같이 리모델링한 세운상가를 허물고 도심공원을 만들겠다는 계획을 발표하면서 종묘 앞 초고층 개발로 세계문화유산 훼손 논쟁을 일으켰고, 서소문에 조성된 '근대박물관마을'을 없애고 경희궁과 돈의문을 복원하여 공원화하는 사업도 추진되고 있다. 현재의 광화문광장은 박원순 시장이 세종문화회관 쪽으로 옮겨서 재조성한 것인데, 오세훈 시장은 여기에 100미터 높이의 '태극기 게양대' 국가상징공간을 만들겠다고 발표해서 비판받다가 결국 철회했다. 그런데 그 이후 다시 한국전쟁 참전 22개국에 대한 '감사의 정원'을 만들겠다고 발표했는데, 마치 나치 뉘른베르크 전당대회를 연상시키는 디자인을 채택했다. 상대적으로 중도성향이라 평가받던 오세훈 시장이 왜 구시대적인 국가주의를 주창하게 되었는지, 윤석열 정권하에서 극우화되는 보수 지지세를 의식한 행동이라는 해석이 많다.

오세훈 시장의 4기 시정 슬로건이 '약자와의 동행'과 '매력 서울'이다. 무상급식 거부로 형성되었던 부정적 이미지를 극복하고 특유의 화려한 사업을 합리화하려는 동기가 섞여 있는 슬로건이다. 동자동 쪽방촌에 무료 급식, 여름 쉼터 등을 제공하고 시시때때로 정치인들과 방문하지만, 정작 쪽방촌을 공공주택으로 본질적으로 개선하는 사업은 전혀 진척조차 없다. 못 가진 자에게 베풀기는 하지만 구조적 개선에는 진심이 담기지 않는 시혜적 세계관이 '약자와의 동행'에 스며 있다는 게 오세훈 시장의 한계다.

수많은 재건축과 랜드마크 사업들에서 드러나듯, 오세훈의 매력 서울은 화려함이다. 똘똘한 한채 유행에 편승하고, 초고층 초고가 개발에 대한 욕망을 부추기고, 관광지 같은 스펙터

클 구경거리를 조성하면서 추구하는 화려함이다. 오세훈이 품은 이상적인 도시 모델은 세계적 관광도시 싱가포르 아닌가 싶다. 해외 관광객 3천만을 유치해서 세계도시 5위 안에 들겠다는 계획인가? 그런데 서울은 싱가포르 같은 도시국가도 아니거니와 관광 유치에 크게 공헌한 애니메이션 영화 「케이팝 데몬 헌터스」에 오세훈이 만든 랜드마크 공간은 전혀 나오지 않는다. 화려한 겉멋에 치우친 사업은 진화하는 한국다움이나 진짜 서울다움에 끼어들 틈이 없는 것이다.

오세훈은 2025년 조기 대선에 나서지 않았다. 나서지 못했다는 게 정확할 것이다. 윤석열에 의해 비상계엄이 발동되고 탄핵정국이 벌어진 와중에 오락가락하는 행태로 정치적 지지세를 모으지 못했고, 토지거래허가구역 해제로 부동산 시장을 교란해서 사과까지 했거니와, 다른 정치적 스캔들에 얽히며 출마를 포기했다. 이후에 서울시장 재도전을 시사하며 수많은 사업 마스터플랜을 내놓고 있다. 아마도 오세훈 시장은 임기 중 랜드마크 조감도를 가장 많이 내놓은 시장, 가장 많은 국제설계경기를 한 시장으로 기록될 듯하다. 그림만 내놓고 실현하지 못한 시장, 현실 문제를 해결하기보다는 겉멋 구상만 했던 시장이 다시 선거에 나선다면 서울 시민은 그것을 받아들이게 될까?

최악의 서울시장은?

　민선 시장 30년을 돌아보았으니 이제 최악의 시장, 최고의 시장을 꼽아볼 만하다. 우선 최악부터 꼽아보자. 이는 순전히 나의 주관적 기준에 의한 판정이다. 대통령이라면 역대 지지 여부를 통해 최고, 최악의 대통령을 가늠할 수 있는데 지방자치단체장에 대해서는 그런 조사 자료 자체가 없다. 나는 '재난 관리와 시민 안전'이라는 기준으로 최악의 관선 서울시장으로 김현옥, 최악의 민선 서울시장으로 오세훈을 꼽는다.

　김현옥은 더이상의 오명이 필요치 않을 정도로 최악의 서울시장으로 거론된다. 1970년 와우아파트 붕괴 사건 때문이다. 불도저 시장의 원조라 불렸던 김현옥은 '돌관'이라는 글자를 써 붙인 헬멧을 쓰고 온갖 돌관공사를 실행했다. 여의도 윤중제 공사를 넉달 동안 현장에 상주하면서 밀어붙였고 세종대로, 강북강변도로, 남산 1호와 2호 터널, 사직터널, 세운상가 등 1960년대의 주요 기반 시설과 건축 공사들이 김현옥에 의해 추진되었다. 부산의 전후 복구 사업에 실적을 냈던 김현옥 부산시장을 박정희 대통령이 서울시장으로 임명했던 것도 '막무가내 돌관' 역량 때문이었을 게다.

와우아파트는 산등성이 판자촌을 철거하고 지은 시민아파트였다. 지은 지 넉달 만에 붕괴했다. 사망 34명, 부상 40명을 내며 꼭두새벽에 일어난 사고에 전국이 혼비백산했다. 조사가 진행될수록 어이없는 문제가 드러났다. 다단계 하청, 무면허 업자, 뇌물 고리, 가파른 산비탈에 부실한 기초, 다섯가닥 철근이 드러난 기둥과 바스러지는 콘크리트, 6개월 만의 돌관공사, 하중을 낮게 잡은 부실 설계 등, 모든 부실 공사에서 드러난 문제가 다 합쳐진 한심하기 짝이 없는 부패·비리·부실 사건임이 드러났다. 이후 서울시에 지어진 시민아파트는 대부분 철거되었고 시민아파트라는 이름도 역사 속으로 사라졌다. '와우아파트'라는 이름은 이후 부실 공사와 참사의 대명사가 되었고, 김현옥은 최악의 서울시장으로 거론됐다. 한심한 것은, 김현옥이 이후에 내무부 장관으로 다시 임명되었다는 사실이다.

서울시는 이후에도 갖은 재난에 맞닥뜨렸다. 성수대교와 삼풍백화점 붕괴는 와우아파트 이상의 큰 피해를 낸 붕괴 사고였다. 와우아파트는 아직 후진국 시대에 일어난 붕괴 사건이었지만, 올림픽까지 치르며 한강의 기적을 상징하는 선진도시 서울에서 1990년대에 일어난 성수대교와 삼풍백화점 붕괴 사건은 화려한 사회의 타락을 보여주는 것이어서 충격적이었다.

최악의 민선 시장으로 오세훈을 꼽는 것은, 그의 임기 중 더 화려해진 서울에서 일어났던 일련의 재난 사건들 때문이다. 직접 책임을 물을 수 있건 없건, 재난 전후로 서울시장의 존재감이 보이지 않았다는 점은 무척 석연치 않다. 2009년 1월의 용산 참사 사건은 재개발 과정에서 철거민의 농성을 경찰이 과잉 진압하며 생긴 참사로, 불붙은 남일당 건물 위로 헬리콥터에 매달린 컨테이너가 날아드는 폭력적 진압 장면은 참담했다. 참사의 책임은 당시의 경찰과 이명박 정권에 쏠려 있었으나 과연 서울시장이 해야 할 참사 전후의 역할은 없었을까?

2010년 여름에 광화문 네거리와 강남역 일대가 물바다가 되는 초유의 일이 벌어졌다. 집중호우 때문이라고 하나 이전에 없던 일이었고 그 원인 중 하나로 오세훈 주도로 막 완공한 광화문광장의 물 샐 틈 없이 덮어버린 포장 설계와 부족한 빗물받이, 미흡한 관리가 지목됐다.[39] 2011년 여름에는 우면산 산사태가 일어났다. 16명의 사망자를 낸 대형 인재였고 쓸려 내려온 흙이 남부순환도로까지 뒤덮은, 유례없는 대형 산사태였다. 전에도 소규모 산사태가 있었으나 예방조치가 미흡했고 산을 이용하고 가꾸는 데에만 집중된 것이 원인으로 지적됐다.

오세훈의 네번째 임기였던 2022년에 집중호우로 강남역이 다시 물바다가 되고 여러 지역의 반지하 주택이 침수되면서 사망자까지 발생했다. 구조적인 문제와 더불어 사전 대피 등의 안전 조치가 미흡했던 것은 행정 공백이라 아니할 수 없다.[40] 이런 문제가 생길 때마다 오세훈 시장은 대심도 빗물 터널을 추가 시공하거나 반지하 주택을 매입하여 중장기적으로 없앤다는 조치를 내놨는데, 시간 걸리고 막대한 재정이 들어가는 조치에 치중하는 문제가 있다.

일상적 행정에 대한 무성의가 축적되어 터진 비극이 바로 이태원 참사다. 세계도시 서울에서 일어나리라 도저히 상상할 수 없는, 핼러윈 축제에 몰린 인파가 길에서 압사당하는 전무후무한 참극이었다. 159명이 사망했고 195명이 부상했다. 젊은 사망자들이 압도적으로 많았고 외국인 사망자도 26명이었다. 매년 열리는 축제였고 항상 인파가 몰려서 교통 통제와 인원 통제가 있었고 언론을 통해 여러 유의 사항이 사전 공지됐던 행사. 그런데 왜 2022년 핼러윈에는 예전의 상례적 조치들이 행해지지 않았을까?

달라진 것이라면 대통령실 용산 이전이다. 그 해에 삼각지의 국방부 건물에 대통령실이 들어섰고 한남동 언덕 위에 있던 외교부 장관의 공관에 대통령 관저가 들어섰다. 대통령 보호를 위해 시위 관리에 동원되었던 경찰과 기동대 규모에 비해 이태원 행사 관리에 배치된 경찰 요원은 너무 적었다. 해당 지자체인 용산구청장은 자리에 없었고 지자체 주도 행사가 아니라는 이유로 관리 통제를 소홀히 했다. 오세훈 서울시장은 해외 출장 중이었고 서울시는 의례적인 주의 조치만 했을 뿐 실질적인 관리에 나서지 않았다.

이태원 참사 이후의 여러 정황은 더욱 어처구니가 없었다. 부실한 사고 원인 조사, 피해자와 가족에 대한 배려가 빠진 합동분향소 운영, 피해자에 대한 2차 가해, 이후 기소와 탄핵과 재판에서 주요 책임자에 대한 면죄부, 피해자 유가족을 한번도 만나지 않은 윤석열 등, 한마디로 책임 회피가 무성했던 사후 관리였다. 이 과정에서 서울시장 오세훈은 어떤 역할을 했었던가? 아무리 윤석열 행정부의 눈치를 봐야 하는 처지라 하더라도 서울 한복판에서 일어난 참사를 대하는 서울시장에 기대하는 성의에 오세훈 시장은 한참 못 미쳤다.

시민 안전 관리는 시장 업무의 최우선 순위가 되어야 마땅하다. 사고는 일어날 수 있다. 천재지변에 의해서 또한 아무리 만반으로 대비하더라도 불의에 의해서 또한 인재에 의해서도 일어나는 게 사고다. 관건은 사전·사후 관리에 얼마나 성의를 보이느냐. 더욱이나 도시에서의 재난·사고는 왕왕 소외계층에게 더 크게 피해를 미치게 된다. 그래서 더욱 공공의 성의가 필요한 부문이 재난·사고의 사전·사후 관리다.

최고의 서울시장은?

그렇다면 최고의 서울시장은 누구일까? '다음 작품이 최고의 작품'이라고 하는 많은 작가의 말처럼, 다음 시장이 최고의 서울시장이 되기를 바란다. 어떤 기준으로 최고의 시장을 가늠할 수 있느냐에 대해서는 당대뿐 아니라 역사적 평가가 필요하겠지만, 좋은 시장에 대한 모범 답안은 있다. 도시 리더십과 비전, 시민을 위한 정책, 일관된 행정력과 투명성, 모든 공동체를 아우르는 책임감, 시대적 과제에 대한 유연한 문제해결 능력 등이다.

문제는 모범적 답안으로 좋은 시장이 된다는 보장은 없거니와 그런 사람이 시장으로 뽑히지도 않는다는 냉정한 사실이다. 그래서 나는 다음 세가지로 좁히고 싶다. 첫째, 시민이 미덥게 느끼는 시장. 둘째, 시대의 본질을 꿰뚫는 이슈를 직면하는 시장. 셋째, 더 나은 미래를 기대하게 만드는 시장.

첫째, 시민이 미덥게 느끼는 시장. 어떨 때 미더움이 생길까? 시민 삶의 안전과 안정을 최우선 순위로 한다는 믿음이다. 이 기준으로 보면 고건 시장과 박원순 시장이 좋은 역할을 해냈다고 평가할 만하다. 시장직을 마치기 직전까지도 그들의 지지율이 높았던 것은, 임기 동안 큰 안전사고가 없었다는 것과 삶의 문제를 시장이 직접 챙기고 시민, 특히 소외될 수 있는 시민의 삶을 돌보리라는 믿음을 주었기 때문일 것이다.

둘째, 시대의 본질을 꿰뚫는 이슈를 직면하는 시장. 이른바 시대정신을 어떻게 반영하느냐이다. 물론 모든 시장이 똑같은 시대정신을 대변하는 건 아니다. 또한 모든 시장은 각기의 공과가 있게 마련이다. 조순 시장은 복지와 환경과 안전이라는 시대적 요구를 이슈화했으나 일찍 사퇴해버리는 바람에 실천까지 이르지는 못했다는 한계가 있었다. 고건 시장은 복마전으로 얼룩졌던 서울 시정을 투명한 시스템으로 바꾸고 외환위기로 저성장에 빠진 사회 분위기를 신성장 트랙으로 다시 올려놓는 일을 해냈으나, 민간개발의 끓어오르는 욕망의 분출을 사전 감지하지 못했다는 한계도 있다.

이명박 시장은 복잡다단한 서울의 교통 문제와 도시개발 문제를 구조적으로 풀어내려는 과제에 도전했으나 교통 분야에서 성과를 남긴 것과 달리 도시개발에서 서울을 신개발주의 쳇바퀴에 빠트렸고 그 부작용을 다음 시장들에게 남겼다. 오세훈 시장은 이명박의 화려한 디자인 버전을 보여줬지만 정작 시민들이 요구하는 시대적 복지 이슈를 제대로 읽지 못했다는 한계를 보였다. 박원순 시장은 시민을 시정의 중심에 놓는 인간적

도시 패러다임의 변화를 이루어냈으나 거대도시 서울에 필요한 도시개발의 도전을 현명하게 포용하지 못했다는 한계가 있다. 다시 돌아온 오세훈 시장은 또다시 디자인과 랜드마크 도시를 지향했으나 신개발주의에 빠진 서울이 부닥치고 있는 본질적인 양극화, 주택 부족, 안전 문제를 제대로 보지 못했다.

셋째, 더 나은 미래를 기대하게 만드는 시장. 사실 이 점에서 서울은 행운의 도시였던 편이다. 부침은 있었으나 그동안 서울은 끊임없는 성장을 이뤄온 도시였기 때문이다. 관선 시장 시대를 거쳐서 한강의 기적을 만든 경제도시 서울로 부상하는 가운데 수많은 도시문제와 지역 균형발전 문제를 낳았음에도 불구하고 거대도시 서울의 인프라를 쌓아 올린 성과는 인정할 만하다. 이후 등장한 민선 시장은 각기 나름의 지향 가치를 서울에 부여했다. 조순 시장의 환경도시, 고건 시장의 세계도시와 생활도시, 이명박 시장의 신개발주의 사업도시, 오세훈 시장의 디자인 도시, 박원순 시장의 시민도시와 복지·문화도시, 컴백 오세훈 시장의 랜드마크 도시와 세계 관광도시 등. 효과도 있었으나 부작용도 있었고, 발전시켜야 할 긍정적 유산도 있고 완전히 혁신해야 할 부정적 유산도 있다.

앞으로 나올 시장이 서울의 긍정적 유산과 부정적 유산을 모두 껴안으며 새로운 시대의 과제를 제대로 설정하고 풀어가는 최고의 서울시장이 되기를 바라는 바다.

최고의 시장은 무엇보다도 시장직 자체에 충실한 시장이다. 앞서도 얘기했듯, 서울시장직을 대통령 징검다리로 여기는 풍조는 적절하지 않다. 이명박처럼 시장직을 실적 만들기에 집중하고 언론의 온갖 띄우기를 이용했으나 대통령으로서의 국정 정책 역량은 현저히 떨어졌던 사례가 있다. 서울시장직 수행보다 중앙의 정치 지형을 따라간 조순 시장은 안타까운 사례를 남겼다. 중앙과 지방 행정에 밝고 도시에도 관심이 많았던 고건 시장은 온전하게 시장직에 전념하였으나, 시민의 삶에 대한 지극한 관심으로 도시의 소셜 디자인에 힘을 쏟았던 박원순은 대통령감으로 여겨졌던 것이 오히려 비극의 씨앗이 된 게 아닌가 싶다. 도시의 화려한 외양에 끌리는 성향의 오세훈은 시장직의 본질을 꿰뚫지 못하면서도 대통령직을 꿈꾸며 겉멋 프로젝트를 남발하는 겉도는 내공을 드러냈다.

서울시장직을 대통령 후보 되기에 이용하지 말라! 서울시장직을 잘한다면 혹시 국가에 봉사할 다른 기회가 생길지도 모른다. 이 자연스러운 이치가 자리 잡으면 좋겠다.

좋은 시장 역할 모델이 필요하다

우리 사회에도 좋은 시장의 역할 모델이 필요하다. 30년 넘는 지방자치 연륜이 쌓이는 만큼 내가 주목해온 자치단체장도 꽤 많다. 광역단체장, 자치단체장, 구청장 등 여러 이름으로 역할이 다르지만, 명실상부한 도시 시대에 맞게 뭉뚱그려 '시장'이라 부를 수 있을 것이다. 예컨대 서울시에는 25개의 구가 있는데 대부분 자치 시보다 인구가 더 많다. 만약 구청장이 아니라 시장이라는 이름으로 부른다면 자긍심이 훨씬 더 올라가지 않을까? 현재의 구청장은 자치 시장보다 권한이 적은 편인데 만약 구청장에게 행정 위임 사안이나 복지 전달 수행뿐 아니라 도시계획 권한이 주어진다면 또 다른 지평이 열리지 않을까? 또 다른 제도 개혁이 필요한 사안이다.

전 세계 수많은 도시에 시장이 있다. 세계시장재단 World Mayor Foundation이 2003년부터 '세계의 시장'을 뽑는데, 세계화 시대에 그만큼 도시가 혁신의 주체가 되는 시대임을 시사한다. 2년마다 7명의 시장을 지명하고 그중 하나를 베스트 시장으로 뽑는데, 그동안 거명된 시장을 보면 대도시의 시장만이 아니라 중소 도시의 시장, 때로는 인구 수천의 마치 동네 같은 작은 도시의 시장도 등장한다. 작은 도시에서 오히려 시민의 일상적 삶에 관련된 의미 있는 혁신이 일어나고 있기 때문이다.

영화에서 가끔 시장 역이 등장하는데 무능한 시장이거나(「고스트버스터즈」에 나온 뉴욕시장), 권력욕과 물욕에 사로잡힌 부패한 시장(「아수라」의 악명 높은 시장)이거나, 아니면 여행객에게 배려를 아끼지 않는 로맨틱한 시장(「라 돌체 빌라」, 이탈리아에서 1유로 빈집 임대 사업을 추진하는 시골 소도시의 시장)이 나오곤 한다. 현실 속의 시장은 그렇게 무능하거나 부패하거나 로맨틱하지는 않을 것이다. 도시의 살림을 살고, 위기에 대응하고, 안전을 확보하고, 미래를 밝히는 혁신을 만들며 시민과 호흡하는 시장이 펼치는 드라마를 기대해봄 직하다.

내 주관으로 세계의 좋은 시장 세명을 꼽아본다. 중요한 시점에 절실한 도시문제에 정면으로 맞서며 창의적인 혁신과 도약을 이루고 도시를 우뚝 서게 한 인물들로, 그들의 분투와 성공과 경험에서 배울 바가 많다.

첫째는 뉴욕시의 피오렐로 라과디아 시장1933~1945 재임이다. 자치 역사가 긴 미국에는 흥미로운 시장이 꽤 많다. 그중 라과디아 시장은 '범죄-마약-부패와의 전쟁'을 치르며, 제1차 세계대전과 제2차 세계대전 사이의 시간 동안 세계도시에 걸맞은 시스템을 갖춘 뉴욕을 만들었다. 경제 대공황의 거센 후폭풍과 엄청난 이민 유입을 겪으면서 라과디아는 뉴욕을 노동자와 이민자의 인권이 보장되는 도시로, 가장 진취적인 도시로 만들었다. 그는 공화당 소속의 시장이었지만 기꺼이 민주당의 루스벨트 대통령과 협력했다. 사후에 뉴욕 공항에 그를 기리는 이름이 붙었다.

둘째는 생태도시로 조명받는 '꿈의 도시' 브라질 쿠리치바의 하이메 레르네르 시장1979~1983, 1989~1992 재임이다. 인구 320여 만의 중규모 도시로 인구 폭발과 빈곤층과 환경파괴로 시달리는 상황에서 과감하게 대중교통시스템 BRT(이명박 시장이 서울 대중교통체계 혁신에 벤치마킹한 시스템)와 도시개발을 연계하고, 환경 보전을 위한 조치에 시민참여를 이끌고, 관련 산업을 유치하며 일자리 혁신을 일으켰다. 레르네르 시장은 건축가·도시계획가 출신으로 시장이 되기 전, 그리고 이후에도 쿠리치바의 도시계획 기조를 지키는 데 역할을 했고 철학을 공유하는 전문가와 정치인 그룹을 지원하며 지식인 시장의 모범을 보이기도 했다.

셋째는, 독일의 작은 도시 프라이부르크가 세계적인 환경 수도로 떠오른 데 역할을 했던 녹색당 출신의 디터 살로몬 2002~2018 재임 시장이다. 부근 검은 숲에 핵발전소를 세우겠다는 연방정부 정책에 반대하며, 스스로 재생에너지로의 전환 약속을 하고 전기 절약과 전력 생산이라는 두마리 토끼를 다 잡았다. 태양광, 태양열, 풍력 등 재생에너지 생산은 에너지 혁신을 만들고 이 지역의 패널 산업, 생태관광 산업까지 부흥시켰다. 교통 혁신, 건축 혁신, 도시계획 혁신, 환경 혁신, 기술 혁신, 산업 혁신 등 전 분야의 혁신을 이룬 프라이부르크는 경제적으로도 대성공을 거두었다.

이 시장들은 각기 바로 그 시대, 그 도시의 가장 절실한 문제를 회피하지 않고 정면으로 대응하면서 상투적인 방법이 아니라 창의적인 현장 해법을 찾아냈고 꾸준히 실천해냈다. 시민의 호응을 끌어내는 리더십을 발휘했고, 관료와 전문가들과 도시 혁신 철학을 공유하는 데 성공했기에 정책이 이어질 수 있었다. 그런 시장이 우리에게도 필요하다.

민선 시장은 관선 시장과 근본적인 태도부터가 다르다. 지명직 관선 시장이 권력 사다리 속에서 지명자의 눈치를 우선 살피는 것과 달리 선출직 시장은 유권자, 즉 시민의 마음을 먼저 읽으려 노력한다. 좋은 시장이라면 지지자뿐 아니라 다양한 시민의 의견을 듣고 그것을 정책 사업으로 소화하려 노력하고, 선택의 기준과 고민을 시민들과 공유할 것이다. 시민이 뽑는 시장에게는 무한한 가능성이 열려 있는 것이다.

이 시대 서울이 맞는 도전은 완전히 새롭다

2026년에 지방선거가 있고 새로운 서울시장이 등장할 것이다. 새로운 서울시장은 현재 서울의 가장 절실한 이슈를 피하지 않고 미래 서울의 비전을 실천하기를 기대한다.

지금 서울이 맞부닥치고 있는 도전은 완전히 새로운 것이다. 서울은 이제 더이상 폭발 성장, 급팽창, 인구 폭발, 양적 성장의 시대에 있지 않다. 인구 축소의 시대에 서울도 2050년경에는 인구가 700만대로 줄어든다는 예측도 나와 있다. 인구수가 줄뿐 아니라 인구 구성도 달라진다. 인구 구성이 달라지면 도시의 모든 수요가 달라지고 도시 작동 원리에 근본적인 변화가 생기게 마련이다. 그렇다고 성장이 무시될 수는 없다. 외형적 성공이 아니라 내공을 키우는 성공이 필요한 시대다. 대한민국과 함께 서울은 내적 성장, 시스템 성장, 혁신 성장이 필요한 때다. 경제적 성장뿐 아니라 기술 혁신과 문화적 성장이 필요하고, 외형적 성공뿐 아니라 내적인 행복이 새로운 성공의 기준으로 등장하는 시대다.

서울이 맞고 있는 변화, 서울에 등장하는 새로운 문제를 피하지 말자! 과거의 향수에 젖지도 말고 과거의 패러다임에서 빠져나오지 못하는 시행착오도 있어선 곤란하다. 이미 서울의 변화는 모든 면에서 진행되고 있다. 서울은 지난 10여년의 귀중한 시간을 너무 헛되이 썼다. 이제 더이상 낭비할 시간이 없다.

분량이 커서 이 책에 다 담지 못한 정책 과제들은 열거만 하더라도 무게감이 크다. 인구가 줄어드는 문제, 인구 구성이 달라지는 문제, 양극화의 문제(서울과 지방의 양극화, 수도권의 양극화, 도시 내 양극화), 산업 구조의 변화와 일자리 생태계의 변화, 거리 경제의 쇠퇴와 플랫폼 경제의 확장 문제, 늘어나는 1~2인 가구와 노령 가구와 커지는 돌봄 수요 이슈, 극한적 개인의 시대이면서 네트워크 연대가 필요한 사회, '똘똘한 한채'라는 부동산 신화를 극복해야 하는 문제, 기후 위기와 함께 새로 정의되어야 할 도시 안전, 고물가와 고비용에 생산성이 떨어지는 서울의 시스템 재구축 문제, 성공과 행복이 새롭게 정의되어야 하는 시대 등, 서울이 정면 대응해야 할 이슈는 그야말로 완전히 새롭다.

이 시대 서울의 과제는 훨씬 복합적이고 훨씬 더 어려워지고 그만큼 더 도전적이다. 더 나은 미래가 무엇이냐, 어떤 성장이냐, 누구를 위한 성장이냐, 무엇을 위한 성장이냐 하는 의문을 피할 수 없는 시대다. 외적 성장뿐 아니라 내적 성장이 절실한 시대다. 그만큼 외형적인 성공이나 행복 이상으로 시민이 체감할 수 있는 성공과 행복에 대해서 다양한 의견과 고민이 있는 시대다. 그 어느 때보다도 균형적 시각이 필요한 시대이자, 그 어느 때보다 통찰이 필요한 시대이고, 그 어느 때보다 창의적 해법으로 대응해야 하는 시대이고, 그 어느 때보다 사회적 합의가 필요한 시대다. 무엇보다도 현장에서 실천해내야 하는 시대다.

서울이 진화하듯 서울의 도시문제 역시 진화한다. 진화하는 서울다움이 서울에 긍정적이고 희망적인 이미지를 부여하고 있듯이, 서울에 등장하는 새로운 도시문제에 더욱 현명하고 또 적극적으로 대응하는 리더십을 품은 서울이 되기를 바란다. 서울시장의 리더십은 몹시 중요하다.

에필로그

서울 포에버!
서울에 관한 개인적이고도 정책적인 이야기

이제 서울이 좀 그려지셨을까? 서울이라는 복잡계가 좀 이해되셨을까? 저자로서 궁금하고 또 조금이나마 그렇게 되었기를 간절히 바란다.

서울의 성장과 나의 성장을 포개서 풀어낸 이 책을 쓰기가 아주 힘들고도 또 재미있었다. 서울에 대한 애틋함이 책 곳곳에 스며 있을 것이다. 내가 사는 도시를 사랑하는 건 큰 축복이다. 서울의 드높은 산과 드넓은 강을 사랑한다. 서울의 역동성을 사랑한다. 복잡다단한 서울을 좋아한다. 무질서하게 보이는 가운데 질서를 찾는 재미가 쏠쏠한 서울이 흥미롭다. 시스템 서울이 작동하고 있다는 데에 안심한다. 곳곳에 숨어 있는 이야기와 비밀을 캐내는 게 재미있다. 역사가 긴 만큼 사연이 쌓여 있어 아주 흥미롭다. 서울 사람들이 지어내는 생존 이야기, 욕망 이야기, 사랑 이야기, 희망과 좌절 이야기, 도전과 실패 이야기, 탐험 이야기가 흥미롭다. 반짝반짝 별 같은 공간을 엮어서 나만의 의미 있는 별자리를 그리는 건 서울을 살아가는 재미다.

책을 쓰면서 힘들었던 애로점 세가지를 솔직히 토로해본다. 첫째 애로점은 그 많은 서울의 동네 중에서 특정 동네를 어떻게 고르느냐는 것이었다. 흥미로운 이야기 중심으로 뽑았다면 이 책에 담은 동네와는 다른 리스트가 나왔을 것이다. 사람들이 많이 찾고 역사적으로 쌓인 이야기도 많고, 최근의 변화가 아주 역동적이고, 또 길과 건축물이 눈길을 끄는 동네들이 무척 많기 때문이다. 그런데 그런 동네와 길에 관해서는 다른 책들이 많이 나와 있다. 그래서 서울의 성장과 나의 개인적 체험이 엮여 있는 동네를 고르기로 했다. 저자가 직접 체험한 동네가 독자의 공감을 더 얻으리라는 기대였다. 그래서 이 책은 나의 성장과 서울의 성장이 엮인 책이 되었다.

둘째 애로점은 공간 이야기와 정책 이야기를 어떻게 잘 엮느냐는 것이었다. 나라는 서울러는 꽤 예민한 공간 감성을 가진 시민이면서 또 꽤 훈련된 전문가다. 공간 이야기만 하면 자

첫 감상적이거나 표피적으로 읽힐 위험이 있고, 그렇다고 정책 이야기를 잘 못 섞거나 너무 많이 섞으면 잘 읽히지 않는 책이 될 위험이 있으니 그 사이에서 줄타기하는 게 아슬아슬했다. 감성적인 이야기와 정책적인 이야기를 잘 엮었기를 바란다. 도시란 지극히 개인적인 체험이자 수많은 정책 이야기이고 그 와중에 정치 이야기가 섞이면서 뜨거운 논쟁거리가 생기고 그 사이에서 마음이 흔들리고 생각이 바뀌기도 한다. 도시 이야기란 그렇게 수많은 갈등 속에서 피어나기에 더욱 흥미로운 이야기가 된다.

셋째 애로점은, 심하게 시간이 들었다는 사실이다. 다른 어떤 책보다 시간이 많이 들었다. 그도 그럴 것이, 오늘은 이 동네에 놀러 갔다가 완전히 추억에 빠지고, 오늘은 저 동네 자료를 잔뜩 찾다가 역사 이야기에 심취하고, 또 다른 날에는 정책 논쟁이 달궈졌던 골치 아픈 이슈를 곱씹으며 내 생각을 다시 다듬고, 또 다른 날에는 강연에서 만난 시민의 질문에 고민을 거듭하다가, 서울시장 재임 시절에 빚어졌던 논쟁을 떠올리며 내 입장을 다시 다듬다가, 광화문광장에 나가서 사대문 안의 감동적 공간과 빛의 혁명에 흠뻑 빠지다가, 내 고향 산본신도시에 가서 수도권 서울의 미래를 고민하는 등, 그야말로 사방팔방으로 뛰어다녔기 때문이다. 서울엔 공간도 많고 역사도 깊고 이슈도 많고 논쟁거리도 많다. 내가 빠졌던 그런 시간을 거쳐 서울이라는 도시에 관한 이야기도 더 그윽해졌기를 바란다.

 서울은 계획적으로 차근차근 만들어진 도시가 아니다. 사실 그런 도시는 이 세상에 별로 없다. 역사 도시 서울의 사대문 안 시대는 그나마 체계적으로 일관된 사상과 철학을 담았다. 그러나 이후 근대기에 일제의 편이에 의해 도시개발이 왜곡되고, 현대기에 독재 권위주의 시대에 경제개발의 전시장이 되면서 정치적 이익이나 특정한 개발이익에 따라 도시 성장이 좌우되기도 했다. 사대문 안에서, 성저십리로, 강남으로, 수도권으로 폭발 성장한 이후, 이제는 훨씬 더 내공을 갖춘 시대이지만, 21세기도 사반세기나 넘은 지금 서울은 또 다른 도전에 직면하고 있다. 정신없이 폭발적으로 성장하던 시대의 어려움과는 질적으로 다른 도전이다. 인구 감소, 사회 양극화와 개발 양극화, 기후 변화, 일자리 변화, 사회 갈등과 소외 현상, 세계화의 명암 등, 훨씬 더 어려운 도전이다.

 도시문제는 결코 사라지는 게 아니라 시대와 함께 달라진다. 이 큰 도시 서울을 하나하나 통제하기도 어렵다. 사회 수준이 높아질수록 큰 원칙과 방향, 서로 지켜야 할 규칙을 정하되, 나머지는 각기의 플레이어가 자신의 욕망, 바람, 소망에 따라 창의성과 상상력을 발휘하게 해야 진정한 도시 시대, 꽃피는 도시문화 시대가 될 기회가 높아진다. 그래서 도시는 인간이 만드는 총체적인 문화라 일컬어지는 것이다. 도시를 디자인하는 것은 인간 사회의 총체적 모습을 디자인하는 것과 비슷하다. 서울은 이제 더이상 천만도시는 아니지만, 수도권까지 2,600만의 바람, 상상, 욕망, 희망, 역량, 프로젝트, 사업이 모여서 더 아름답게 꽃피우며 더 큰 서울이 될 수 있다.

프롤로그에서 기약한 대로, 이 책에 다 담지 못한 지금 서울과 미래 서울에 절실한 정책 이야기는 다른 계제를 통해 독자와 공유하고자 한다. 정책 이야기가 서울의 또 다른 도시 이야기가 될 것을 기약하며 이 책을 맺는다. 서울이라는 도시 이야기를 쓰면서 나라는 사람의 인생 여정 이야기도 같이 되짚어 볼 수 있었다. 서울의 성장과 같이한 나의 성장, 고마웠다. 서울의 또 다른, 더 속 깊은 성장을 기대한다. 포에버 서울!

부록

서울에 관한 책을 더 읽어보자!

한 도시를 읽어내는 책은 수없는 주제에 대해 가능하다. 역사, 자연과 지리, 도시 성장, 동네와 건축과 도시공간, 도시 산책, 사람과 풍속, 사회·인문학적 해석, 정치 구성, 경제·산업 구조, 주요 도시 프로젝트, 복지 프로그램, 문화·예술 이야기, 풍속과 인물, 다양한 생태, 미래 예측, 그리고 수많은 문학 등 한권에 다 담을 수 없다. 서울에 관한 책들이 다양하게 나오고 있어 무척 반갑다. 그중에서 아주 일부만 아래에 골라본다.

메트로폴리스 서울의 연원

- 『강남의 탄생: 대한민국의 심장 도시는 어떻게 태어났는가?』, 한종수·강희용·전병옥, 미지북스 2024.

- 『메트로폴리스 서울의 탄생: 서울의 삶을 만들어낸 권력, 자본, 제도, 그리고 욕망들』, 임동근·김종배, 반비 2015.
- 『변화의 물결, 2050 미래도시 서울』, 변미리·김묵한·황민섭·김해란·박은현·김승겸·이호영·오수길, 서울연구원 2024.
- 『사람 중심의 도시, 2050 서울의 미래 공간』, 김인희·김영범·민승현·유경상·윤서연·윤혁렬·이성창·정다래·정상혁, 서울연구원 2025.
- 『서울경제의 미래를 설계하다: 도시의 지속가능한 성장을 위한 13가지 정책어젠다』, 정병순·우영진·홍찬영·양다영·김수진, 서울연구원 2025.
- 『서울 도시계획 이야기 1~5: 서울 격동의 50년과 나의 증언』, 손정목, 한울(한울아카데미) 2019.
- 『일상도시 서울: 민선 시정 30년 서울 시민의 삶』, 이용숙·신영민·이민영, 학고재 2022.
- 『쾌적하고 건강한 환경 일류도시 서울』, 서울특별시, 휴먼컬처아리랑 2015.

일제강점기 경성이라는 도시

- 『경성 모던타임스: 1920, 조선의 거리를 걷다』, 박윤석, 문학동네 2014.
- 『경성에서 보낸 하루』, 김향금, 스푼북 2024.
- 『경성풍경: 지도와 사진으로 만나는 근대 서울의 원형』, 김상엽, 혜화1117 2025.

- 『서울의 기원 경성의 탄생: 1910-1945 도시계획으로 본 경성의 역사』, 염복규, 이데아 2016.

서울 풍경, 서울 산책, 서울 인문학

- 『권기봉의 도시산책: 서울의 일상, 그리고 역사를 걷다』, 권기봉, 알마 2015.
- 『서울 산책: '산책 도시'를 꿈꾸며』, 홍성태, 진인진 2017.
- 『서울 시대: 청계천 판자촌에서 강남 복부인까지』, 유승훈, 생각의힘 2025.
- 『서울의 인문학: 도시를 읽는 12가지 시선』, 류보선·염복규·신수정·조연정·최윤영·변미리·정수진·김성홍·정홍수·서우석·김명환·이성백, 창비 2016.
- 『작은 땅의 야수들』, 김주혜 지음, 박소현 옮김, 다산책방 2023.
- 『지리교사의 서울 도시 산책: 미래 창조의 공간』, 이두현, 푸른길 2018.

서울의 기원, 한양

- 『나의 문화유산답사기 11: 서울편 3 사대문 안동네 – 내 고향 서울 이야기』, 유홍준, 창비 2022.
- 『옛 그림으로 본 서울: 서울을 그린 거의 모든 그림』, 최열, 혜화1117 2020.

김진애가 쓴 도시 이야기 속 서울

- 『김진애의 도시 이야기: 12가지 '도시적' 콘셉트』, 김진애, 다산초당 2019.
- 『도시의 숲에서 인간을 발견하다: 성장하고 기뻐하고 상상하라』, 김진애, 다산초당 2019. (초판 『도시 읽는 CEO: 도시의 숲에서 인간을 발견하다』, 21세기북스 2009.)
- 『우리 도시 예찬: 그 동네 그 거리의 매력을 찾아서』, 김진애, 다산초당 2019. (동명 초판, 안그라픽스 2003.)
- 『서울性(Seoulness): 도시문화시대의 서울을 기리는 책』, 김진애, 서울포럼 1991.

주

1. 「시민단체 용산 개발 관련 오세훈, 코레일, 국토부 공익감사 청구」, 『경향신문』, 2013.4.10.
2. 「경복궁~한강 '국가 상징거리' 만든다」, 『경향신문』, 2009.3.30.
3. 「서울 일자리 30%가 강남3구에…"우리는 여전히 강남 간다"」, 『경향신문』, 2023.10.5.
4. 통계청, 「주택점유형태별 가구(일반가구)」, 서울시 점유형태별 주택현황 통계, https://data.seoul.go.kr/dataList/230/S/2/datasetView.do
5. 서울특별시, 「서울시 아동가구주거실태조사」, 서울시 현재 살고 있는 주택 유형 통계, https://data.seoul.go.kr/dataList/DT201016001/S/2/datasetView.do
6. 행정안전부, 「주민등록인구현황」, 행정구역(시군구)별, 성별 인구수, https://kosis.kr/statHtml/statHtml.do?orgId=101&tblId=DT_1B040A3&conn_path=I2
7. 통계청, 「인구총조사」, 행정구역별 인구 및 가구, https://kosis.kr/statHtml/statHtml.do?orgId=101&tblId=DT_1IN9001&conn_path=I2
   행정안전부, 「주민등록인구현황」, 행정구역(시군구)별, 성별 인구수, https://kosis.kr/statHtml/statHtml.do?orgId=101&tblId=DT_1B040A3&conn_path=I2
8. 「일자리 58% 수도권에 몰려…집중도 미국의 10배」, 『노컷뉴스』, 2024.10.7.
9. 헌법재판소 1998. 12. 24. 선고 89헌마214등 전원재판부 결정.
10. 서울의공원(parks.seoul.go.kr)-자료실-공원자료실, 「2040 서울시 공원녹지 기본계획 공청회 발표자료」, https://parks.seoul.go.kr/story/data/detailView.do?searchTp=all&searchWd=%EB%85%%B9%EC%A7%80&currentPage=1&bIdx=512
11. 도시공간연구실, 「서울시 생활권계획 수립과정 모니터링」, 서울연구원, 2015.11.30.
12. 변미리, 장원호, Terry Clark, 「서울시 씬(Scenes) 지도 작성을 통한 서울 공간특성화 전략 연구」, 서울연구원, 2010.10.30.

13 「청계천 복원' 亞·유럽 53개국에 방영」, 『국민일보』, 2005.10.20.
14 「청계천 복원 뒤 유지비만 565억」, 『한겨레』, 2013.10.17.
15 「숭인동 청계천변 본격 개발 … 서울시, 용적률 최고 1000%」, 『한국경제』, 2006.9.14.
16 「세금 1조3000억 삼킨 재앙… 가든파이브 왜 망가졌나」, 『중앙일보』, 2012.4.18.
17 「청계천 교통체증 문제, 미완의 숙제」, 『노컷뉴스』, 2005.9.30.
18 「청계천 공사중 나온 많은 문화유산이 현재 서울 변두리 하수처리장에 방치」, MBC, 2005.12.6.
19 「[통계로 본 서울](30) 서울숲」, 『서울신문』, 2006.6.16.
20 장남종, 양재섭, 「서울시 뉴타운사업의 추진실태와 개선과제」, 서울시정개발연구원, 2008.9.30.
21 「[창사기획-부동산 10년 주기설②] 영끌족, '하우스푸어 사태 재현' 우려」, 『뉴시스』, 2022.10.18.
22 「오세훈 '뉴타운 출구전략' 시동 거나」, 『중앙일보』, 2011.04.08.
23 「하루 출퇴근 달랑 1명… 한강 수상택시 폐지한다」, 『중앙일보』, 2021.6.22.
24 「검찰 수사까지」 말 많고 탈 많은 한강 세빛둥둥섬」, 『연합뉴스』, 2013.2.14.
25 「서울 마곡 워터프론트 사업 결국 취소」, 『머니투데이』, 2011.5.13.
26 「한국 사회에서 가장 뜨겁던 개발 '용산', 결국 '부도'」, 『미디어스』, 2013.03.13.
27 「혈세만 둥둥 '세빛둥둥섬'… 서울시 애물단지로」, 『조선일보』, 2012.6.14.
28 「5천억 들인 오세훈 작품, 괴이하다」, 『오마이뉴스』, 2014.3.19.
29 「서울시 수해 방지 예산 5년 만에 1/10로」, 『오마이뉴스』, 2010.9.27.
30 「'서울링'보다 시급한 오세훈 시장의 과제」, 『주간조선』, 2023.3.20.
31 「르네상스' 천국 서울…개발 사업비만 50조」, 『아시아경제』, 2009.6.24.
32 「드림랜드 부지 '북서울 꿈의 숲'으로…내년 10월 문 열어」, 『경향신문』, 2008.10.20.
33 「서울 어린이집 3곳 중 1곳 '국공립'」, 『경향신문』, 2021.2.15.
34 「박원순표 복지' 포기 못한 서울시」, 『매일경제』, 2014.11.10.
35 건축도시정책정보센터, 「서울시, 뉴타운·재개발 해제지역 문제 논의 위해 제1차 '저층 주거지 재생 심포지엄' 개최」, 2018.3.6.

36 「쓰레기봉투 뒤진 마포구청장, 자필 사과문 쓴 오세훈」, SBS, 2022.10.15.
37 「서울, 공공임대마저 공급난」, 『헤럴드경제』, 2025.10.23.
38 「'서울링' 1조 사업, 대관람차는 명분일 뿐?」, 『지뉴스데일리』, 2025.9.10.
39 염형철, 「치수(治水)가 실종된 '위험도시' 서울」, 창비주간논평, 2010.10.6.
40 「'강남 물난리' 한 달… 대심도터널보다 급한 것들 여기 있다」, 『오마이뉴스』, 2022.9.22.

사진 제공

- 25 K_UriNara - Shutterstock.com
- 28 SungWon - stock.adobe.com
- 33 저자 제공
- 38 한국저작권위원회 - CC BY
- 43 윤효식 - https://blog.naver.com/2jjum8/80139014504?photoView=2
- 61 저자 제공
- 74 Lifestyle Travel Photo - Shutterstock.com
- 77 저자 제공
- 86 저자 제공
- 92 저자 제공
- 97 저자 제공
- 109 캉디드 - https://naver.me/5L7XOYb7
- 120 저자 제공
- 134 저자 제공
- 152 Unwind - stock.adobe.com
- 158 IM3_023 - Getty Images Bank
- 170 CJ Nattanai - Shutterstock.com
- 180 뉴스1
- 183 Stock for you - Shutterstock.com
- 193 군포시청 홍보실
- 200 저자 제공
- 231 임재근 - https://www.facebook.com/share/v/1CiGxr2eE2/
- 236 MINHO - stock.adobe.com
- 239 efired - Getty Images Bank

241	july7th - Getty Images Bank
245	저자 제공
246	도완영 - CC BY
248	저자 제공
257	IM3_026 - Getty Images Bank
262	저자 제공
272	CJNattanai - Getty Images Bank
282	Seung Ha Kim - Shutterstock.com
315	eyetronic - stock.adobe.com
335	저자 제공
338	IM3_026 - Getty Images Bank
344	저자 제공
349	eestingnef - Getty Images Bank
351	Stock for you - Shutterstock.com
353	NASA - public domain
359	저자 제공
379	저자 제공
433	저자 제공

* 이 책에 수록된 사진은 대부분 저작권자의 사용 허가를 받았으나,
일부 저작권자와 연락이 닿지 못한 경우는 연락이 닿는 대로 허가 절차를 밟겠습니다.

이토록 _____ 서울
공간·사람·정치로 빚어낸 김진애의 도시 이야기

초판 1쇄 발행/2025년 12월 12일
초판 2쇄 발행/2026년 1월 23일

지은이/김진애
펴낸이/염종선
책임편집/하빛 김민채
디자인/어나더페이퍼
펴낸곳/(주)창비
등록/1986년 8월 5일 제85호
주소/10881 경기도 파주시 회동길 184
전화/031-955-3333
팩시밀리/영업 031-955-3399 편집 031-955-3400
홈페이지/www.changbi.com
전자우편/human@changbi.com

ⓒ 김진애 2025
ISBN 978-89-364-8100-1 03530

* 이 책 내용의 전부 또는 일부를 재사용하려면
  반드시 저작권자와 창비 양측의 동의를 받아야 합니다.
* 책값은 뒤표지에 표시되어 있습니다.